Cidadelas da cultura no lazer

SERVIÇO SOCIAL DO COMÉRCIO
Administração Regional no Estado de São Paulo

Presidente do Conselho Regional
Abram Szajman

Diretor Regional
Danilo Santos de Miranda

Conselho editorial
Ivan Giannini
Joel Naimayer Padula
Luiz Deoclécio Massaro Galina
Sérgio José Battistelli

EDIÇÕES SESC SP

Gerente Marcos Lepiscopo
Adjunto Évelim Lúcia Moraes
Coordenação Editorial Clívia Ramiro, Isabel M. M. Alexandre
Produção Editorial Ana Cristina F. de Pinho, João Cotrim e Juliana Gardim
Colaboradores Hélcio Magalhães, Fabio Pinotti

Coleção SESC Acadêmica
Coordenação Marta Colabone, Andréa Nogueira
Colaboração Cristianne Lameirinha
Apoio José Olímpio Zangarine

Cidadelas da cultura no lazer

Uma reflexão em Antropologia da Imagem sobre o SESC São Paulo

Yara Schreiber Dines

Preparação
Rosane Albert

Revisão
Til – texto.imagem.linguagem
Beatriz de Freitas Moreira

Capa
Mariana Bernd

Diagramação
Til – texto.imagem.linguagem

D612 Dines, Yara Schreiber

  Cidadelas da cultura no lazer: uma reflexão em antropologia da imagem sobre o Sesc São Paulo / Yara Schreiber Dines. – São Paulo: Edições Sesc SP, 2012. –
  294 p.: il. Fotografias.

  Bibliografia
  ISBN 978-85-7995-024-7

  1. Lazer. 2. Cultura. 3. Memória. 4. Imagem. 5. Serviço Social do Comércio. I. Título. II. Subtítulo. III. Sesc SP.

CDD 790

Copyright © 2012 Yara Schreiber Dines
Copyright © 2012 Edições Sesc SP
Todos os direitos reservados

Sesc
Edições Sesc SP
Av. Álvaro Ramos, 991
03331-000 – São Paulo – SP
Tel. (55 11) 2607-8000
edicoes@edicoes.sescsp.org.br
www.sescsp.org.br

Para Ariel, Laura e Milton, e uma menção especial à professora doutora Maria Lúcia Montes

Agradecimentos

Agradeço ao CNPq o financiamento desta pesquisa por quatro anos, possibilitando sua realização. Agradeço também a todos os que, direta ou indiretamente, contribuíram para a realização deste trabalho. Entre estes não poderia deixar de agradecer:

Ao professor doutor Guilherme Simões Gomes Júnior, orientador, que me recebeu no doutorado, meus agradecimentos pela orientação cuidadosa, acompanhamento da pesquisa e indicações sensíveis no processo de redação, conduzindo ao aprimoramento do trabalho.

À professora doutora Maria Lúcia Montes, pelo acompanhamento crítico da pesquisa, pelas observações e indicações efetuadas na banca de qualificação e pelo apoio e amizade na construção do trabalho.

Também à professora doutora Maria Celeste Mira, pela troca de ideias ao longo da pesquisa e pelas observações e sugestões apresentadas na banca de qualificação.

À professora doutora Sylvia Caiuby Novaes, ao professor doutor Paulo Menezes e à professora doutora Miriam Moreira Leite, por terem me propiciado um aprofundamento nos estudos de antropologia da imagem e na descoberta de uma antropologia do sensível por meio da participação no Gravi – Grupo de Antropologia Visual da USP. Também agradeço à professora Sylvia Caiuby Novaes pela leitura crítica feita da qualificação.

Aos colegas do Gravi, pelas discussões, troca de ideias e de percepções e pela possibilidade do conhecimento nesta linha de pesquisa: Ana Lúcia Ferraz, Andréa Barbosa, Aristóteles Barcelos Neto, Chico Paes, Caio Pompeia, Daniela Dumaresq, Denise Dias Barros, Edgar Teodoro da Cunha, Francirosy Ferreira, Gianni Puzzo, Joon Kin, Lílian Sagio, Lucas Fretin, Maíra Büller, Mariana Vanzolini, Paula Morgado, Priscilla Ermel, Renato Szutman, Rita Castro, Rose Hikiji Satiko e Stélio Marras.

A Danilo Santos de Miranda, diretor regional do SESC São Paulo, por seu interesse no eixo da pesquisa e pelo longo depoimento cedido.

A Dante Silvestre, ex-gerente da Gerência de Estudos e Desenvolvimento do SESC São Paulo, por abrir a possibilidade de pesquisa na instituição, pela disponibilidade e assessoria sobre o perfil e história do SESC e pelo depoimento cedido.

A Gilberto Habib de Oliveira, pelo apoio recebido e pelo empréstimo de documentos importantes para a pesquisa.

A Renata Paoliello, Luciana Ferreira Moura Mendonça e Lilian Torres de Lucca, pelas conversas e discussões sobre o ofício de antropólogo.

Às minhas irmãs Sandra Schreiber Dratwa e Valéria Schreiber Rosenberg, pelo apoio e incentivo que sempre me deram. Ao meu pai Heran Harry Schreiber, pelo legado do gosto pela leitura, crítica e pensamento.

A Solange Ferraz de Lima, Vânia Carneiro de Carvalho e Telma Campanha de Carvalho, com as quais discuto e compartilho ideias sobre o campo da imagem.

A Fernando Fogliano e a Paulo Rossi pela troca de ideias e conversas sobre a área da fotografia.

Às amigas Andréa M. Freudenheim, Geni Skolnik, Lilian Starobinas, Daisy Perelmutter, Lígia Rodrigues, Renata Paiva, Ruth Ebel, Suli Ebel e Silvia Fernanda Rosenbaum, pelo incentivo, carinho e confiança.

A Joselita Pereira da Silva e Neide de Jesus Fernandes, com as quais pude contar com o apoio para escrever a tese com a calma necessária.

A Milton, companheiro de trajetórias afetivas e profissionais, com quem partilho a vida, os sonhos e os filhos.

Sumário

Apresentação 11
Prólogo. 15
Introdução 19

CAPÍTULO I. OS PRIMEIROS PASSOS DO LAZER ORGANIZADO EM SÃO PAULO

    Imagens. 29
    Uma memória em contexto: a formação do Sesc e as heranças
    do Estado Novo. 54
    A formação da instituição – memória. 62
    Um olhar sobre o lazer na metrópole paulistana – atividades
    de recreação e de lazer organizado no Sesc. 68
    Inovações nas práticas sociais do Sesc 77
    Uma reflexão sobre as imagens iniciais de recreação e de lazer
    do Sesc. 82

CAPÍTULO II. IMAGENS DO LAZER DO SESC SÃO PAULO

    Imagens. 87
    Lazer e ação comunitária no Sesc. 117

O "Centro Cultural e Desportivo Carlos de Souza Nazareth"
– primeira concepção de equipamento de lazer do Sesc
São Paulo 122
Imagens do lazer sociocomunitário e educativo.............. 129
Um voo reflexivo sobre imagens do lazer................. 148

CAPÍTULO III. A VIRADA DO SESC SÃO PAULO NOS ANOS 1980:
A DIMENSÃO DA CULTURA NA REDE URBANA PAULISTANA

Imagens.. 157
Lazer e consumo de bens culturais 178
Com o foco no lazer e na cultura....................... 182
Representações imagéticas do lazer cultural 202
Comentando expressões culturais nas imagens............. 218

CAPÍTULO IV. OBSERVANDO À DISTÂNCIA UMA NARRATIVA VISUAL:
O SESC SÃO PAULO E A METRÓPOLE PAULISTANA

Imagens.. 229

Considerações finais – A luz das cidadelas da cultura no lazer 273
Notas...283
Bibliografia 285

Apresentação

O dicionário *Houaiss* define a palavra cidadela como uma "fortaleza situada em lugar estratégico, que domina e protege uma cidade". Fruto da tese de doutorado, defendida por Yara Schreiber Dines, na puc-sp, em 2007, *"Cidadelas da cultura no lazer"* propõe um estudo de Antropologia da Imagem, constituído a partir de parte do acervo fotográfico do Sesc São Paulo.

Ao refletir sobre o papel do Sesc como instituição promotora do lazer, em face da dinâmica urbana experimentada pela cidade de São Paulo a partir de meados da década de 1940, a autora firma uma narrativa imagética, cujo caráter extrapola as fronteiras institucionais para explorar expectativas e transformações vividas pelas pessoas no âmbito da cultura e da sociabilidade.

É comum observar o vínculo entre antropologia e imagem, visto que, para o antropólogo, o registro da realidade sobre a qual ele se debruça é ferramenta recorrente de trabalho. A fotografia se configura como um instrumento privilegiado de pesquisa, não só para a produção e uso de fontes, mas, sobretudo, pela possibilidade de interpretar imagens, captadas ao longo de uma atividade ou evento social, que permitam a montagem de narrativas visuais. A fotografia fixa o instante e delimita a ação do homem e do tempo sobre determinado objeto. Entretanto, não se pode esquecer que ela é uma construção, estabelecida, inevitavelmente, a partir de um ponto de vista específico, que ganha vida segundo os conceitos e recortes que se lhe aplicam.

Tanto para construir uma representação como para definir narrativas, a fotografia se serve da palavra. Neste estudo, trata-se de ler as imagens e buscar compreendê-las por meio da colaboração de pessoas que vislumbraram e ajudaram a edificar o Sesc que encontramos hoje e do qual tantos podem desfrutar. Dessa forma, lembranças individuais, não raro envolvidas com as demandas de produção, circulação e conservação dessas imagens, veem-se circundadas pelo peso – não necessariamente negativo – da construção coletiva da memória institucional.

Mas, enquanto cidadela, qual o significado da fortaleza, constituída e representada pelo Sesc São Paulo, diante da dinâmica da cidade?

Em oposição ao conceito de não lugar, concebido pelo antropólogo francês Marc Augé em *Não lugares: introdução a uma antropologia da supermodernidade* e descrito como local de passagem, marcadamente impessoal, onde não se consegue dar forma alguma à identidade, o termo cidadela, segundo Yara Schreiber Dines, refere-se ao espaço de convivialidade e encontro, proporcionado pelo Sesc São Paulo aos seus usuários.

Com a intenção de decifrar a equação espaço-tempo, o Sesc implanta em São Paulo centros de lazer sociocultural e educativo, cuja variada oferta de atividades busca ocupar o tempo livre do trabalhador, o tempo avesso ao trabalho e às obrigações, um tempo que se deseja voltado ao ócio e ao descanso, apropriado ao cultivo de si, ao refinamento do corpo, do olhar e de experiências trocadas entre indivíduos e grupos.

Ao observar o Sesc São Paulo sob uma perspectiva histórica, preservada em documentos de arquivo, o estudo destaca as transformações conceituais pelas quais a instituição passou até instituir a promoção da cultura, em sentido antropológico, como o principal eixo de sua ação.

Paralelamente, a comparação feita entre o Sesc e órgãos historicamente relevantes para o fomento da cultura em São Paulo, como a Secretaria Municipal de Cultura, na gestão de Mário de Andrade, nos anos 1930; a criação do Parque do Ibirapuera e da Bienal de Arte de São Paulo, na década de 1950; e a revitalização da Pinacoteca do Estado, nos anos 1990, permite refletir sobre a política cultural existente na Capital ao longo do século passado e questionar se, de fato, é possível afirmar que conquistamos uma condição de democratização da cultura na cidade.

Ao apreciar o caminho visual e analítico trilhado por Yara Schreiber Dines em *Cidadelas da cultura no lazer*, estamos certos de que não basta ocupar o tempo livre. Para bem fazê-lo, é preciso difundir e fomentar valores, romper estranhamentos, instaurar novos repertórios e incutir novas formas de viver e conviver em sociedade.

Ressalte-se, ainda, que este livro inaugura a Coleção Acadêmica, que visa publicar pesquisas que tenham o Sesc São Paulo, seus programas ou ações como objeto de estudo, tendo como objetivo ampliar a compreensão e propiciar a reflexão sobre as práticas institucionais, seu histórico e desenvolvimento.

Danilo Santos de Miranda
Diretor Regional do Sesc São Paulo

Prólogo

A memória das coisas intelectuais não tem lugar sem imagem.

Aristóteles (384-322 a.C.),
Sobre a memória e a reminiscência

Refletindo sobre uma série de experiências pessoais de participação em práticas sociais e vivências culturais, fui constatando que havia alguns anos elas tinham como referência uma frequência periódica a diferentes espaços do Sesc São Paulo, a partir de atividades e eventos que capturavam minha atenção e despertavam meu interesse por adentrar os portões desses equipamentos de lazer e cultura disseminados pela cidade.

Motivada por uma paixão antiga por práticas associadas ao corpo e, naturalmente, interessada pelo universo da cultura, dos anos 1980 para cá tenho participado nesses espaços de atividades como ginástica e dança afro, assistido a diferentes modalidades de *performances*, espetáculos de dança do Brasil e do exterior, shows de MPB e de música de todo o mundo, frequentado espetáculos de teatro infantil, exposições de artes plásticas e tomado parte em seminários temáticos de grande interesse intelectual, além de realizar pesquisa de observação participante com idosos. Apresentações musicais de Arrigo Barnabé, Ná Ozzeti, Naná Vasconcelos, Itamar Assumpção, dentre tantos nomes significativos que frequentam os espaços do S<small>ESC</small>, marcaram a minha percepção da música instrumental e popular brasileira e minha formação musical. A encenação de espetáculos de dança de coreógrafos e bailarinos como Magdhavi Mugdal, Kazuo Ohno ou Ivaldo Bertazzo, trazendo influências diferenciadas de culturas orientais, ampliaram minha percepção e meus sentidos para linguagens desconhecidas.

Como frequento com certa constância os equipamentos do S<small>ESC</small> Pompeia, Pinheiros, Vila Mariana e mesmo Belenzinho, tenho bastante familiaridade com eles. Ao entrar nessas unidades sempre registro a impressão do cuidado na preservação da edificação e na conservação dos espaços. Além disso, a circulação e o burburinho do público captam meus sentidos por sua diversidade, decorrente da abrangência das faixas etárias e da multiplicidade da programação cultural e esportiva destinada a esse público, a qual inclui desde espetáculos de vanguarda a apresentações de cultura popular, desde práticas esportivas tradicionais às mais sofisticadas. Vivenciei e continuo vivenciando experiências corporais e culturais as mais variadas nessa rede de equipamentos que oferece lazer e cultura aos seus usuários, incrustada no tecido da metrópole paulistana.

Foram essas experiências que levantaram para mim algumas questões. Como se elaboram estas vivências e práticas sociais para os usuários desses equipamentos em diferentes partes desta cidade, com formações e olhares distintos? Como o S<small>ESC</small> São Paulo chegou à sua configuração atual, concentrando em um mesmo equipamento práticas esportivas e culturais tão diversificadas? Eram indagações que se configuravam como problemas antropológicos e mereciam uma investigação.

Por outro lado, casualmente, em uma viagem para as montanhas de São José do Barreiro, alguns anos atrás, tomei conhecimento da existência de um livro de caráter histórico e institucional sobre os cinquenta anos da instituição, *S<small>ESC</small> São Paulo – Uma ideia original*, de Miguel de Almeida. O livro apresenta em seu *design* fotos antigas e atuais. Em preto e branco, as imagens antigas mostram situações em que se registra como atividade da instituição no seu período inicial o atendimento à família e à criança, em meados dos anos 1940. Também mostra fotos de atividades de recreação e lazer nas décadas de 1950 e 1960, além de contar a trajetória da instituição, com seus principais marcos históricos e culturais, até meados dos anos 1990.

Foi a partir dessa publicação que descobri, em 2002, na Gerência de Estudos e Desenvolvimento do Sesc, um acervo fotográfico não organizado, além de documentos e publicações antigas que poderiam ser pesquisados.

Com base nesse conjunto de vivências e experiências sensíveis e no contato com as fotografias localizadas no acervo do Sesc São Paulo, passei a estudar e mapear aspectos do campo do lazer e da cultura na metrópole paulistana, tendo como eixo o olhar de uma instituição que é um marco nesse âmbito, e como propósito a busca do entendimento das formas expressivas que se condensam nessas imagens. Este livro é o fruto desse trabalho.

Introdução

É em retrospectiva que se percebe a importância insuspeitada que a problemática do lazer veio a adquirir para as sociedades contemporâneas. Já vai longe o tempo em que, no final dos anos 1960 e início dos anos 1970, o lazer começou a encontrar algum espaço em um meio acadêmico relutante em reconhecê-lo como tema relevante de pesquisa. Na atualidade, o lazer vem se tornando tema de destaque em várias áreas de estudo, exigindo um repensar constante de suas implicações ante as transformações drásticas que hoje confrontam o mundo do trabalho na realidade contemporânea (Marcellino, 1999).

A questão do lazer tornou-se ícone da sociedade pós-industrial, refletindo mudanças profundas na estrutura produtiva, no perfil do emprego, na ordenação e nos ritmos do trabalho, trazendo à tona elementos que, com seus inesperados desdobramentos sociais, hoje desenham para a investigação social um quadro inteiramente novo, como salientou o sociólogo italiano Domenico De Masi no 5º Congresso Mundial de Lazer, realizado em São Paulo, em 1998 (De Masi, 1997, 2000, 2001).

Segundo Magnani (1996: 31), compreendemos o conceito de lazer "dentro do universo do trabalho e em oposição a ele: a dicotomia é, na verdade, entre tempo de trabalho e tempo livre ou liberado, e por lazer entende-se geralmente o conjunto de ocupações que o preenchem". A questão, como aponta o autor, é que, quando saímos da lógica do capital e nos voltamos para o seu polo oposto, para a lógica do "outro" que supomos usufruir do lazer fora de seu tempo de trabalho, encontramos não um "outro" – o trabalhador abstrato – mas vários "outros", de acordo com a camada social, a faixa etária e o gênero a que pertencem, e mesmo o estilo de vida que os caracteriza. Assim se descobre uma diversidade de usos do tempo livre e do significado do lazer.

Quando se conhecem melhor as regras que ordenam a utilização do tempo livre por meio de diversas formas de lazer, percebe-se que sua dinâmica ultrapassa amplamente a necessidade de descanso do tempo de trabalho, possibilitando meios de aprofundamento e reforço de laços de identificação e lealdade "que garantem a rede básica de sociabilidade" (Magnani, 1996: 31), como sistema de referências que, para indivíduos ou grupos sociais, balizam sua experiência de vida. Este é um fator que, como destaca ainda Magnani, adquire especial significação para uma população cuja inserção social no tecido da cidade limita seu acesso aos bens que a vida urbana oferece, não lhes permitindo usufruir plenamente do seu direito à cidade, ou seja, seus direitos de cidadania.

Também Marcellino mostra a possibilidade de "lançarmos múltiplos olhares sobre o lazer na empresa, tendo por base uma concepção que o considere para além da recuperação do trabalho" (1999: 13). Ele amplia o entendimento do conceito de lazer relacionando-o à cultura ao considerar o tempo livre ou liberado como "cultura vivenciada (praticada, fruída ou conhecida) no tempo disponível das obrigações profissionais, escolares, familiares, sociais, combinando os aspectos tempo e atitude" (1999: 15). Desse modo, o autor associa o tempo livre à esfera da cultura no seu sentido mais amplo, o que abrange diversos conteúdos. Para Marcellino, esse tempo apresenta um caráter privilegiado por permitir que nele se vivenciem e se experimentem valores diferenciados do cotidiano que levem ao desenvolvimento pessoal e social.

O estudo do lazer, por abarcar um maior domínio de opções e escolhas por parte dos indivíduos, também permite que se entendam atitudes, valores e padrões de comportamento encontrados em diferentes meios sociais. Nesse sentido, a visão de Arantes (1999: 129, 130), de que as atividades do tempo livre podem ser pensadas em sua relação com práticas de consumo e como integrantes de uma mediação dinâmica de vínculos polissêmicos entre pessoas em posições estruturais claras, permite que a organização do tempo livre possa ser interpretada como reprodutora ou transformadora do elemento moral das relações sociais, propiciando uma reflexão crítica sobre o significado das atividades que preenchem o tempo de lazer em diferentes circuitos sociais.

É desta perspectiva que o lazer se torna um tema relevante de pesquisa antropológica e um foco privilegiado para se compreender a cidade e a dinâmica cultural urbana. Recortar como objeto de estudo a problemática do lazer promovido por uma instituição associada ao mundo do trabalho – o Sesc São Paulo – é o objetivo deste livro. Analisar o processo de mudança e de ressignificação das noções de lazer e de cultura por meio das práticas sociais promovidas pelo Sesc em São Paulo, contextualizando-as dentro do universo do urbano e suas transformações, constitui um recorte significativo de análise, tanto em virtude das mudanças pelas quais passa a atuação da instituição ao longo de seus mais de sessenta anos de existência, como pela especificidade dos locais em que estão situados os seus equipamentos na cidade, e pela ampla abrangência de sua programação para públicos distintos.

A pesquisa permitiu apontar os traços da diversidade cultural existente no meio urbano, e a proposta de análise das práticas de lazer e de cultura proporcionadas pelo Sesc propiciou a apreensão de determinados padrões sociais e culturais que orientam sua atuação em relação aos frequentadores de seus equipamentos. Assim, pode-se questionar: qual o sentido das práticas propostas pelo Sesc? Será que elas possuem somente caráter de serviço social prestado aos trabalhadores, ou o resultado das atividades organizadas pela instituição também adquire outros significados específicos na dinâmica cultural da cidade?

A partir da relevância desse universo assim definido e adotando um enfoque antropológico, minha proposição de pesquisa partiu da hipótese de que uma análise cuidadosa da documentação da trajetória do Sesc São Paulo, com a inserção da problemática da instituição no seu âmbito específico, contextualizada no âmbito maior da sociedade, possibilitaria o conhecimento das mudanças de significação de suas atividades, e dos novos sentidos adquiridos pelas noções de lazer e cultura introduzidas pelas atividades da entidade. Essas ressemantizações conceituais e seus resultados nas práticas implementadas pela instituição foram analisados no intuito de se responder à questão: qual a lógica nas mudanças dos significados de lazer e cultura e os seus desdobramentos para a instituição e, num âmbito maior, para a metrópole paulistana onde ela se insere?

Outro aspecto de relevância considerado são os diferentes modos como se configuram os espaços de lazer do Sesc, que passa por mudanças físicas importantes, relativas a maneiras específicas de se compreender a relação prática-espaço-usuário dos equipamentos, como veículos de expressão e de comunicação de sentido das atividades ali realizadas. Numa outra dimensão, é importante salientar, em relação ao lazer e suas práticas sociais, o componente emocional como ponto de cristalização de outras experiências. Em outras palavras, essas atividades expõem e destacam aspectos simbólicos fundantes do modo de organização social da experiência de vida na metrópole paulistana.

Foi por esse conjunto de razões que, para efetuar a análise do tempo de lazer e os seus sentidos no Sesc São Paulo, escolhi como recorte específico o trabalho com imagens. O exercício de observação e leitura de conjuntos de imagens atentou para os diferentes usos do espaço e do corpo ali registrados, para a importância de gestos, vestimentas e formas de realização de práticas sociais que ali são fixadas, pois, estando permeadas de múltiplos significados, constituem expressões de diferentes códigos de produção de sentido.

A atuação da entidade enquadra-se na formulação de um tipo de entretenimento, visto como lazer organizado ou institucional e marcado por parâmetros de uma nova realidade social, que vai sendo delineada, desenvolvida e estruturada ao longo da trajetória da instituição. Concretizada através de uma diversidade de práticas sociais, esportivas e culturais, diferenciadas de acordo com o gênero e a faixa etária, essa ação torna-se palpável na documentação iconográfica produzida pelo Sesc São Paulo, caracterizando uma compreensão muito específica do lazer propiciado aos seus associados e usuários.

A instituição registra fotograficamente sua atuação, criando e preservando as imagens e constituindo um acervo significativo com o objetivo específico de manutenção de sua memória, o que permite resgatar sua ação associada à área do lazer e do entretenimento na metrópole dirigida para grupos sociais específicos e refletir sobre ela. A iconografia disponível no Sesc São Paulo apresenta um vasto registro das atividades da instituição, permitindo a abordagem das questões anteriormente apontadas por meio do estudo desse documento visual. Acompanhado de depoimentos de funcionários e ex-funcionários da instituição, o trabalho com as imagens, conjugado com a análise desses outros documentos de história oral, possibilita uma interpretação que desvenda os conteúdos subjacentes ao valor documental e imagético do acervo da instituição. Quando posto em confronto com outros acervos de imagens que registram atividades afins, é possível explicitar as relações que essas imagens nos transmitem diretamente do passado ao presente, transitando entre o lazer, a cultura e a metrópole.

Contudo, essas não são conclusões a que se possa chegar de modo imediato. O contato mais direto com a iconografia suscita algumas indagações. O que as imagens do acervo do Sesc São Paulo efetivamente expõem da linha de atuação da instituição? O que se pode inferir a partir do suporte fotográfico aliado aos depoimentos dos funcionários da instituição sobre suas ações incentivadoras de determinadas formas de uso do tempo livre? Como se pode utilizar o acervo iconográfico do Sesc São Paulo para compreender o significado das mudanças na concepção dessa instituição a respeito do lazer e da cultura e os seus desdobramentos nas práticas sociais que oferece aos frequentadores?

A fotografia constrói representações, gerando e condensando também significados que influenciam a ação humana e seu entendimento do universo vivido (Leite, 1993). Assim, as representações são também reordenadoras de sentido, realocando a vivência e levando a novas experiências e criações. Ou seja, as representações recriam a experiência. Assim, a fotografia, formando um campo imagético que expressa valores, modos de comportamento e ambiguidades da realidade social, atrai para si as atenções das ciências sociais, constituindo uma área fértil de estudo.

Para possibilitar o contato com o universo "familiar" das imagens do Sesc São Paulo, partimos de uma compreensão ao estilo de Geertz (1989), de que a iconografia pode ser considerada uma narrativa visual que se expõe como uma etnografia silenciosa e muda, mas passível de ser estudada e interpretada, possibilitando a elaboração do saber antropológico. Também é importante considerar dessa perspectiva a contribuição de Michael Taussig (1993), quando se refere à viabilidade de se elaborar uma análise interpretativa numa situação em que o estudioso se coloque através da relação com o seu objeto.

Na análise do universo das imagens do Sesc São Paulo e de outras instituições com produção afim, tomamos a iconografia como uma narrativa visual que tem um significado cultural a ser estudado e interpretado dentro e a partir da sociedade que a produziu. Em relação à produção das imagens, é importante destacar que são as relações firmadas no interior de um conjunto que atribuem significado aos elementos que dele fazem parte. Em outras palavras, enfatiza-se a importância do modo de olhar as práticas registradas em dado universo imagético para se desvendar seu significado cultural, e também a relevância do contexto no estudo dos modos de expressão e manifestação da cultura, considerando que o contexto exerce um papel fundamental para compreender como as imagens são construídas e elaboradas. Além disso, podemos entender que a cultura e a arte materializam um modo de vida e expressam uma maneira singular de pensar em relação ao universo dos objetos, tornando-o palpável ou concreto.

Assim, neste livro, a análise da iconografia do Sesc São Paulo e de outros acervos afins é sustentada pela contextualização de sua produção para fundamentar sua compreensão. Partindo de um exercício de leitura de imagem, concentrei-me nessa produção, procurando apreender cognitivamente o que esses acervos transmitem por meio de sua linguagem. Apesar de existirem limites neste exercício cognitivo, ele se inicia com a percepção, buscando efetivar um diálogo entre pesquisador e produção iconográfica. O estudo do suporte fotográfico pressupõe um primeiro contato com as imagens através das quais somos levados, por emoções, impressões e associações, a estabelecer relações. Isso significa que partimos das imagens, deixando-as falar. Portanto, essas informações podem gerar hipóteses que são verificadas ou não no decorrer do processo de análise.

O levantamento iconográfico realizado contém em si as imagens localizadas na Gerência de Estudos e Desenvolvimento do Sesc São Paulo, em documentos e obras publicadas da instituição, subsidiado pelo levantamento complementar em alguns arquivos públicos, de órgãos de imprensa e de entidades culturais afins. As publicações do Sesc foram examinadas para referenciar o sentido do conjunto de imagens selecionadas, buscando-se entender seu perfil, o modo de apresentação, a linguagem utilizada e o público a que foram destinadas.

Complementando e integrando o trabalho com as imagens, foram gravados depoimentos de pessoas significativas que trabalharam e outras que ainda atuam nessa instituição, conhecendo-a profundamente. Funcionários do setor administrativo em cargos de direção e planejamento, assim como técnicos que organizam a implantação das diversas práticas sociais e professores nela envolvidos tiveram seus depoimentos registrados, pois acompanham o fazer da instituição, permitindo o seu conhecimento e crítica. Esses testemunhos constituem material fundamental para o trabalho de análise iconográfica efetuado, representando uma ancoragem e uma memória viva a ser interpretada em conjunto com as imagens fotográficas. Pois o estudo e a análise de imagens não prescindem da palavra, como destacam W. J. T. Mitchell (1986) e Miriam Moreira Leite (1993: 16).

Margaret Mead, no seu trabalho fotográfico *Balinese character: a photographic analysis*, mostra que as imagens necessitam ser descritas por palavras para serem integradas à pesquisa científica. Destaca que "não é possível utilizar apenas o texto não verbal, cuja ambiguidade, de um lado, e mutismo, de outro, abrem demais as questões apresentadas, deixando-as indefinidas e inadequadas a uma sistematização científica" (Leite, 1993: 153).

Leite também afirma que, no trabalho com imagens e depoimentos, a coleta destes permitiu construir

> séries diferentes de dados referentes à produção das fotos, aos períodos em que foram tiradas, às circunstâncias da produção e conservação das fotos e às ocasiões e interesse de contemplação das fotografias. Em alguns casos, os depoimentos revelaram os fotógrafos, os recursos técnicos utilizados, além de situações ou personagens que não eram retratadas. (Leite, 1993: 22)

Por outro lado, os depoimentos, apesar de apresentarem sua própria especificidade, no que se refere a produção e tratamento conjuntamente com as imagens, possibilitaram um trabalho de exegese e de remontagem da captura das imagens, permitindo desvendar o sentido das práticas ali registradas.

Destaca-se a importância dos depoimentos realizados, associados ou não a imagens, no sentido de captar e ter acesso a manifestações intangíveis, a aspectos do etos da instituição abordada, que remetem da lembrança individual à construção coletiva da memória. A partir do processo de trabalho conjunto de leitura e edição de imagem, produção de depoimentos associados a imagens, reflexão com e por meio desses suportes e com apoio na bibliografia selecionada, foi possível realizar a leitura desses conjuntos de diferentes linguagens que registram a materialidade das intervenções sociais estudadas, da memória e do imaginário manifestos nos depoimentos.

Assim, as fotografias e os depoimentos versando sobre as práticas sociais e culturais do lazer e o uso do tempo livre na sociedade contemporânea são passíveis de interpretação, pois, como qualquer outro artefato cultural, possuem a capacidade de condensar significados e evidenciar valores, explicitando publicamente sentidos que cabe ao pesquisador decifrar (Geertz, 1989). Logo, imagens também são "boas para pensar", pois, em sua dinâmica de significação e ressignificação, permitem o exercício interpretativo dessa linguagem carregada de expressão.

Por outro lado, é necessário lembrar que, em se tratando de um estudo das imagens de uma instituição voltada para práticas de lazer e cultura, se explicita sempre sua relação com a cidade como um universo mais amplo, pois as práticas do Sesc São Paulo dialogam com as de outras entidades afins e inserem-se numa dinâmica cultural mais abrangente (Durham, 2004), que é a da vida da própria cidade. Daí por que fazer dialogar as imagens do Sesc com outros registros visuais sobre o lazer, como da Seção Arquivo de Negativos do Departamento do Patrimônio da Secretaria Municipal de Cultura e de outras instituições culturais de São Paulo. Pois a cidade é o suporte e o local onde se estabelecem as relações e as interações sociais entre os indivíduos, cenário mais amplo em relação ao qual será possível dimensionar os significados do lazer aqui estudados.

É importante frisar que no começo de cada capítulo são apresentados conjuntos de imagens formando um caderno iconográfico, analisado no decorrer do texto, no sentido de valorizar o papel da imagem criando uma narrativa, e que também possui sentido como série visual, pois se trata de estudo e reflexão com o olhar da antropologia da imagem.

O livro é dividido em quatro capítulos, cada um dos quais, seguindo a ordem cronológica da atuação do Sesc São Paulo, procura focalizar um aspecto específico da problemática mais ampla de que se ocupa o texto em seu conjunto. Assim, o primeiro capítulo, intitulado "Os primeiros passos do lazer organizado em São Paulo", aborda as práticas sociais iniciais direcionadas para o lazer dos trabalhadores pela entidade, para estudar a sua orientação e o tipo de atividades implementadas. O recorte temporal definido (1946-1966) corresponde ao surgimento da instituição e ao período inicial em que ela firma sua atuação na metrópole paulistana, o que permite refletir sobre os momentos iniciais do lazer organizado em São Paulo. Tal como outras instituições públicas e privadas que se preocupam com o lazer e a cultura em São Paulo nesse período, a atuação do Sesc relaciona-se a um processo de modernização em curso na cidade, situado no contexto do pós-guerra e do processo de redemocratização do país que tem lugar após o fim do Estado Novo.

O capítulo II, "Imagens do lazer do Sesc São Paulo", compõe o panorama de um período em que se dá a criação de órgãos públicos e de instituições privadas cujas formas de atuação se desenvolvem no campo do lazer. Essa é a época em que o lazer começa a ser considerado como uma linha de ação social, que se firma como foco de atuação específica do Sesc São Paulo. O capítulo analisa o período que se abre a partir do final dos anos 1960, quando ocorre o seminário "Lazer – Perspectivas para uma cidade que trabalha", promovido pelo Sesc São Paulo, o que estimula e amplia as discussões em relação ao lazer, levando inclusive à conquista de um amplo espaço nos projetos da administração pública, quando esta problemática passa a ser considerada de forma institucional.

O capítulo III, "A virada do Sesc São Paulo nos anos 1980: a dimensão da cultura na rede urbana paulistana", mostra como as práticas sociais da instituição se modificam, passando de uma visão fundamentada na noção de lazer a uma compreensão mais ampla de cultura, abarcando o conhecimento e a educação, mas também abrangendo a ideia de criação simbólica e de formação de cidadania. Busca-se explicitar a ênfase atribuída ao âmbito da cultura como matriz geradora de sua linha de ação social.

Já o capítulo IV, "Observando à distância uma narrativa visual: o Sesc São Paulo e a metrópole paulistana", destaca o jogo de espelhos na construção da imagem do Sesc, que interage com as práticas sociais de outras instituições de cultura na cidade, e que aqui são focalizadas para estabelecer um diálogo entre imagens de diferentes acervos iconográficos de instituições com produções semelhantes. A proposta é analisar a produção imagética do Sesc com um olhar distanciado – ou seja, as formas de intervenção social estudadas dialogam com as de outras instituições sociais na metrópole nos diferentes períodos abordados –, pois as imagens localizadas em acervos de outras instituições de caráter social e cultural mostram proximidade com práticas sociais implantadas pelo Sesc São Paulo. O foco do capítulo é a questão do modo como as intervenções sociais são pensadas e posteriormente traduzidas em realizações concretas pelo Sesc São Paulo e por algumas instituições culturais na metrópole, dotando-as de significados diversos.

"A luz das cidadelas da cultura no lazer" traz as considerações finais, enquadrando a temática abordada sob outras lentes ao analisar o trabalho de edição de imagens, assim como sua relação com outros tipos de suporte, como a oralidade e o texto na construção da narrativa elaborada ao longo do livro. Reflete-se aí sobre o significado mais amplo da atuação da instituição, como construção de "cidadelas de liberdade" encravadas na cidade, com um projeto "iluminista" que se busca deslindar em seus múltiplos significados. Finalmente, é abordada a questão da democratização da cultura para a qual apontam as práticas sociais implementadas pelo Sesc São Paulo, procurando-se aprofundar o seu significado a partir da perspectiva de um olhar "de dentro" da instituição estudada.

Capítulo 1
Os primeiros passos do lazer organizado em São Paulo

Concurso de robustez infantil. Década de 1940.

Clínica Central de Serviços Especializados Gastão Vidigal, à rua Florêncio de Abreu, 305. Seção de Controle de Visitas. 1947-1948

Centro Social Horácio de Mello, à rua Fausto Ferraz, 131, Bela Vista. Década de 1940

Centro Social Bento Pires de Campos, instalado na avenida Celso Garcia, 2.424. 1947-1948

Centro Social Mário França de Azevedo, à rua Voluntários da Pátria, 68. 1947-1948

Restaurante do Comerciário Alcântara Machado, à rua do Riachuelo.
1947-1948

Restaurante do Comerciário Alcântara Machado. Década de 1950

*Centro Social
Carlos de Souza
Nazareth, à avenida
Água Branca, 271.
1947-1948*

Aspectos da assistência à saúde infantil. 1957

ASPECTOS da assistência médica à infância.

FISIOTERAPIA

CENTRO INFANTIL. na Capital.

PESAGEM de uma filha de comerciário.

Concurso de robustez infantil. Década de 1940

Festa de Natal. 1957

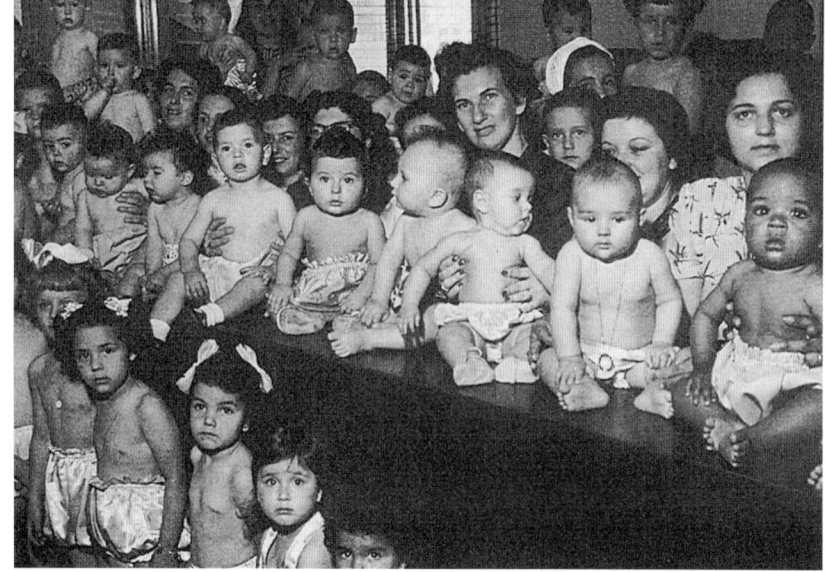

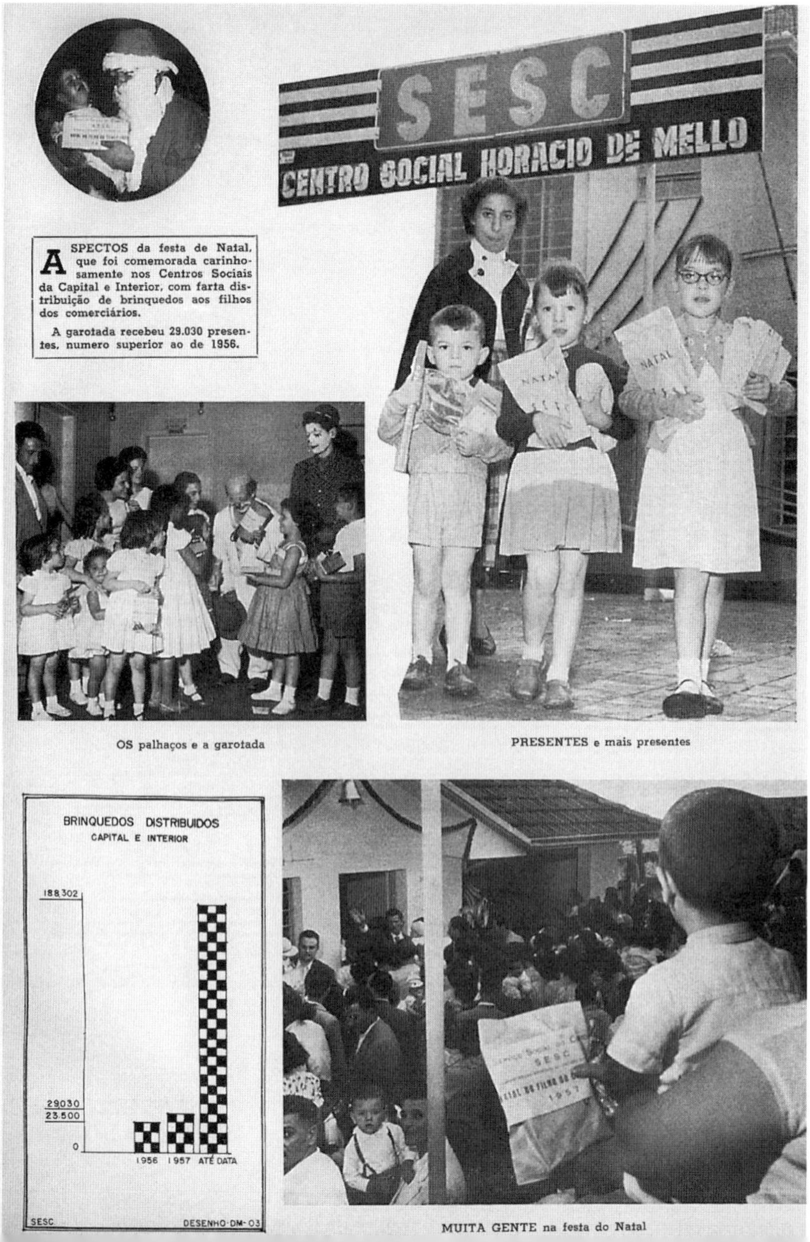

ASPECTOS da festa de Natal, que foi comemorada carinhosamente nos Centros Sociais da Capital e Interior, com farta distribuição de brinquedos aos filhos dos comerciários.

A garotada recebeu 29.030 presentes, numero superior ao de 1956.

OS palhaços e a garotada

PRESENTES e mais presentes

MUITA GENTE na festa do Natal

*Centro Social
Gastão Vidigal.
Curso de corte e
costura. 1958*

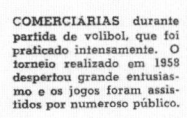

*Voleibol feminino.
1958*

COMERCIÁRIAS durante partida de volibol, que foi praticado intensamente. O torneio realizado em 1958 despertou grande entusiasmo e os jogos foram assistidos por numeroso público.

MOMENTO SOLENE durante torneio de comerciárias: o juramento do esportista. Organizadas pelos técnicos do Departamento Regional, as competições de 1958 alcançaram bom êxito, mobilizando jogadoras de volibol e cestobol de várias firmas da Capital e do interior do Estado.

COMERCIÁRIAS participantes do torneio, quando desfilavam antes do início dos jogos. Foi um belo espetáculo proporcionado à classe comerciária pelo Departamento Regional.

Participação do SESC
na parada do dia 7
de Setembro. 1956

Na parada do dia 7 de Setembro, na Semana da Pátria, o SESC apresentou numerosa equipe de jovens representantes de todos os Centros Sociais da Capital e do Interior, notando-se ainda a presença das delegações de outros Estados, as quais participaram das competições esportivas realizadas durante os festejos comemorativos. Foi um empolgante espetáculo, perante a multidão que, na avenida Anhangabaú, não regateou aplausos aos comerciários. No estadio do Pacaembu, tambem houve desfile, antes das provas de ginástica.

Biblioteca Central.
1956

BIBLIOTECAS
PESSOAS ATENDIDAS (CAPITAL E INTERIOR)

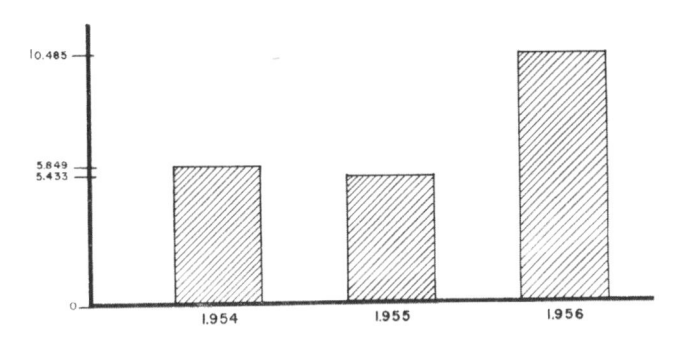

Ano	Pessoas
1.954	5.849
1.955	5.433
1.956	10.485

TOTAL 21.767

E' considerável a contribuição do SESC Regional para o incremento do hábito da leitura nos círculos comerciários. Em 1951, iniciou-se a formação da Biblioteca Central, surgindo depois as Bibliotecas Rotativas Circulantes, nos clubes dos empregados de firmas comerciais. Hoje existem, tambem, Bibliotecas Sucursais em todos os Centros Sociais e na Colônia de Férias. No exercício de 1956, a Biblioteca Central passou por completa remodelação, facilitando-se o acesso aos leitores.

*Convescote
[piquenique] nos
arredores da cidade
de São Paulo.
Década de 1950*

PÁGINA AO LADO

*Chegada de
comerciários a São
Caetano do Sul.
1953*

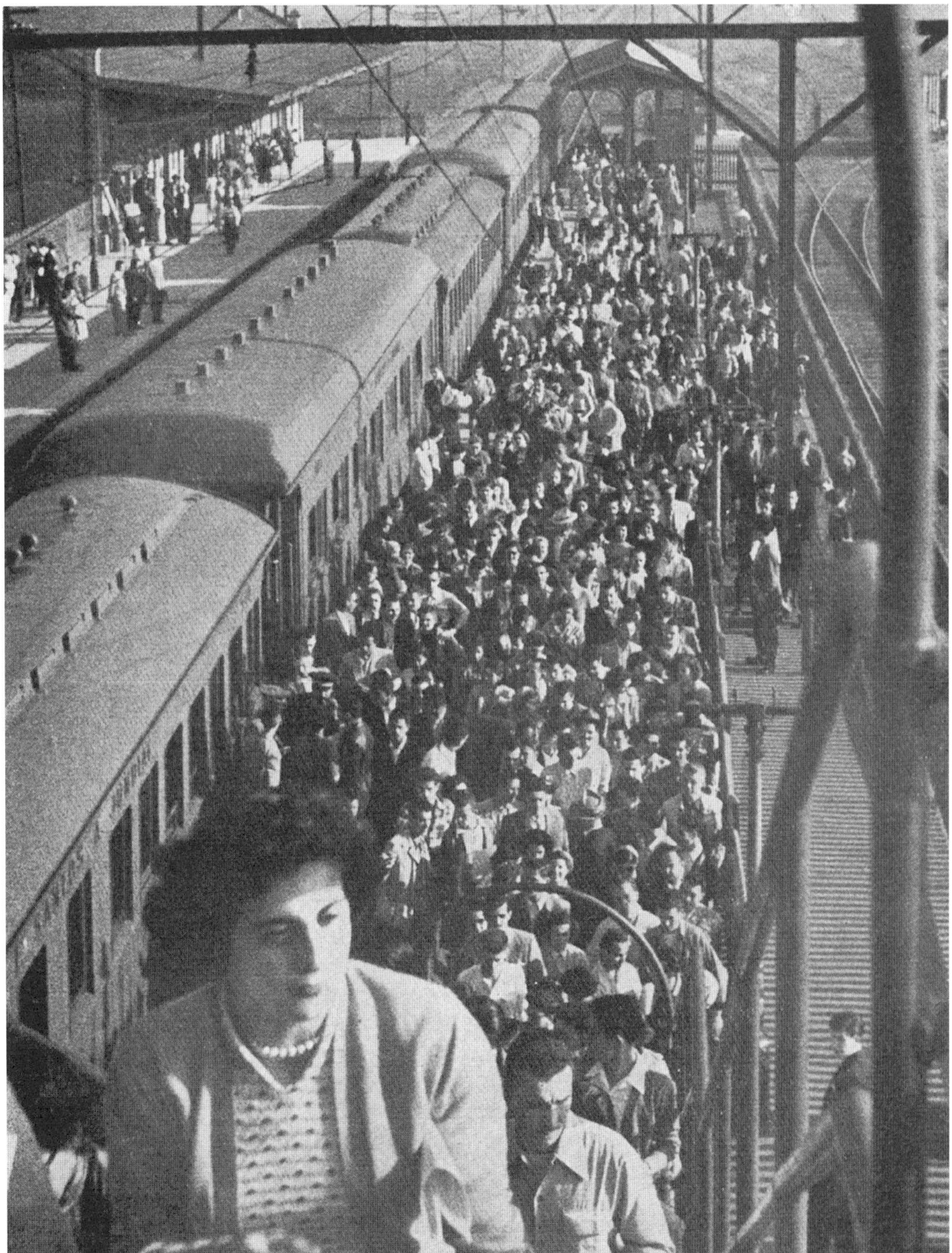

42 CIDADELAS DA CULTURA NO LAZER

PÁGIANA ANTERIOR

Conjunto de gaitas amador. Década de 1950

Conjunto de violões amador. Década de 1950

A Sapateira Prodigiosa. *Festival de Teatro Amador.* 1957

Teatro Íntimo Nicette Bruno. Sérgio Cardoso em Week End. 1954

Torneio Início de Futebol de Botão entre dependentes de comerciários. 1965

Campeonato de Xadrez. 1964

Centro Social João de Vasconcellos. Competição no ginásio de esportes. 1966

*Centro Social
Horácio de Mello.
Bandeirantismo.
Década de 1960*

Parque do Ibirapuera. Acampamento demonstrativo de escoteiros e bandeirantes em comemoração ao 20º aniversário do SESC. 1966

Arte culinária em Centro Social do Sesc [não identificado]. 1966

Centro Social Mário França de Azevedo. Curso de enfermagem. 1964

*Centro Social
Mário França
de Azevedo.
Curso Noções de
Psicologia.* 1966

*Comerciárias em
apresentação de
ginástica rítmica
para canal de
televisão.* 1965

*Centro Social
Mário França de
Azevedo. Curso de
fotografia.* 1964

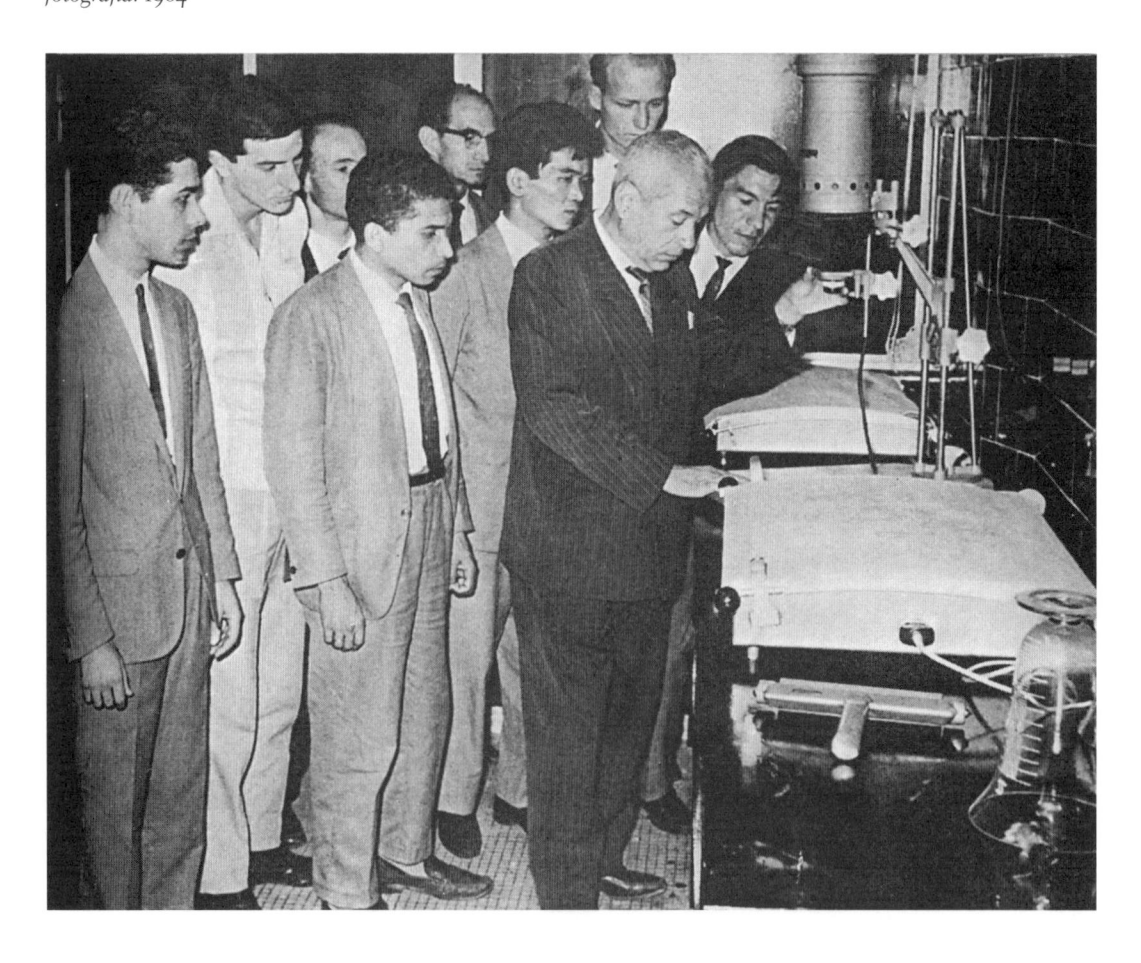

Curso de Fotografia — C. S.
"Mário França de Azevedo"

OS PRIMEIROS PASSOS DO LAZER ORGANIZADO EM SÃO PAULO 51

*Centro Social
Mário França de
Azevedo. Grupo
de comerciários
aposentados. 1966*

A natureza das instituições não é nada senão o seu devir [a evolução a partir do seu nascimento], em certas épocas e sob certas formas. Quando a época e a forma são tais e quais, assim e não de outro modo são as instituições que vêm a ser.

Vico, The New Science

As alterações no cenário da cultura, confirmadas na organização de instituições em todos os campos, mudaram São Paulo, configurando uma cidade que não fosse simplesmente receptáculo passivo de tendências intelectuais e artísticas, ou, por outras palavras, que não fosse uma colônia cultural. Uma metrópole cultural é uma fonte inovadora de estilos, ideias e formas culturais, porque, embora sendo receptiva para as correntes mundiais, serve de intermediário entre elas e as várias tradições e configurações culturais de um amplo hinterland *e mesmo de uma nação.*

Richard Morse, De comunidade a metrópole

Uma memória em contexto: a formação do Sesc e as heranças do Estado Novo

A Revolução de 1930, com a ascensão de Getulio Vargas ao poder, onde permanecerá até 1945, inaugura uma nova época na política nacional. Um vasto projeto de reorganização do Estado e de reorientação do seu papel – que culmina com a implantação do Estado Novo em 1937 – é posto em marcha, tendo como foco a modernização das instituições políticas e a reorganização da vida social, com a nova legitimidade que é dada à "questão social", até então considerada "caso de polícia".

A legislação trabalhista criada entre 1932 e 1934 já visava incorporar o trabalhador à vida da nação, e ele terá um papel ainda de maior destaque com o Estado Novo, no qual o modelo corporativista reordenará as instituições políticas a partir dos sindicatos patronais e operários associados em federações e confederações por ramo da produção, num claro esforço de controlar o conflito social e promover uma conciliação de classes (Weffort, 1978). A política "populista" que começa a se firmar a partir de então revelará traços nítidos de paternalismo e assistencialismo. O nacionalismo, em ascensão ao longo da década de 1930 e que irá culminar nos conflitos que levarão à Segunda Guerra Mundial, domina o espírito das novas propostas no campo da educação e da cultura, as quais irão se desdobrar no novo enfoque dado à questão social, de modo a incluir não só a assistência ao trabalhador, mas uma nova atenção dada à infância e à adolescência.

As leis de apoio à criança e à família que são produzidas nessa década mostram o novo enfoque dado à questão social, como se nota no artigo 127 da Carta Constitucional de 1937:

> A infância e a juventude devem ser objeto de cuidados e garantias especiais por parte do Estado, que tomará todas as medidas destinadas a assegurar-lhes condições físicas e morais de vida sã e de harmonioso desenvolvimento de suas faculdades. O abandono moral, intelectual ou físico da infância e da juventude importará falta grave dos responsáveis por sua guarda e educação, e cria ao Estado o dever de provê-las de conforto e dos cuidados indispensáveis à sua preservação

física e moral. Aos pais miseráveis assiste o direito de invocar o auxílio
e proteção do Estado para a subsistência e educação de sua prole.
(Niemeyer, 2002: 125, 126)

Por este enfoque, a família do trabalhador e principalmente seus filhos formam o objeto de uma política de assistência elaborada através de legislação federal criada para melhorar as precárias condições de vida das camadas desfavorecidas. Essa assistência criará os fundamentos da nova legislação que irá entrar em vigor na década de 1940 por meio da fundação de várias instituições federais, com representação nos estados e municípios.

A partir de 1937, com o golpe que resulta na implantação do Estado Novo, intensifica-se o discurso do Governo Federal de proteção à infância para preparar as forças do futuro trabalhador nacional. Assim, é criado o Departamento Nacional da Criança (DNCr), subordinado ao Ministério da Educação e Saúde, na época dirigido por Gustavo Capanema, que irá fundamentar a orientação para a organização dos serviços de assistência à criança e à maternidade.

Contudo, da perspectiva abrangente que orienta esse e outros projetos do período Vargas, o cuidado à infância não se resume à assistência social tal como a compreendemos hoje. A atenção à saúde infantil é inseparável do trabalho de educação que deverá formar o espírito dos futuros trabalhadores e cidadãos de uma nova nação. Assim, os valores básicos de sua formação moral deverão lhes ser transmitidos desde a mais tenra idade, e entre eles se incluem os valores mais profundos que sustentam a nossa cultura. Na leitura nacionalista do período, eles são vistos como presentes no folclore, em que se traduz e se preserva o "espírito do povo" (Ortiz, 1999) sobre o qual deverá ser construída em chave erudita a "cultura nacional". Assim, do canto orfeônico introduzido por Villa-Lobos nas escolas aos Parques Infantis que Mário de Andrade irá implantar já a partir de 1935 no novo Departamento de Cultura criado pela Prefeitura Municipal de São Paulo, cultura e educação tornam-se indissociáveis da assistência social que o Estado deve fornecer em sua atenção e cuidado à infância e à adolescência.

No entanto, a partir da organização do Departamento Nacional da Criança, há uma expansão das ações de assistência de natureza mais convencional que leva o Governo Federal a criar várias instituições sociais de caráter local. Assim, entre os anos 1942-43, difundem-se pelo país instituições de assistência como a Legião Brasileira de Assistência (LBA), a Campanha Nacional dos Educandários Gratuitos e o Instituto de Puericultura.

> Em comum, o objetivo de promover a tutela da classe trabalhadora, para a qual esta política assistencialista assumirá uma dimensão simbólica muito bem explorada pelo populismo oficial. Apesar de contraditória, ao negar a ampliação da cidadania, tal política não impediu, porém, que se criassem condições para que a classe trabalhadora efetivamente almejasse melhores condições de vida. (Niemeyer, 2002: 127)

Desse modo, o Departamento Nacional da Criança irá subsidiar políticas estaduais e auxiliar instituições privadas direcionadas à preservação da infância e da adolescência. O discurso assistencial exalta a criança como o "futuro da nação", sendo oferecidas condições para o seu desenvolvimento no intuito de "defender as fontes de renovação do organismo da nacionalidade" (Niemeyer, 2002: 127). Tal proteção irá se dar em paralelo à valorização do corpo, delineado pela educação física por meio do esporte, apoiado na noção higienista que destaca *"mens sana in corpore sano"*, favorecendo assim o amoldamento da criança e do adolescente para as metas políticas de modernização autoritária que orientam o Estado Novo.

Na verdade, a modernização estava na ordem do dia. A política de Vargas não se apoia apenas no discurso de caráter assistencial e de proteção ao trabalhador e sua família, pois há também um pensamento racionalista e de administração científica que sustenta a reorganização do Estado e que, vindo das primeiras décadas do século XX, circula também entre industriais, comerciantes, engenheiros, sanitaristas e educadores de São Paulo. São esses empresários e profissionais que se mobilizam sob o Estado Novo – ainda que em muitos casos se oponham de forma ferrenha ao governo Vargas – pela organização racional da empresa, do trabalho e da vida social, no intuito de criar, segundo o seu olhar, "um Brasil mais produtivo, eficiente e moderno, com um melhor padrão de vida para todos" (Weinstein, 2000: 20).

Assim, identificados com as novas tendências de organização racional e administração científica, eles se sentem autorizados a atribuir a si e não ao Estado "a autoridade profissional e a competência técnica necessária para modernizar a sociedade brasileira" (Weinstein, 2000: 20). Serão eles que, organizando-se após o fim do Estado Novo, conduzirão em meados dos anos 1940 uma atuação mais intensa na sociedade, que resultará na criação de instituições como o Sesi, o Sesc e o Senac, buscando atender à área de serviço social da indústria e do comércio sem a intervenção direta do Estado.

O processo de redemocratização após o fim do Estado Novo e a expansão do desenvolvimento industrial que se acelerava com a substituição de importações desde o final dos anos 1930 abrem para o país a possibilidade de criar uma "civilização moderna" sem o ranço do autoritarismo que marcara os seus primeiros passos. No período do pós-guerra, há um sentimento de otimismo, surgido da mistura entre conquistas materiais de vulto e permanência de especificidades. Em um plano mais imediato, dissemina-se a noção de mudança associada à ideia de progresso. Vive-se um clima de modernidade com a aceleração das transformações urbano-industriais, que trazem uma diversificação dos padrões de consumo e alterações nas formas de comportamento.

São Paulo é um exemplo perfeito da nova atmosfera que se cria nesse período. A cidade mostra-se como um terreno fértil para o fortalecimento das tendências indicadas, em virtude da urbanização, do crescimento industrial e da nova configuração que passa a assumir, ganhando ares de metrópole. Além disso, as correntes imigratórias europeias, acentuadas durante o período da guerra, trazem um ar cosmopolita à metrópole, levando à modificação da estratificação social, diversificação da ocupação do espaço e criação de novas formas de sociabilidade.

Nessa época, São Paulo, visto como centro dinamizador desse processo, mostra, no entanto, uma precariedade na oferta de infraestrutura em relação aos equipamentos urbanos necessários no âmbito exigido pela demanda. Com a aceleração dos processos de industrialização e urbanização, migrantes de todo o país afluem para os centros urbanos de maior expressão, principalmente para São Paulo. Nem essas cidades nem o Estado estão preparados para esse aumento súbito da população, havendo carência de infraestrutura urbana e de preparação profissional do trabalhador para ingressar no novo mercado de trabalho. Esse deslocamento social e espacial representa, para os migrantes, a entrada em um novo universo, gerador de mudanças nas condutas e hábitos sociais adquiridos no meio rural, além da alteração crucial no seu modo de vida, implicando a aquisição de novos padrões sociais na cidade (Durham, 1973; Frugoli Junior, 1995).

No entanto, é também nessa época que, sobretudo graças à difusão propiciada pelo rádio, ocorre uma maior diversificação do gosto musical, com a divulgação de ritmos nordestinos e outros de base rural, ao lado da consolidação da música sertaneja originária do interior paulista, principalmente entre as camadas desfavorecidas da população, que trazem suas influências para a metrópole (Arruda, 2001). Segundo Ortiz (1988), essa é a época que marca o começo da expansão de atividades relacionadas a uma cultura de massas no país, com a expansão da sociedade urbano-industrial, que irá se firmar em definitivo na década seguinte. No que se refere ao lazer, há um descompasso entre o ritmo da urbanização e a oferta de atividades recreacionais para a população paulistana.

As características ambientais da cidade e a ausência de uma cultura de planejamento levarão a Prefeitura a convidar o urbanista americano Robert Moses e o seu *International Basic Economy Corporation* (Ibec) de Nova York, destacado instituto de planejamento dirigido por Nelson Rockefeller, para assessorar o Departamento de Urbanismo paulistano. No seu *Programa de melhoramentos públicos para a cidade de São Paulo*, relatório terminado em 1950, Moses faz recomendações relevantes no que se refere à melhoria da situação "de tráfego, de transporte coletivo, de engenharia sanitária, de urbanização de várzeas, além de sugestões acerca de métodos de financiamento de obras públicas" (Niemeyer, 2002: 145).

Em relação aos parques e praças de recreio, o Relatório Moses destaca uma condição crônica conhecida:

> A cidade de São Paulo é servida por um sistema de parques, jardins de recreio e instalações recreativas deveras inadequado, especialmente nos bairros; e as possibilidades de expandi-lo vão desaparecendo rapidamente, em consequência da alta vertiginosa dos preços dos

terrenos e da construção descontrolada dos edifícios, que absorvem todos os espaços livres. Mesmo os lotes presentemente vazios, de propriedade particular, onde se joga futebol, breve serão ocupados por construções de todo tipo, que, em futuro próximo, a Municipalidade terá, ao fim, que pôr abaixo, por preço exorbitante. Os grandes parques são também inadequados; entretanto, tal lacuna poderá ser remediada pela reserva, para esse fim, de áreas de larga extensão ao longo das terras beneficiadas do Tietê e do Canal de Pinheiros. (Revista *Engenharia*, jan. 1951: 202-5; Niemeyer, 2002: 146)

Em seu relatório, Moses também salienta a necessidade da modernização da política de lazer de massas. Nesse sentido, propõe o programa denominado *Recreational Facility*, conhecido como Parque de Vizinhança, que não apresenta restrições etárias e tem metas reformadoras. Essa nova tipologia difunde-se amplamente nos Estados Unidos e na Europa no período pós-guerra, como consequência de um melhor conhecimento das demandas e do padrão de lazer dos moradores nesses locais.

O Relatório Moses é uma importante referência por apresentar um diagnóstico qualitativo da estrutura pública de lazer em São Paulo naquela época e também por possibilitar um conhecimento da relevância desta questão no encaminhamento dos debates para a melhoria da qualidade de vida na cidade.

A estrutura de recreação pública na cidade é marcada por controvérsias históricas que não lhe permitiram atingir maior expansão. Assim, o sistema era mantido por áreas administrativas que se integravam aos objetivos, mas sob jurisdições separadas, os Parques e Praças Municipais, sob a égide do Departamento de Obras e Serviços Municipais, os Parques Infantis e o Estádio Municipal do Pacaembu, sob o controle do Departamento de Cultura, complementados pelos Parques Estaduais, localizados dentro da cidade, com administração compartilhada. Praças, parques municipais e estaduais somavam, nesse período, 1.393 ha ou 6,34 m²/hab. Este valor estava constantemente em descenso, devido ao intenso adensamento populacional.

Já no que tange à qualidade e à disponibilidade dos equipamentos nesses espaços livres, o Relatório Moses destaca:

> Os parques e praças de recreio de São Paulo não preenchem tais requisitos (...); foram planejados visando, principalmente, o embelezamento da cidade. Poucos em número, pequenos, com algumas exceções, são especialmente inadequados para o recreio ativo. (...) Somente em poucos casos observa-se seu aproveitamento como centro de recreação da vizinhança que os circunda.

No intuito de definir metas favoráveis à criação de uma política de lazer de massa, o Relatório Moses propõe o desenvolvimento de uma estrutura completa e integrada de equipamentos que possibilite sua ampla utilização por todas as gerações e camadas sociais. As diretrizes apontadas por Moses eram bastante avançadas, contemplando "vinte campos locais e marginais de recreação nos parques existentes (*playgrounds*), cinquenta novos parques locais de recreação, construção de parques maiores nos vales do Pinheiros e do Tietê, construção do Parque do Estado" (Niemeyer, 2002: 148).

Esta proposta fundamenta-se na experiência nova-iorquina, planejada por Moses nos anos 1930, um arrojado plano de lazer de massa que adotou diferentes tipologias de parques ligados a complexos aquáticos (piscinas e praias artificiais) conectados entre si por vias expressas.

É importante destacar que o Relatório Moses atuou como um marco e um corte no planejamento urbano de São Paulo, pois possibilitou que se tornasse pública, num documento oficial, a situação insuficiente de lazer na cidade, expondo um retrato de ausência de cidadania.

No entanto, em outra esfera social na cidade, uma cultura de classes médias e da elite, que passa a ser muito influenciada pela modernidade da metrópole, expressa, por um outro viés, questões que ligam o urbano e a arte, levando a manifestações renovadoras como a criação de instituições de cultura, que se caracterizam como desdobramentos concretos do clima em voga, oferecendo também novos equipamentos e atividades de recreação e lazer para esses segmentos.[1]

A nova geração de produtores culturais não se vê como perpetuadora de uma tradição, mas como introdutora de mudanças profundas, procurando forjar novas identidades, o que aponta para um movimento desenraizador. Paradoxalmente, há um legado dos intelectuais de 22 de que se apropriam, deles retendo o olhar urbano sobre a cultura, ao escreverem sobre a vida que se moderniza e principalmente ao abrirem novas dimensões à percepção estética. Assim, retomando de outra perspectiva esse legado, desde meados da década de 1940 e início dos anos 1950, as linguagens artísticas passam a ser cada vez mais influenciadas pela dinâmica da modernidade, considerando as manifestações anteriores como pré-modernas. Os museus e as galerias expressam uma internacionalização da linguagem da arte, estando muito ligados à febre da industrialização do pós-guerra, o que conduz a laços mais estreitos da arte com a tecnologia.

As intensas modificações no modo de convivência urbana expõem aspectos claros da cidade, em que se forjam os fundamentos do surgimento das novas instituições de cultura e de novas linguagens artísticas. Na metrópole paulistana, percebe-se o seu caráter múltiplo pela presença da indústria, comércio, finanças e serviços, gerando riqueza aos novos produtores que criam instituições culturais e de lazer para a elite e as classes médias, ao mesmo tempo em que atraem para a metrópole contingentes cada vez maiores de trabalhadores, os quais têm um impacto significativo sobre o processo de urbanização e pressionam a demanda por novos equipamentos e atividades de recreação no seu tempo livre.

Assim, ao passar por mudanças urbanísticas que a transformam em metrópole, a cidade evidencia que o conceito de urbano deixa de ser uma questão relativa ao morar, tornando-se principalmente um dado da cultura, sociabilidade e modo de vida. Neste sentido, por exemplo, a construção do Parque do Ibirapuera nos anos 1950 imprime em São Paulo a marca de metrópole moderna e civilizada, a partir de uma intervenção urbanística.

O período que vai de meados da década de 1940 a meados dos anos 1950 constitui uma fase na qual existe a crença em possibilidades amplas do papel da cultura, que é semelhante à crença na modernização econômica, social e política em andamento na cidade de São Paulo. Há uma aproximação do universo econômico e político com o campo artístico, pois existem vontades semelhantes, ainda que relacionadas a setores específicos.

Arruda (2001) enfatiza que uma parte densa do repertório de linguagens artísticas em expansão nos anos 1950 deve-se ao mosaico populacional relacionado ao fluxo migratório europeu. A população paulistana em 1950 abrange 2.200.000 moradores, sendo que, quatro anos depois, em 1954, soma 2.820.000 habitantes – e uma parte expressiva deles é formada por migrantes (Azevedo, 1958: 169). Ainda que a imigração estrangeira tenha atingido o seu ápice em 1930, é nos anos 1950 que se percebe sua presença social mais amplamente, no mesmo momento em que cresce também a migração interna como mão de obra para a indústria.

Há um interesse crescente da elite e de amplos setores das classes médias pela cultura, que se evidencia nas visitas a bibliotecas e museus e na frequência a outras instituições culturais como os teatros, a universidade e os cinemas. Assim se percebe, conforme destaca Richard Morse, como "o movimento da cidade de São Paulo confunde-se com o ritmo das metrópoles mundiais" (1970: 353).

O crescimento das atividades culturais gera mudanças qualitativas no cenário cultural da cidade, que passa a centralizar a produção de novas manifestações em diversos setores. Nesse período, em São Paulo, segundo levantamento do IBGE, havia quase duas mil casas de espetáculos, mais de meio milhão de sessões de cinema e teatro e quase 150 milhões de entradas. Na esfera do cotidiano, há um aumento do setor do lazer e do consumo cultural, sendo que traços provindos de uma cultura europeia influenciam em vários níveis, do técnico à disseminação de ideias, profissionalizando as ações culturais.

A partir do cenário construído em relação à questão social legada do Estado Novo e à dimensão da cultura – que passa por um processo de dinamização e progressiva massificação com a expansão da urbanização e o crescimento da industrialização em São Paulo –, podemos entender melhor como se cria um espaço social e político para a fundação de uma instituição com o perfil do Serviço Social do Comércio nesse contexto.

A FORMAÇÃO DA INSTITUIÇÃO – MEMÓRIA

O SESC – Serviço Social do Comércio é fundado nos anos 1940, no contexto da política de assistência social provinda do Estado Novo e que tem como uma de suas dimensões a criação do lazer organizado por representantes de entidades empresariais, quando o país está entrando em uma nova fase, com o término da Segunda Guerra Mundial e a reabertura democrática.

Os grupos sociais organizados, muitos deles ligados ao Partido Comunista, que haviam voltado às ruas para exigir o fim do Estado Novo, dão agora à denominada "questão social" novos conteúdos, tornando-se foco de preocupação do Estado, da Igreja e de setores empresariais. Uma referência importante são as eleições de 1945, quando o Partido Comunista tem uma votação expressiva, de 6,2 milhões de pessoas, o que representa 13,4% da população brasileira na época (Fausto, 1997: 398).

Desde os anos 1930, e em especial com o Estado Novo, a política social levava em conta a condição dos trabalhadores, vistos pelo governo e pelos empresários como o meio para a resolução dos problemas sociais numa perspectiva de conciliação de classes. Agora, os novos setores ligados ao poder expõem ideias e formas de ação diversas para lidar com a questão social, mas continuam precisando atenuar o conflito entre capital e trabalho. Percebem a necessidade de atuar no encaminhamento do problema, perante o desafio da presença em maior escala das massas populares no tecido social e político e o receio da organização independente dos trabalhadores nos sindicatos.

É assim que a fundação quase concomitante tanto do SESC – Serviço Social do Comércio, e do Sesi – Serviço Social da Indústria, como do Senac – Serviço Nacional de Aprendizagem Comercial, surge como resposta do empresariado ao novo perfil da "questão social", na tentativa de evitar "as mobilizações e formas de organização autônomas dos trabalhadores" (Figueiredo, 1991: 9). Contando com apoio governamental, os empresários da indústria e do comércio, sob a liderança de Roberto Simonsen e de João Daudt de Oliveira, são os elementos-chave para a criação dos serviços sociais da indústria e comércio. Mas há também uma busca para incorporar as novas populações urbanas, no sentido da melhoria das suas condições gerais de vida.

A criação dessas entidades sintoniza-se com o novo momento de urbanização do país, que leva à alteração do perfil das cidades e do campo, com a expansão da indústria, do comércio e dos serviços nas cidades de maior porte. Nessa época, consolida-se a imagem de São Paulo como a da cidade que não para de crescer, e isto se torna o signo de um tempo de mudança e de sua passagem para a condição de metrópole (Lévi-Strauss, 1996; Gama, 1998; Lima e Carvalho, 1997). Era preciso, portanto, adequar as massas urbanas a essa nova realidade, buscando alterar padrões da vida social do trabalhador.

Telma Campanha de Carvalho comenta os novos padrões sociais e culturais relacionados à conduta dos trabalhadores que se procura então implantar em São Paulo. Sua população,

> "despreparada" para as novas práticas sociais de uma cidade progressista e "desamparada" pelos governantes do passado, deveria receber toda orientação necessária à assimilação de novas normas. Principalmente o cotidiano dessa população e "sua cultura" deveriam ser trabalhados pelas classes dirigentes, segundo seus valores e interesses, para que assimilassem rapidamente o viver numa cidade segundo normas civilizadas e modernas. (Carvalho, 1999: 78)

Em maio de 1945, o empresariado brasileiro do comércio, da indústria e da agricultura reúne-se em Teresópolis, no Rio de Janeiro, formulando uma declaração denominada Carta da Paz Social (Almeida, 1997: 11), na qual os signatários se comprometem publicamente a oferecer ao país, com seus próprios recursos, uma importante contribuição para o encaminhamento dos problemas sociais vigentes na sociedade brasileira. A carta traz à tona a ação da iniciativa privada perante a nova conjuntura, mostrando que os apelos para a "convivência harmoniosa" entre as classes são uma constante. Essa forma de atuação mostra uma visão dos empresários semelhante à do Estado Novo, só que dessa vez sua ação é conduzida de modo autônomo.

O presidente da República na época, general Eurico Gaspar Dutra, baseando-se no artigo 180 da Constituição, ratificou a criação do Sesc considerando que era função do Estado "melhorar as condições de vida da coletividade" e das classes desfavorecidas, acreditando assim que o Sesc atuaria no sentido do "fortalecimento da solidariedade entre as classes, do bem-estar da coletividade comerciária e, bem assim, para a defesa dos valores espirituais em que se fundam as tradições da nossa civilização". O objetivo inicial do Sesc era, de acordo com o artigo primeiro do Decreto-Lei nº 9.853, planejar e executar, direta ou indiretamente, medidas que contribuam para o bem-estar social e a melhoria do padrão de vida dos comerciários e suas famílias e, bem assim, para o aperfeiçoamento moral e cívico da coletividade (...) oferecendo assistência em relação aos problemas domésticos como nutrição, habitação, vestuário, saúde, educação e transporte, tomando providências na defesa do salário real dos comerciários, incentivando-os à atividade produtora e realizando atividades educativas e culturais para a valorização do homem, de pesquisas sociais e econômicas. (Almeida, 1997: 56)

Cria-se então um Fundo Social, para ser aplicado em obras, na formação e em serviços dirigidos aos empregados de todas as categorias e em assistência social, dividindo com instituições existentes (Sesc, Senac, Sesi e Senai) a função de cuidar da melhoria das condições de vida material, educacional e cultural da população. A proposta é melhorar gradualmente a qualidade de vida dos empregados, assim como lhes propiciar os meios para o seu aprimoramento profissional e cultural. Mas também está em questão a formação moral que se constitui fora do horário de trabalho.

A contribuição financeira inicial a ser repassada ao Sesc corresponde ao pagamento mensal de 2% da quantia paga aos empregados pelas empresas comerciais vinculadas às entidades sindicais subordinadas à Confederação Nacional do Comércio – CNC, além dos empregadores com empregados segurados pelo Instituto de Aposentadoria e Pensão dos Comerciários (IAPC). Posteriormente, em 1966, esta contribuição é reduzida para 1,5% (Lemos, 2005).

No intuito de acompanhar as proposições feitas pelo Sesc em escala nacional, a sede regional de São Paulo é instalada em 1946. Busca-se um modo específico de entender a realidade regional, procurando respostas particulares para as necessidades existentes.

No final dos anos 1940, após a criação da sede regional, são inaugurados os Centros Sociais do Tatuapé, da Bela Vista, de Santana e da Água Branca e o Restaurante do Comerciário "Alcântara Machado", em edifício no centro, para atender os comerciários com jornada integral de trabalho. Esses Centros Sociais são residências acanhadas de aspecto familiar, correspondendo ao tipo de ação social dirigida na época à família do comerciário, que deveria atingir os locais de trabalho e principalmente as suas moradias, "exercendo uma ação 'esclarecedora, orientadora, condutora, persuasiva e sobretudo educacional'", como destacava então Luiz de Oliveira Paranaguá, diretor regional, em seu relatório.

Em um primeiro momento, a atividade do Sesc São Paulo volta-se para ações de caráter médico (70%) e jurídico. O foco das preocupações é o encaminhamento de problemas assistenciais, sejam domésticos, de saúde, de alimentação ou de higiene. A instituição experimenta vários caminhos, no decorrer de sua construção, buscando o seu rumo. Além disso, havia poucos modelos a serem seguidos no Brasil, sendo necessário criar uma organização com um perfil próprio. Para a instituição,

> o trabalho de assistência médico-sanitária, entretanto, era sem dúvida o centro da atuação das unidades, focalizando, de preferência, o programa de proteção à maternidade, à infância e à adolescência, procurando-se, dessa forma, o aperfeiçoamento das gerações. (Almeida, 1997: 60)

Como primeira referência da ação do Sesc, que atende a um direito trabalhista, abrangendo o serviço social e o lazer, cria-se a unidade de Bertioga, no litoral paulista. No final da década de 1940, a criação da Colônia de Férias Ruy Fonseca aponta para a questão do lazer do trabalhador em seu período remunerado de férias, quando se inicia a discussão sobre esse assunto.

Em 1949, o Instituto de Aposentadoria e Pensão dos Comerciários – IAPC cria o Serviço de Assistência Médica Domiciliar e de Urgência (Samdu), cobrindo grande parte dos serviços médicos e permitindo o redirecionamento do orçamento do Sesc para a criação de Centros de Orientação Social e de colônias de férias como a de Bertioga.

Além das atividades sociais, a prática esportiva começa cedo na vida dos centros sociais, atuando como um modo de formação de sociabilidade e meio de aproximação da instituição com seus usuários, destacando-se inicialmente o futebol. Em 1949, organiza-se a I Olimpíada do Comércio e, a partir dos anos 1950, tanto as atividades esportivas como as culturais adquirem maior fôlego.

Em relação às atividades culturais, o Sesc inaugura a sua atuação promovendo inicialmente espetáculos musicais, comemorações cívicas, festivais de arte e música e sessões de cinema. Também se formam pequenos grupos de teatro, música, dança, cinema, fotografia e artes plásticas com caráter educativo. Essas formas de intervenção cultural são vistas como complementares ao trabalho assistencial e consideradas recreativas.

Através dos jogos educativos e da recreação orientada, busca-se transmitir para a família comerciária "hábitos higiênicos, disciplina, boas maneiras, hábitos de ordem e que estimulam o desenvolvimento físico e psíquico" (*Relatório de Diretoria*, 1949).

Portanto aqui se evidencia que nessa época havia uma clara preocupação em se associar o corpo e a mente por meio do esporte e da recreação.

A instituição também comemora várias efemérides no decorrer do calendário anual – aniversário dos Centros Sociais, Páscoa dos Comerciários, Dia das Mães, Dia dos Pais, Dia do Comerciante, Festas juninas, Semana da Pátria, Semana de Caxias, Semana da Criança, Semana do Comerciário e Natal – com o caráter de rituais, privados ou cívicos, destinados à família, buscando agregar os frequentadores para criar laços de amizade e de pertencimento. Por meio dessas datas, o Sesc também procura tornar os comerciários cidadãos responsáveis, cientes de suas obrigações, embora essas festividades, ao serem apropriadas por eles, ganhem também outros significados, como quebra na rotina do cotidiano e de criação de novas formas de sociabilidade.

Acompanhando, avaliando e revisando a intervenção social dos educadores sociais, realiza-se respectivamente em 1951 e 1953 a I e a II Convenção Nacional de Técnicos, que passam então a valorizar a ação social através do grupo e da comunidade. Neste sentido, a ação social do Sesc aproxima-se da orientação da área de serviço social na época, com

> "a valorização do indivíduo, e contribuindo, portanto, para um maior bem-estar social". (...) A "ação educativa da recreação, e especialmente das atividades esportivas", ressalta as oportunidades que ela criava para o "desenvolvimento de qualidades morais do caráter", permitindo ao indivíduo identificar-se com a atividade executada por um grupo, enquadrar-se nessa atividade, render para o conjunto e verificar que o objetivo é comum a todos. (Almeida, 1997: 69)

Para a realização das práticas de caráter social, há quatrocentos profissionais envolvidos com o trabalho assistencial e educativo, sendo atendidas neste período mais de 60 mil pessoas/ano no Estado de São Paulo.

Passando gradualmente de um enfoque voltado à recreação para o do lazer, com o decorrer do tempo, e mais especificamente no final dos anos 1960, a instituição vai adotando um modelo de edificação mais condizente com a época e deixando para trás as casas que congregam os Centros Sociais. O Sesc inaugura em 1967 o seu primeiro Centro Cultural e Desportivo na rua Dr. Vila Nova, atual Sesc Consolação, edificação projetada e construída especificamente para este tipo de uso e função. As novas instalações localizam-se na proximidade do que é o "centro cultural" da cidade no período, evidenciando ao mesmo tempo uma nova concepção de equipamento destinada exclusivamente para atividades de lazer.

Estas são algumas das características iniciais do Sesc São Paulo na sua fase de criação e fomento de uma ação social e educacional, etapa em que o destaque de suas práticas associa-se a atividades de saúde, de higiene e de aprimoramento profissional dos comerciários e de suas famílias. Nesse período, as atividades de recreação são vistas em seu aspecto de educação social, buscando motivar o interesse e a participação dos usuários nas práticas realizadas.

Um olhar sobre o lazer na metrópole paulistana – atividades de recreação e lazer organizado no Sesc

No intuito de compreender com mais clareza a fase inicial de recreação na cidade de São Paulo, nada melhor que ver imagens produzidas por uma instituição atuante na área como o Sesc, o que nos permite vislumbrar um retrato de práticas sociais e formas de ação em elaboração, compondo um tipo de olhar e do fazer no campo do lúdico nessa época.

Para captar uma visão dos modos de recreação na metrópole paulistana no período final dos anos 1940 até os anos 1960, o Sesc São Paulo oferece um material extremamente significativo, pois possui um acervo iconográfico abrangendo registros fotográficos sistemáticos, que vêm permitindo à instituição preservar a sua memória graças aos cuidados tomados com relação à conservação dos originais, bem como a utilização de suas imagens de modos diferenciados, para fins internos ou externos de interesse da instituição.

Ao se analisar o acervo iconográfico do SESC que registra sua atuação na época de sua fundação, é preciso lembrar que os fotógrafos eram contratados temporariamente como *free lancers* para documentar as atividades realizadas pela instituição e manter uma documentação permanente das ações efetuadas. Na época, o SESC adquire uma Rolleiflex, oferecendo uma boa capacidade técnica de trabalho aos fotógrafos. No entanto, as fotos localizadas não expõem a autoria, mostrando o modo precário com que a instituição lidava com aqueles profissionais. Somente no início dos anos 1960, com o crescimento da instituição, a entidade contrata em caráter permanente Francisco José Freire Barbosa, o Paquito.

O SESC passa a criar uma documentação fotográfica que registra sua história, ilustra livros de atas, relatórios de diretoria e revistas da instituição, além de produtos audiovisuais. Tais imagens visam também apoiar a capacitação e o aprimoramento de seus profissionais através da divulgação das ações sociais e culturais realizadas.

A maior parte dessa documentação fotográfica de caráter histórico encontra-se atualmente no SESC Memórias. Criado em 2007, vem realizando um trabalho de classificação, indexação e organização arquivística, além da digitalização desses materiais, para que possa assegurar sua devida conservação.

As imagens que registram sua fase inicial de atuação abrangem práticas sociais voltadas para a infância, atividades dirigidas ao público feminino e à família e a atuação da instituição em relação às ações culturais e esportivas. Essas imagens foram selecionadas prioritariamente dos Relatórios de Diretoria e da publicação de Miguel de Almeida, *SESC São Paulo – Uma ideia original*, sobre esse período.

Os Relatórios de Diretoria são publicações anuais em que a Diretoria Regional de São Paulo presta contas para a Diretoria Nacional dos gastos realizados durante o ano com as práticas sociais implementadas. Grande parte dos relatórios anuais até meados dos anos 1990 apresenta fotos P&B nas diversas seções existentes no volume, com caráter de registro e de prova da atuação desenvolvida. As fotos aparecem ladeadas de textos demonstrativos das ações sociais nas seções médicas na sede, nos Centros Sociais, do Departamento Esportivo, na realização dos campeonatos e assim por diante, conforme a instituição se expande e acrescenta novas seções, departamentos e formas de intervenção social.

As imagens iniciais editadas no capítulo apresentam em cada página uma única foto centralizada, de tamanho 16 x 16 cm ou de 16,5 x 24 cm, concentrando o foco sobre a temática apresentada. Também são mostradas páginas com várias fotos organizadas em *layout* rudimentar, podendo ser vistas horizontal ou verticalmente, buscando-se criar um dinamismo do olhar. Não há uma permanência nesta proposta visual, que ocorre esporadicamente.

As fotos apresentam em sua maioria legendas breves, enfatizando a unidade focalizada, sua localização e a ação social desenvolvida. Em alguns casos, emoldurando a imagem, no alto da página, aparece o nome da instituição e do Departamento Regional de São Paulo, destacando a sua atuação. Também existem páginas com imagens e legendas mais longas, explicativas do caráter da prática social e relevando o seu aspecto benemérito ou sua importância para os integrantes.

É importante destacar que, nas fotos localizadas, aparecem de modo recorrente grupos sociais recortados de acordo com a geração e o gênero. A apresentação das imagens está organizada tematicamente ou em pequenas séries, conforme o tipo de prática esportiva ou artística em destaque e sua pertinência para a época e para a memória da instituição.

Percebe-se o foco imagético do fotógrafo no grupo social formado por comerciários e suas famílias, registrando a prática social sistemática desenvolvida pela instituição e fixando assim as formas de ação social implementadas. Nota-se também uma intenção da instituição de mostrar que atinge efetivamente a camada social dos comerciários.

São imagens da história do Sesc, emblemáticas de cada fase de sua trajetória, que remetem à memória da criação do campo do lazer e da cultura na metrópole paulistana, e que podem ser lidas como uma narrativa imagética.

No primeiro bloco de imagens (figs. 1, 2 A, 2 B, 2C, 3 e 4) observamos a difusão da atuação da instituição na cidade apresentada por uma orientadora social, e as primeiras casas, ainda pequenas, onde se desenvolvem as interferências sociais, o que se contrapõe à imagem da construção do edifício da sede no centro da cidade, na mesma década. Também visualizamos, na sede já pronta, o restaurante dos comerciários, que caracteriza um novo padrão de experiência cotidiana para esses trabalhadores, e assim apreendemos as primeiras práticas sociais que se desenvolvem nos bairros e no coração da metrópole.

Na primeira imagem editada, observamos uma orientadora social que assinala no mapa um dos locais de visita aos comerciários em seu trabalho, mostrando o aspecto inicial de rede da instituição na metrópole paulistana em suas formas de intervenção social inaugurais. É interessante notar o papel social atribuído às mulheres como orientadoras sociais para se conseguir acesso mais fácil à família do comerciário em seus lares.

A seguir, vemos os primeiros Centros Sociais implantados pelo SESC em São Paulo. Espalhados por diferentes regiões da cidade, foram instalados em casas alugadas em diversos bairros da cidade – Bela Vista, Tatuapé,

1.
Clínica Central de Serviços Especializados Gastão Vidigal, à rua Florêncio de Abreu, 305. Seção de Controle de Visitas. 1947-1948

2 A.
Centro Social Horácio de Mello, à rua Fausto Ferraz, 131, Bela Vista. Década de 1940

2 B.
Centro Social Bento Pires de Campos, instalado à avenida Celso Garcia, 2.424, 1947-1948

2 C.
Centro Social Mário França de Azevedo, à rua Voluntários da Pátria, 68. 1947-1948

3.
Interior do Restaurante do Comerciário Alcântara Machado, Centro. Anos 1950

4.
Fachada do edifício do Restaurante do Comerciário Alcântara Machado, instalado na rua do Riachuelo esquina da Asdrubal Nascimento. 1947-1948

Santana, dentre outros –, entre os anos 1947 e 1948, mostrando a preocupação de aproximar-se dos locais de trabalho dos comerciários, onde inauguram a sua ação social. Nessa época, as unidades recebem a denominação de dirigentes de destaque da instituição.

De acordo com o Relatório de Diretoria de 1956, a visão que perpassa a ação social nas unidades é a de que

> o Centro Social é um pequeno mundo, onde se cuida de promover o bem-estar da classe comerciária. Como um prolongamento do lar onde os comerciários e suas famílias encontram conforto moral e recursos para a valorização da saúde, apoio econômico e possibilidades de desenvolvimento das suas aptidões artísticas e culturais, o Centro Social é, ao mesmo tempo, *o imenso lar de todos*, no qual se processa a *confraternização* dos empregados e empregadores.

Na imagem acima (fig. 4), vê-se a sede da instituição em construção no centro da cidade, demarcando o seu espaço na metrópole pulsante, já caracterizada na época pelo ritmo do trabalho. A foto destaca a verticalização do edifício e reitera o padrão de construção ascendente da época, condizente com a noção de metropolização em vigor.

Com as mudanças na organização do trabalho dos comerciários, adequando-se a novos horários de expediente integral, o Sesc institui como benefício o Restaurante do Comerciário na sede da entidade, à rua do Riachuelo. O documento fotográfico apresenta o ambiente frequentado predominantemente por um público masculino, em local de aspecto despojado e asséptico, para onde afluem os usuários provavelmente por oferecer uma alimentação saudável a preço acessível.

A criação desse restaurante evidencia uma transformação na rotina do comerciário, que permanece o dia todo em ambiente profissional, fora de casa, forjando-se assim para ele um novo cotidiano e um novo padrão alimentar associados a essa mudança. O surgimento desse tipo de restaurante para os comerciários integra uma ação social iniciada em 1940, no governo Vargas, visando diminuir o custo de vida dos trabalhadores com a fundação do Serviço de Alimentação da Previdência Social (SAPS), que inclui o fomento aos "restaurantes populares" (Weinstein, 2000).

O segundo bloco de imagens (figs. 5, 6, 7 e 8) abrange o universo da família, que é o foco de atuação da instituição na época, compreendendo a atenção à saúde, higiene e formas de sociabilidade, expressas através de atividades centradas no ambiente doméstico.

Na primeira imagem da sequência, visualizamos o uso das unidades para

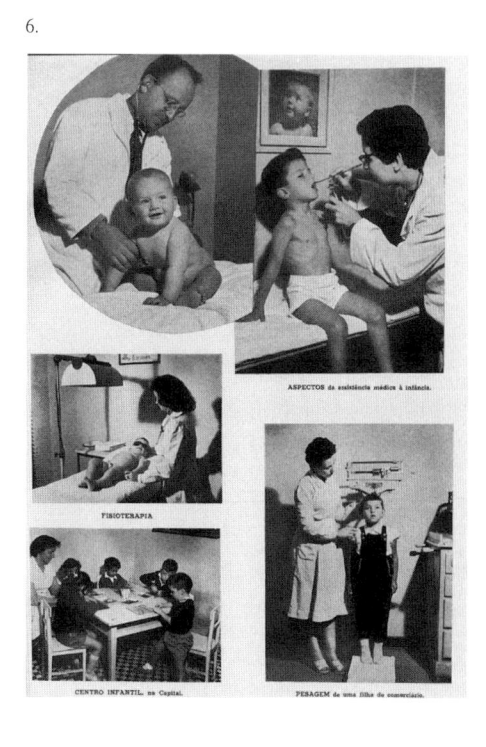

5.
Centro Social Carlos de Souza Nazareth, à avenida Água Branca, 271.
1947-1948

6.
Aspectos da assistência à saúde infantil. 1957

7.
Concurso de robustez infantil. Década de 1940

8.
Festa de Natal. 1957

fins de saúde, com a presença das esposas de comerciários e seus filhos para uma visita médica. Todos aparecem muito bem trajados e arrumados para o encontro com o especialista na área de saúde. Pode-se inferir a ideia de um direito de classe conquistado pelos trabalhadores e usufruído com muito respeito.

Nos Centros Sociais do SESC a rotina do exame médico está integrada às suas ações de serviço social, e expostas no registro fotográfico sistemático do desenvolvimento infantil. A imagem acima (fig. 7) exibe um concurso de robustez infantil realizado pela instituição, ressaltando o padrão de saúde e de estética para bebês vigente na sociedade naquela época e inclusive incentivando as mães a adotarem esses valores. A foto evidencia o padrão de saúde ainda presente na época.

Ainda em relação às ações sociais direcionadas para as crianças, podemos observar a comemoração do Natal, que na composição da página, com fotos, gráfico e legenda, destaca o papel da instituição, que oferece a celebração como presente à família do comerciário. Na página, em primeiro plano, aparece o nome do Centro Social no qual ocorre a festa e, sobrepondo-se a esse plano, registram-se as crianças satisfeitas por estarem carregadas de presentes. Em menor destaque, nota-se a presença do Papai Noel e a figura do palhaço, que oferecem entretenimento. Na parte inferior da figura 8, vemos as famílias dos comerciários participando da festa, e novamente o nome da instituição em destaque na embalagem do presente ofertado. Ainda nesse plano, à esquerda, é exibido o gráfico intitulado Brinquedos Distribuídos, expondo o aumento da oferta de brinquedos infantis de 1956 a 1957. Na época, a instituição pretende, por meio da realização dessas festas, criar um clima semelhante ao da troca de presentes em família.

O próximo bloco de fotos centra-se na figura da mulher (figs. 9, 10 e 11) apresentando imagens que acentuam sua atuação no universo da casa, mas também no da rua, assim como sua participação em atividades domésticas e públicas.

Os Centros Sociais aparecem aqui como locais destinados às jovens e mães que buscam atividades de desenvolvimento profissional e físico. Nesses centros, vemos a realização de curso de corte e costura oferecido às mulheres, com o intuito de qualificar a mão de obra feminina e criar possibilidade de trabalho externo.

Nos anos 1950, o Sesc também organiza competições esportivas e apresentações de práticas físicas, nas quais as comerciárias exibem em conjunto as modalidades corporais aprendidas no tempo de lazer. As imagens expõem não somente as habilidades femininas além daquelas demonstradas no trabalho, mas também o tipo de prática corporal adotada na época, como a ginástica rítmica, o vôlei e o cestobol, denominação então dada ao basquetebol. Assim, percebemos a tentativa de se criarem rituais próprios da instituição, no intuito de buscar o fortalecimento de significados compartilhados por seus integrantes.

9.
Centro Social Gastão Vidigal. Curso de corte e costura. 1958

10.
Voleibol feminino. 1958

11.
O Sesc e a parada do dia 7 de Setembro. 1956

Além dos torneios esportivos realizados com caráter de ritual da instituição, o Sesc também participa, em meados dos anos 1950, de rituais cívicos que têm lugar no espaço público, como a parada do dia 7 de setembro. Na foto, registra-se a presença de frequentadores do Sesc convidados a tomar parte no evento, notando-se a preocupação da instituição em exibir-se publicamente em datas cívicas – cujas comemorações são organizadas na época pelo governo municipal – mostrando assim sua proximidade com a esfera política e o seu lugar de poder, reificado na imagem do instante congelado pela foto (Weinstein, 2000; Turner, 1974).

Já no bloco seguinte, as fotos abrangem tanto práticas intelectuais como voltadas aos cuidado do corpo (figs. 12, 13 e 14), contemplando atividades culturais e o contato com a natureza, no registro de práticas voltadas para a educação e recreação.

A primeira imagem dessa sequência apresenta a instituição como propiciadora do acesso a bens culturais. Na página, exibe-se em primeiro plano o gráfico que mostra o público crescente atendido nas bibliotecas do Sesc, na capital e no interior. A imagem dos leitores infantis e juvenis, em pose concentrada, humaniza o gráfico, ao mesmo tempo que reflete o anseio da instituição pela formação de um público leitor.

Para romper a rotina do trabalho, nos anos 1950, o Sesc também prepara as suas atividades de recreação organizada e "sadia", por meio

12.
Biblioteca Central.
1956

13.
Convescote
[piquenique] nos
arredores da cidade
de São Paulo.
Década de 1950

14.
Chegada de
comerciários a São
Caetano do Sul.
1953

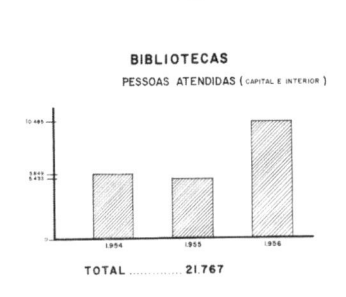

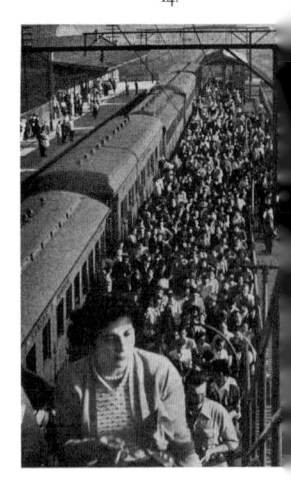

da realização de "saídas para o campo", nas cercanias da cidade. Aí os comerciários e suas famílias podem participar de práticas lúdicas, brincadeiras e jogos, que permitem ao trabalhador espairecer e refazer-se do desgaste do trabalho no contato com a natureza, vivenciando práticas sociais diferenciadas do cotidiano. Na "Chegada de um convescote de comerciários a São Caetano do Sul", o documento fotográfico registra, através de um recorte cuidadoso da imagem, o afluxo de comerciários participantes do evento, que aparentemente vivenciam um dia incomum, longe da rotina do trabalho.

Inovações nas práticas sociais do Sesc

Na sequência das imagens analisadas neste capítulo, a série seguinte destaca uma nova ênfase na ação social do Sesc, por meio da educação física e da formação cultural dos usuários através de seus equipamentos. A ampliação da atuação da instituição em fins dos anos 1950 e na década de 1960 pode ser vista através da criação de cursos voltados para atividades culturais e esportivas, que buscam incentivar essas práticas e dar espaço para que o público expresse sua vocação. Ao mesmo tempo, aumentam as diferentes formas de exibição e de espetáculos oferecidos para um público diversificado, bem como atividades em grupo.

No primeiro bloco de imagens da série (figs. 15, 16, 17 e 18) destacam-se as práticas musicais e de teatro. As fotos das apresentações de conjuntos musicais amadores, também integrados por mulheres, indicam o tipo de prática cultural incentivada pelo Sesc na época, que busca não somente o aprendizado de um instrumento musical, mas a formação de grupos de *performers*, a transmissão de valores e a vivência

15.

16.

15.
Conjunto de gaitas amador. Década de 1950

16.
Conjunto de violões amador. Década de 1950

17.
A Sapateira Prodigiosa. *Festival de Teatro Amador*. 1957

18.
Teatro Íntimo Nicette Bruno. Sérgio Cardoso em Week End. 1954

19.
Torneio Início de Futebol de Botão entre dependentes de comerciários. 1965

20.
Campeonato de Xadrez. 1964

de novas experiências sociais proporcionadas pelos ensaios, apresentações e contato com o público.

Nos anos 1950, a instituição também incentiva, entre comerciárias e comerciários, a formação de grupos amadores de teatro, a montagem e a apresentação de espetáculos. Além disso, esse estímulo ocorre com a distribuição, através dos Centros Sociais e de sindicatos, de ingressos para os espetáculos apresentados nos teatros da cidade, permitindo aos comerciários assistir a peças representadas por profissionais e ter acesso ao repertório teatral da época.

Na década de 1960, o Sesc amplia as atividades associativas ou em grupo oferecidas aos seus usuários, abrindo espaço também para pré-adolescentes e jovens (figs. 19, 20, 21, 22, 23 A e 23 B). Há uma preocupação em atingir as diferentes gerações da família, pois, segundo Lemos, "para os filhos dos comerciários existia, desde o jardim de infância, centro infantil ou juvenil, escola de artes, escotismo, bandeirantismo, clube de menores comerciários, clube de moças comerciárias" (2005: 45).

A primeira foto desse conjunto destaca a realização de Torneio Início de Futebol de Botão entre meninos na faixa dos 12 aos 14 anos, mostrando o envolvimento e o entusiasmo desse novo público em participar de tal prática. Com o mesmo enfoque, buscando propiciar novas formas de sociabilidade e o desenvolvimento de habilidades intelectuais por meio de uma atividade lúdica, vê-se a realização do Campeonato de Xadrez, também voltado para adolescentes do sexo masculino. As fotos mostram que as práticas lúdicas são organizadas em áreas internas dos Centros Sociais da capital adaptadas para as atividades de lazer, mas cujos espaços ainda assim mostram-se bastante restritos. Os meninos adolescentes são mais contemplados com atividades lúdicas e esportivas como o futebol, enquanto para as meninas somente foi localizada imagem registrando a prática do bandeirantismo.

Nessa época, também são realizadas atividades de escoteiros ou de bandeirantes em espaços públicos como o Parque do Ibirapuera. Essas práticas visam estimular a convivência em grupo e a sociabilidade, além de incutir valores morais como disciplina e respeito à hierarquia através de atividades físicas e esportivas. Em outras palavras, além da recreação, tais práticas em grupo possuem caráter educativo, buscando desenvolver "as qualidades morais e intelectuais, as aptidões práticas, o fortalecimento do caráter e o enriquecimento da vida do trabalhador do comércio" (Lemos, 2005: 45).

O próximo conjunto de imagens abrange atividades voltadas para as mulheres (figs. 24, 25, 26 e 27), percebendo-se alguma renovação na metodologia dos cursos e nas práticas sociais para um público

21.
Centro Social João de Vasconcellos. Competição no ginásio de esportes. 1966

22.
Centro Social Horácio de Mello. Bandeirantismo. Década de 1960

23 A e B.
Parque do Ibirapuera. Acampamento demonstrativo de escoteiros e bandeirantes em comemoração ao 20º aniversário do Sesc. 1966

24.
Arte culinária em Centro Social do SESC [não identificado]. 1966

25.
Centro Social Mário França de Azevedo. Curso de enfermagem. 1964

26.
Centro Social Mário França de Azevedo. Curso Noções de Psicologia. 1966

27.
Comerciárias em apresentação de ginástica rítmica para canal de televisão. 1965

feminino, ao qual anteriormente eram oferecidos cursos de preparação para o casamento, de produção de salgados e modelagem de bolos, de corte e costura e outros de interesse para o lar. Novamente veem-se fotos de ambientes internos, no Centro Social Mário França de Azevedo, localizado em Santana, uma área de comércio. Por serem registros de flagrantes de aulas, as alunas expõem a atenção e o interesse pelo curso por meio de "pose" para a fotografia produzida.

Na primeira foto do conjunto, vemos um grupo de mulheres aprimorando seus dotes culinários e, na outra imagem, participando de um curso de enfermagem, no qual um projetor de *slides* é usado para transmitir o conteúdo da aula, o que mostra uma busca de modernização na didática utilizada. Já na foto seguinte, registra-se uma aula de Noções de Psicologia, novo curso oferecido pela instituição, condizente com questões e temas em debate nos anos 1960 sobre o universo da mulher. Vê-se também a exibição, reproduzida em um canal de TV, da

80 CIDADELAS DA CULTURA NO LAZER

prática de ginástica rítmica realizada por mulheres comerciárias. Ou seja, destaca-se que essa mulher, além de trabalhadora e mãe, cuida do corpo e da aparência, e se atualiza intelectualmente, como mostram as imagens anteriores. Além disso, assume padrões corporais vigentes na época, ao buscar, por meio da ginástica, um corpo firme, ganhando tal atividade um destaque na mídia.

Nos anos 1960, aparecem as primeiras imagens de cursos técnicos organizados para jovens comerciários (figs. 28 A e B), como fotografia e eletrônica, nos quais se busca apurar o conhecimento e habilitá-los para o uso de novas tecnologias no horário fora do expediente. Também se registra o vínculo da relação professor-aluno, por meio do acompanhamento da aula. Como nos cursos para mulheres, nessas imagens percebe-se a mesma formalidade dos alunos comerciários que participam dos cursos, visível na postura séria e comprometida. Nessas fotos, o foco de aprendizagem – o domínio do equipamento – aparece em primeiro plano.

28 A e B.

Outra imagem emblemática das formas de intervenção social do Sesc São Paulo, nessa fase, é a foto de um grupo de comerciários aposentados, registrada em 1966 durante um encontro no Centro Social Mário França de Azevedo, em Santana (fig. 29). Essa foto marca o começo das atividades sociais para idosos no Sesc. Trata-se de ação pioneira para a época. Também é importante destacar que essa imagem mostra um desdobramento das práticas sociais da instituição, ao ir ampliando sua ação social para os vários personagens da família, com a autonomização de seus integrantes.

Apesar de o grupo ter-se deixado fotografar, nota-se certa apreensão na figura central da imagem e do senhor no canto direito. Ainda que a instituição perceba a importância da realização de práticas sociais para essa geração devido ao vazio social e cultural existente, há uma forte preocupação com a formação da imagem de si como aposentado, principalmente no que se refere ao gênero masculino.

28 A e B.
Centro Social Mário França de Azevedo. Curso de fotografia. 1964

29.
Centro Social Mário França de Azevedo. Grupo de comerciários aposentados. 1966

29.

As práticas sociais, culturais e esportivas do Sesc, expostas pelas fotos aqui analisadas, formam uma amostra das ações desenvolvidas nessa fase inicial da instituição, quando ainda busca traçar seu próprio perfil, caracterizando-se predominantemente como uma instituição de serviço social. As primeiras manifestações na área artística e esportiva que se registram nesse período mostram que há estímulo à educação social, no sentido de adequar e aprimorar a formação dos comerciários para a etapa do desenvolvimento econômico e urbano da época.

Uma reflexão sobre as imagens iniciais de recreação e de lazer do Sesc

A proposta de analisar o surgimento do lazer organizado na cidade de São Paulo com base na atuação do Serviço Social do Comércio – referência emblemática nessa área – permitiu visualizar, por meio do recorte fotográfico específico, a construção do *corpus* documental de uma época, ainda que ele não esgote a produção fotográfica do período nem todos os olhares sobre a temática.

Nesse período inicial, o acervo da instituição é formado por imagens realizadas por fotógrafos anônimos. A partir dos anos 1960, quando identificadas, as imagens são creditadas a Francisco José Freire Barbosa, o Paquito. Criam uma produção basicamente de registro documental. A instituição estudada investe no registro fotográfico como evidência de suas atividades para diferentes finalidades. Percebe-se a meta do Sesc na preservação de seu acervo para uso imediato e também como testemunho das práticas e da fase histórica em que são realizadas.

As fotos iniciais do Sesc expõem prioritariamente o preparo das crianças, de mães e de jovens comerciárias para viver em uma sociedade moderna, com suas normas e padrões sociais, de tal modo que nas imagens aparecem a assistência médica, as práticas higiênicas e a realização de esportes. Também indicam o foco higienista e de saúde voltado para os trabalhadores.

O estímulo às atividades esportivas já vem então se difundindo há bastante tempo na cidade:

> Na década de 1930, o corpo "está na ordem do dia" e a proliferação de revistas especializadas em saúde e educação física acolhem as preocupações de médicos, professores e educadores, bem como de instituições como o Exército, a Igreja, as escolas e as da medicina, num esforço de adestramento e modelação do corpo do trabalhador. A prática desportiva organizada ensina disciplina, perseverança, controle da emotividade (...). Para se chegar ao modelo escolhido, impunha-se certamente uma atenção mais detida sobre a criança: "é de pequenino que se torce o pepino", afirmava a sabedoria popular e corroborava o sábio discurso da medicina mental. (Cunha, 1986: 203)

Através das imagens expostas, constata-se que a mentalidade higienista e de disciplina corporal apresentava maior ênfase na infância, mas também atingia outras faixas etárias, abrangendo operários e trabalhadores da classe média baixa.

O programa de ação do Sesc na sua fase inicial envolve o combate à tuberculose e às doenças venéreas, educação sanitária, proteção à maternidade e à infância. Esses discursos perpassam o debate sobre serviço social no país, que almeja proles mais sadias, visando também a relação com a capacidade produtiva.

A questão social é a referência distintiva desde os anos 1930 e permanece com grande ênfase no contexto político pós-1945. Com o surgimento da legislação trabalhista, ela passa a ser vista como um problema legal. Busca-se uma nova ética nas relações de trabalho por meio de novas formas de administração, sendo que os serviços de assistência social ampliam-se muito, quer seja através do Estado, quer da Igreja, quer de setores empresariais (Gomes, 1988).

A cidade passa por mudanças sociais, industriais e culturais entre os anos 1930 e 1940 que ilustram bem a produção de sentido das imagens do Sesc:

> Em uma cidade que se caracterizava como centro industrial cada vez mais importante, a educação do operariado foi preocupação constante. A questão da "educação" nos meios operários pode ser vista sob muitos ângulos. Houve um empenho "educativo" de cunho geral e difuso em relação ao operariado, no sentido de sua "adequação" para o trabalho e cidadania, que ultrapassou os marcos institucionais da escola. Como se viu, tentou-se organizar de forma "educativa" o próprio "tempo livre" do operariado. (Decca, 1987: 94)

A leitura das fotografias, contextualizadas segundo a instituição e a época, apresenta-nos espaços destinados a práticas esportivas e culturais disseminados na cidade, constatando-se uma lógica irradiadora da ação social do Sesc na metrópole paulistana. Predomina um conceito de organização da recreação das famílias dos trabalhadores urbanos, de estratos da classe média baixa. Assim, são destacadas formas de inserção e participação popular no cotidiano da cidade.

Em relação às propostas educativas, uma referência apresentada nas imagens, como a formação de Biblioteca Central e de outras circulantes, provavelmente tem como modelo a atuação de Mário de Andrade no Departamento de Cultura, no final da década anterior, quando cria a Biblioteca Circulante em furgão apropriado para tal fim (Faria, 1993). Através de sua circulação no espaço urbano de ruas e praças, a biblioteca irradia sua presença e se propõe atingir pessoas da população de diferentes faixas etárias, procurando difundir o gosto de ler. O Sesc adota modelo semelhante em relação à difusão da leitura.

Sobre a organização do tempo livre, as fotos selecionadas também trazem à tona a questão do vínculo cidade-campo por meio da esfera do lazer, principalmente em relação a experiências e práticas sociais vividas nesse tempo em espaços abertos, permitindo ao trabalhador refazer-se do cotidiano e moldar-se melhor para o trabalho. Portanto, esse tipo de prática é um exemplo que evidencia as "modernas técnicas" do serviço social, com o destaque de atividades como recreação, colônia de férias e clube dos comerciários. Entretanto, não se pode negar que essas são também escolhas dos comerciários na época, possibilitando-lhes experiências sociais diferenciadas e a vivência de formas distintas de sociabilidade por serem usufruídas em um contexto espacial e social fora do universo do trabalho.

Além disso, as imagens expostas registram o processo de transformação do papel social da mulher, visto tanto por sua função dentro da instituição, de orientadora social, como pelos cursos que lhe são oferecidos, que mostram uma mudança na sua orientação no período em estudo. Se inicialmente eram voltados para o aprimoramento da mulher nos cuidados com o lar, nos anos 1960 percebe-se valorização da atenção ao corpo e também a construção de uma imagem social da mulher como informada e atualizada. Essas imagens também apontam para ampliação das práticas sociais do Sesc voltadas à família, tendo neste caso como foco a figura da mulher.

Assim, ainda que as comerciárias integrassem uma camada social mais desfavorecida, a instituição, já atenta às mudanças do papel feminino na sociedade, amplia as opções de práticas sociais para as mulheres, sintonizando-se com o processo social em transformação e prenunciando uma ação que depois terá visibilidade no movimento feminista.

Outro aspecto que as imagens mostram é o princípio de intervenções sociais do Sesc São Paulo voltadas para a esfera da cultura, com a criação de formas de acesso dos comerciários a manifestações como música, coral, teatro, entre outras, e incentivando práticas como o aprendizado de piano, violão, canto, balé e teatro amador. Os comerciários passam a ter contato ou realizam de modo amador essas práticas culturais, que são bastante marcadas pelo caráter educativo na época. Por outro lado, o Sesc estimula a apresentação pública desses grupos em locais que são referências artísticas e culturais da metrópole, como o Conservatório Dramático e Musical, o Teatro Cultura Artística e a Rádio Difusora, fomentando tais práticas e assim difundindo o seu nome.

Também é salientado o início de ações sociais entre os jovens e os idosos. A instituição, percebendo a necessidade de realização de práticas esportivas e lúdicas por parte dessas gerações, passa a contar com espaços sociais para o desenvolvimento de formas específicas de sociabilidade desses grupos etários.

Como afirma Carmo (2001) em relação aos jovens, os anos 1950 são a época em que eles começam a aparecer como atores no cenário social e ocorrem manifestações que mais tarde vão culminar em movimentos estudantis no exterior, repercutindo também no Brasil. Assim, a instituição passa a criar atividades esportivas para acolher esse público.

O Sesc é a primeira instituição em São Paulo a realizar práticas sociais com idosos, reconhecendo-os como um grupo com problemas sociais a serem trabalhados. Inicialmente influenciada pelos conhecimentos do serviço social, a instituição incentiva principalmente o trabalho em grupo, a sociabilidade e a educação permanente para essa geração.

Constata-se que nessa fase, através das formas de intervenção social entre mulheres e jovens, o Sesc cria práticas corporais e esportivas para grupos sociais vistos como minorias, aproximando aspectos da sua linha de atuação de algumas formas de organização social que começam a se esboçar no período. Mulheres e jovens, organizando-se como grupos de pressão e depois como movimentos sociais, conduziriam o individual para a esfera da política, tornando-o coletivo e mostrando que o ser social se define não só por sua experiência de classe, mas também por relações de sexo, raça e de geração, que também se manifestam numa distribuição assimétrica de poder (Alves, 1980).

Na produção fotográfica selecionada, percebemos a formação de um conjunto de práticas de recreação e de lazer em construção na cidade de São Paulo que apresenta propostas de atividades voltadas para o corpo e a mente, atingindo até essa fase, principalmente, os comerciários e suas famílias. Percebe-se a configuração da representação de uma cidade que se modifica em suas relações de trabalho e instituições direcionadas para a assistência, a educação social e o acesso à cultura e que dá os passos iniciais no sentido de conceber práticas sociais posteriormente vistas como um conjunto de atividades de lazer programado para a população.

Capítulo II
Imagens do lazer do Sesc São Paulo

*Centro Campestre.
Feira, festa e forró.
1977*

*Obras do Centro
Cultural e
Desportivo Carlos
de Souza Nazareth.*
1965

PÁGINA AO LADO

*Centro Cultural
e Desportivo
Carlos de Souza
Nazareth. Escultura
representando
Anchieta na sala
de espera do teatro
homônimo.* 1967

*Centro infantil do
SESC São Paulo.*
1970

*Projeto A Escola Vai
ao Teatro.* 1968

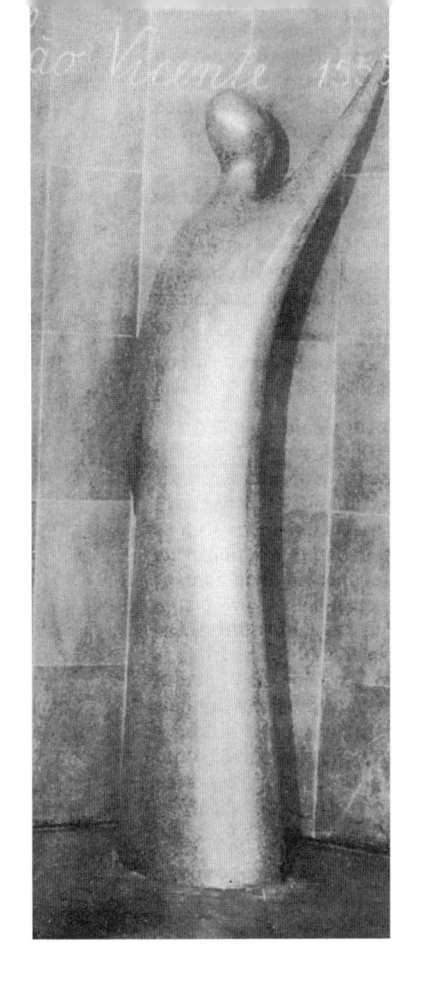

IMAGENS DO LAZER DO SESC SÃO PAULO 89

Centro Cultural e
Desportivo Carlos
de Souza Nazareth.
Curso de ioga. 1967

Seminário de
Estudos em
Unidade do Sesc
[não identificada].
1969

Recreação aquática: bola ao cesto. 1975

Dramatização com adolescentes. 1975

*Seminário
aborda questões
relacionadas ao
idoso. 1975*

PÁGINA AO LADO

*Centro Cultural e
Desportivo Carlos
de Souza Nazareth.
Confraternização
do grupo de idosos.
1977*

*Centro Cultural e
Desportivo Carlos
de Souza Nazareth.
Recreação do grupo
de idosos. 1977*

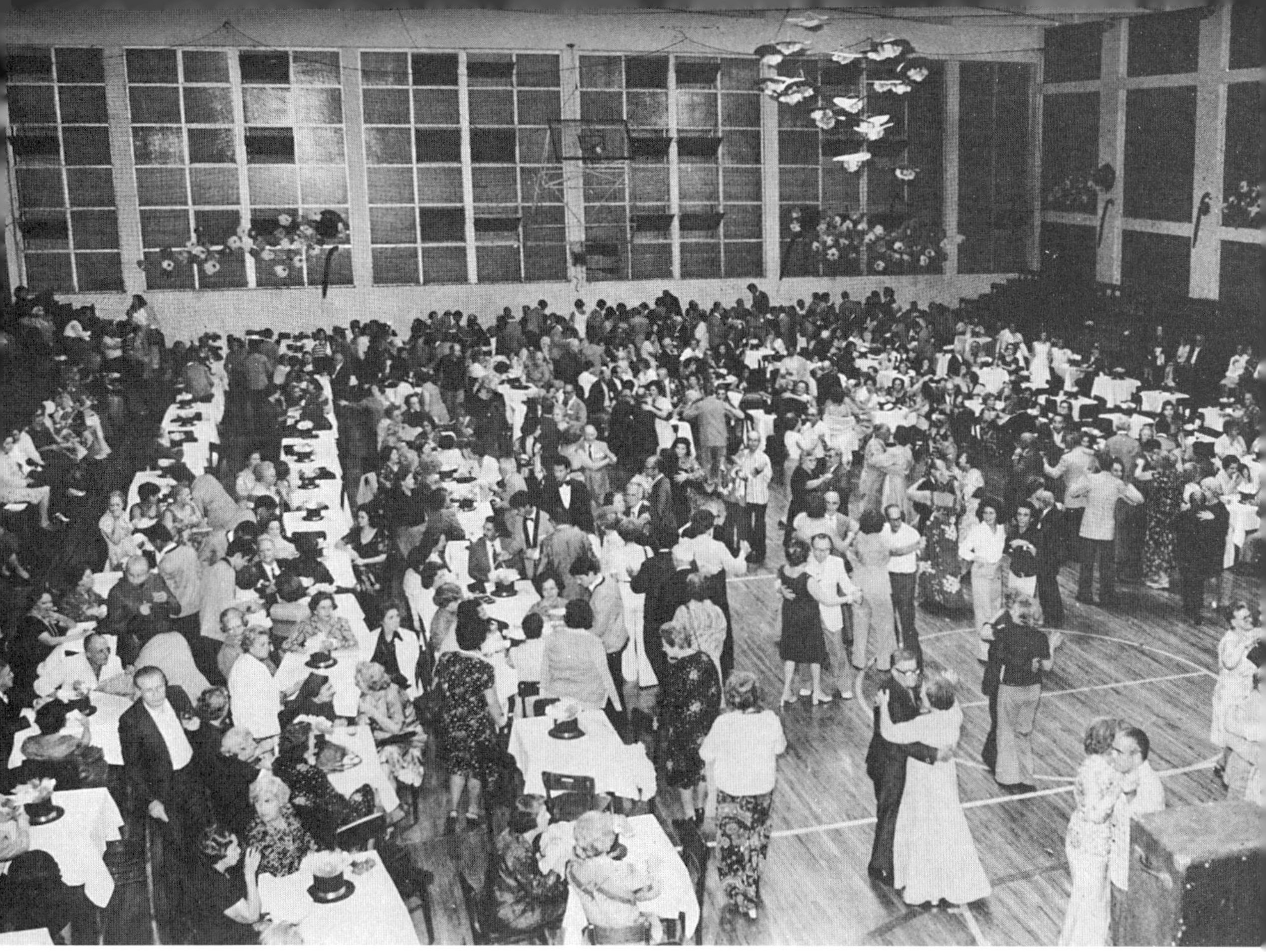

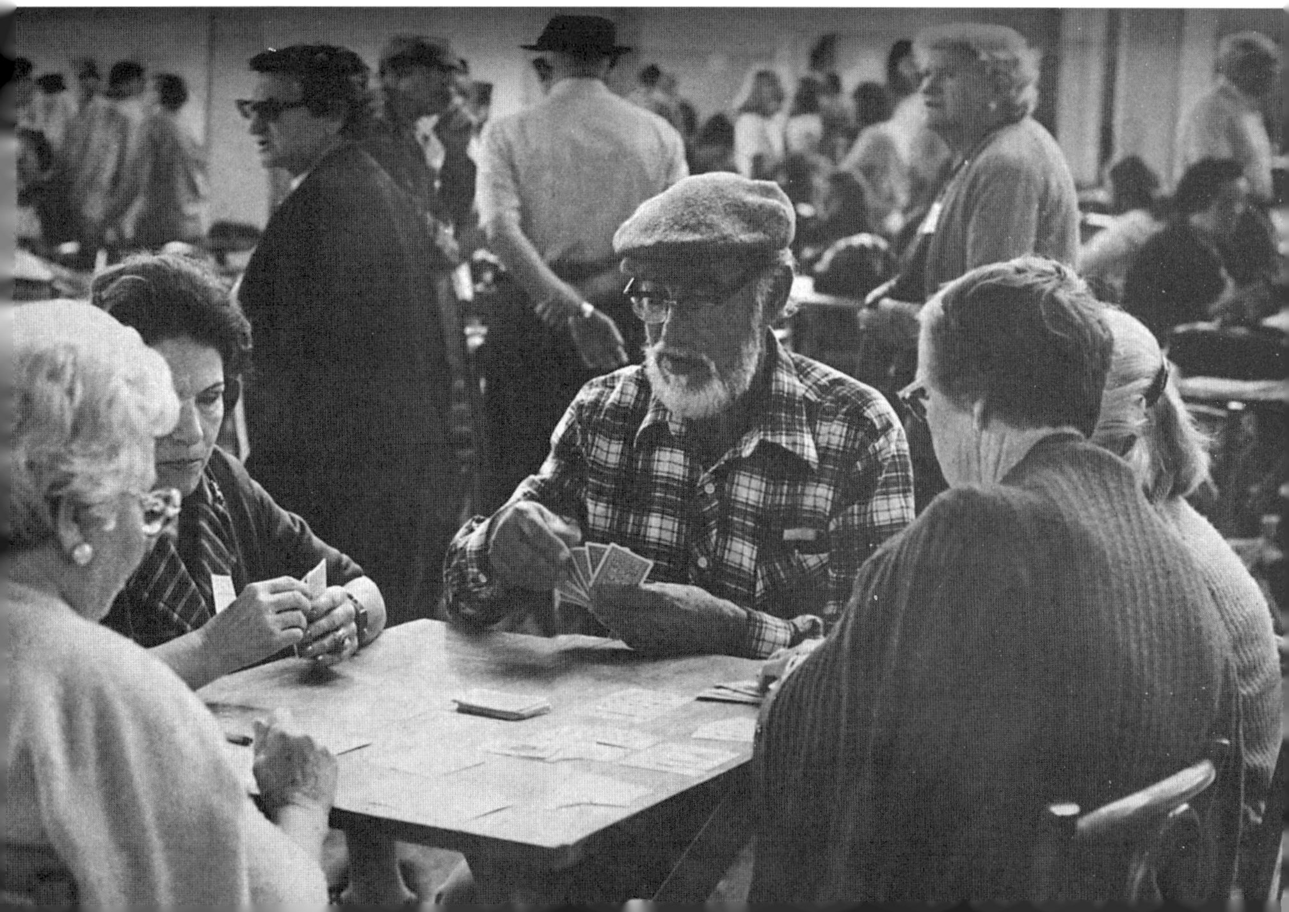

Unidade das Unimos. Década de 1960

Santo André. Feira de lazer. 1975

Promoção de atividades recreativas comunitárias. Unimos. 1978

*Panorâmica da I
Feira Nacional de
Cultura Popular.
1976. Foto: Paquito*

PÁGINA AO LADO

*II Feira Nacional de
Cultura Popular.
Apresentação de
grupo folclórico de
marujada. 1977.
Foto: Paquito*

*Centro Cultural e
Desportivo Carlos
de Souza Nazareth.
II Feira Nacional de
Cultura Popular.
Flagrante de
folguedo popular
durante mostra de
artesanato. 1977.
Foto: Paquito*

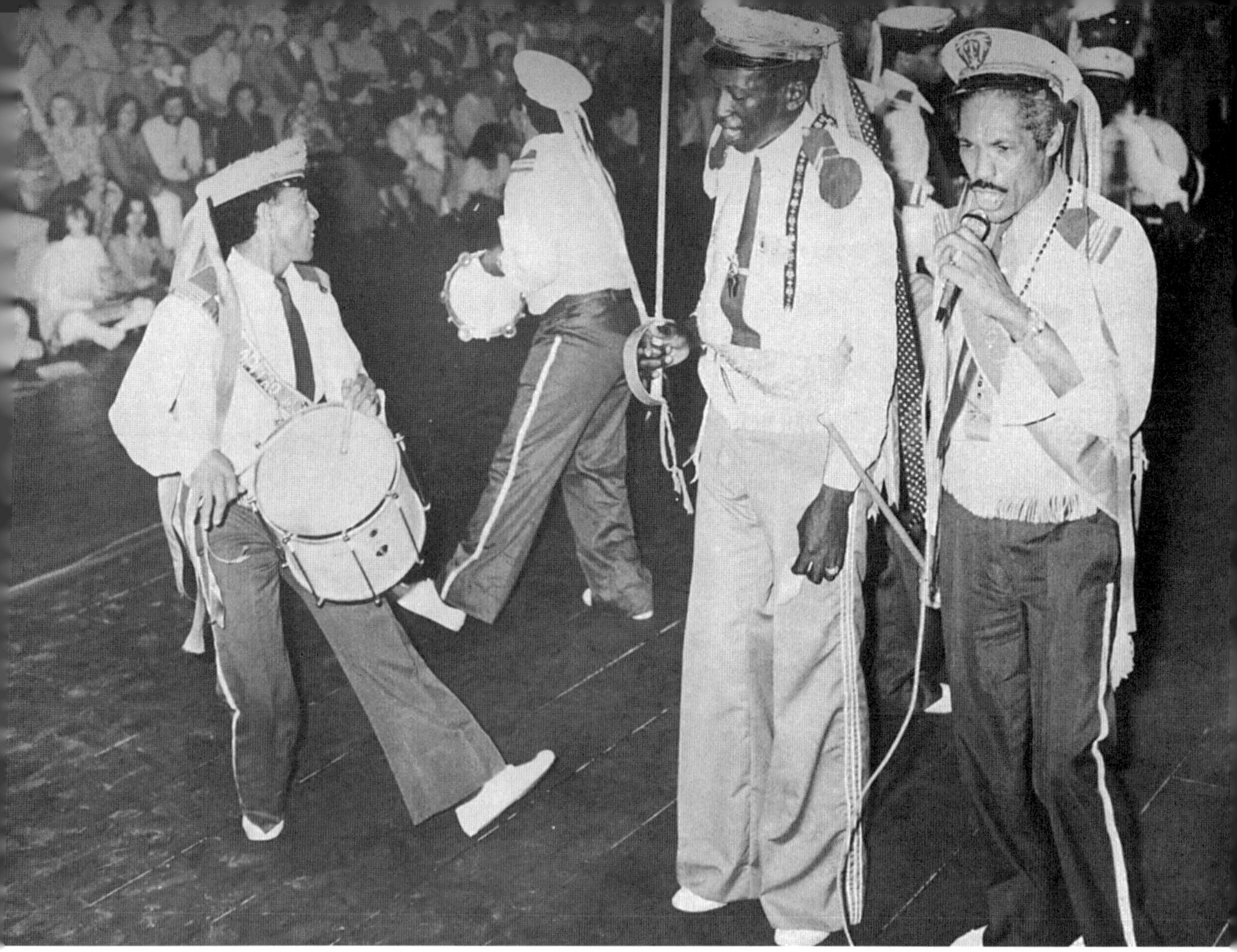

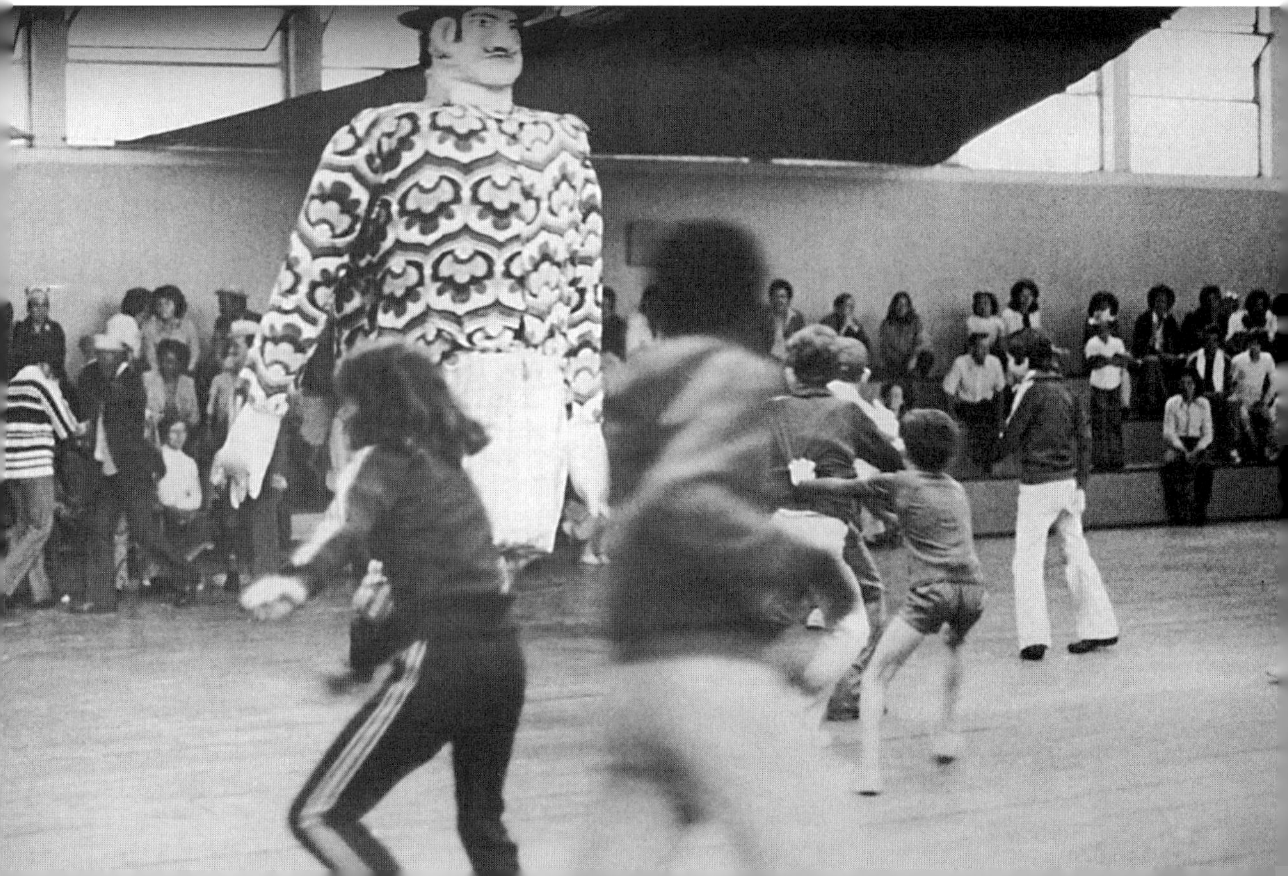

*Teatro Pixinguinha.
Dominguinhos
apresenta-se em
espaço adaptado
de um ginásio de
esportes.* 1979

Centro Campestre Rio Bonito. Piscina. 1975

Centro Campestre. Festival de integração criança-idoso. Oficina de confecção de brinquedos. 1978

100 CIDADELAS DA CULTURA NO LAZER

PÁGINA AO LADO

Circuito Comerciário de Música Popular Brasileira. 1980

Centro Campestre do Sesc Bráulio Machado Neto. Projeto MusiSesc: apresentação da Orquestra Sinfônica de Campinas. 1980

Centro Campestre. Festa do Folclore Japonês: apresentação de grupo. 1977

*Capa do relatório
anual de atividades.
1979*

Fachada do CineSesc. 1979

CineSesc. Entrega de prêmios e shows do I Festival de Cinema de São Paulo. 1979

TeniSesc Alcides Procópio. MiniesporteSesc: iniciação ao tênis. 1982

GinásticaSesc: aulas de ginástica com aparelhos. 1980

Demonstração de ginástica por alunos da Escola Aberta da Terceira Idade. 1980

Demonstração de ginástica. 1978

PÁGINA AO LADO

Projeto Abriu a Rua: apresentações folclóricas e populares. 1980

Projeto Lazer de Corpo e Arte: aulas de expressão corporal. 1980

sesc

NESTE DOMINGO
ABRIU a RUA
•ARTESANATO
•COMIDAS TÍPICAS
•SHOWS MUSICAIS
22 H

Projeto Dança na Cultura Popular.
1980

*Centro de Lazer
Sesc Fábrica da
Pompeia. Vista
aérea do conjunto e
fachadas. 1982*

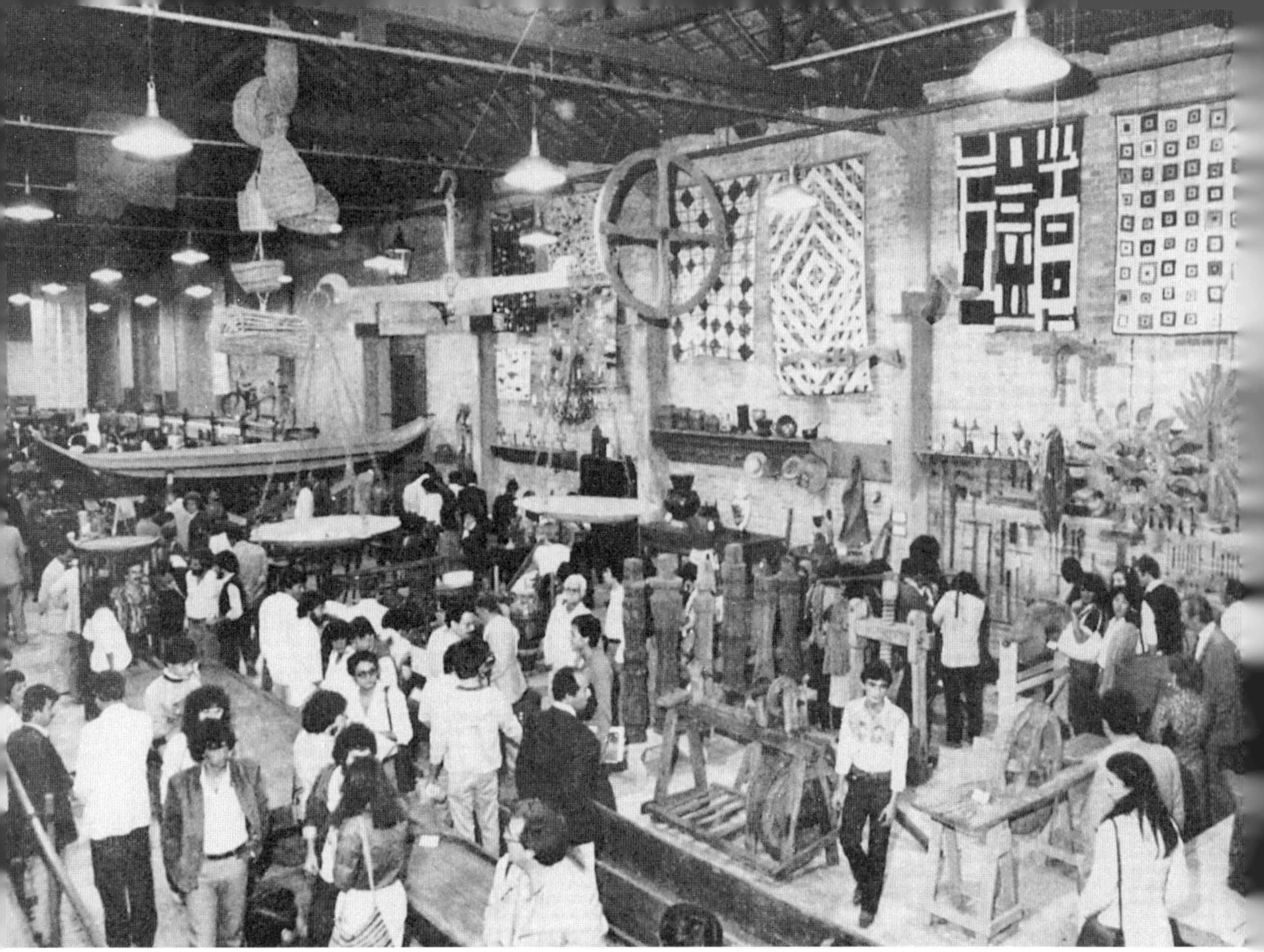

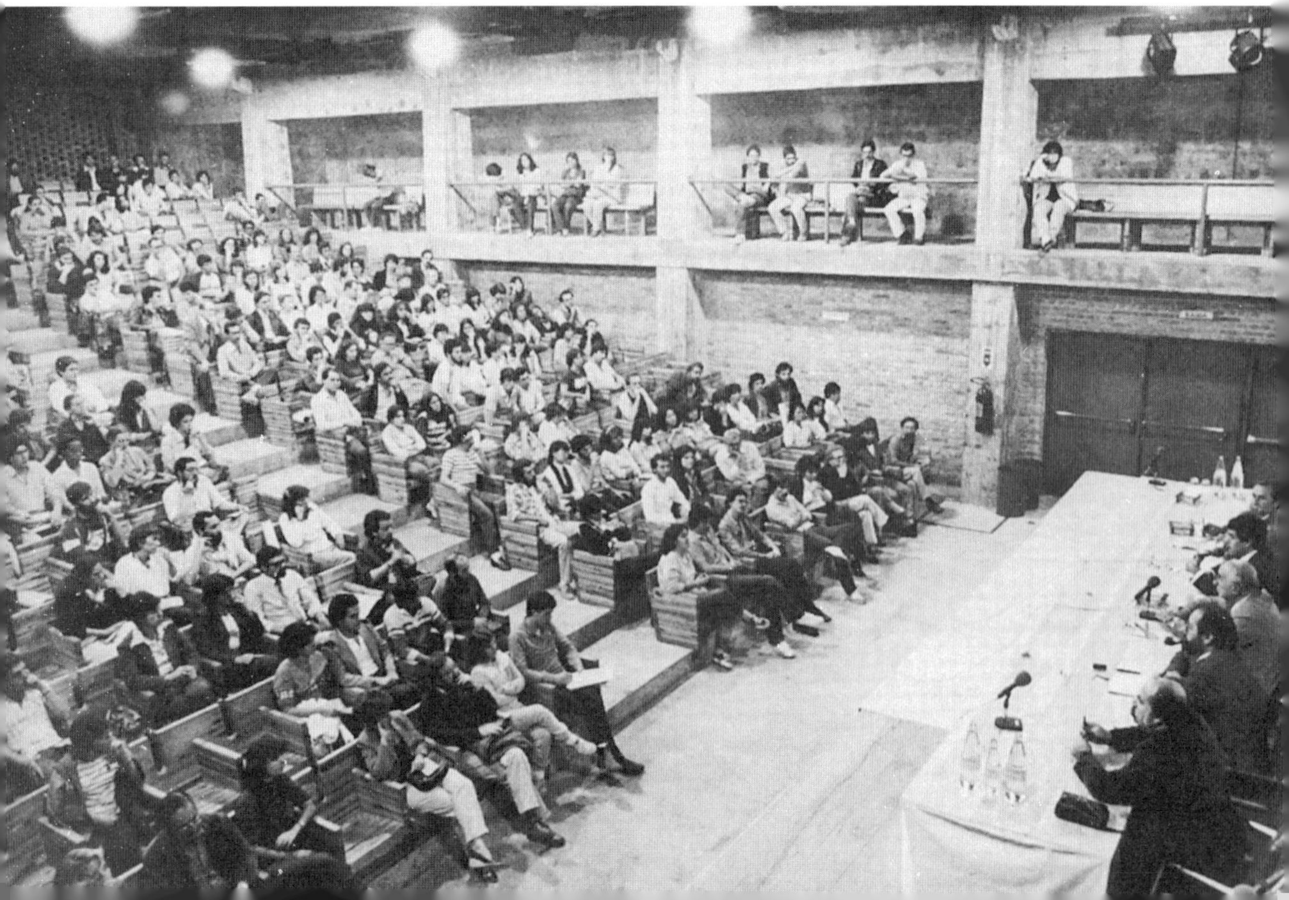

PÁGINA AO LADO

Centro de Lazer Sesc Fábrica da Pompeia. Exposição e seminário "O Design no Brasil".
1982

Centro de Lazer Sesc Fábrica da Pompeia. Apresentação de programas em vídeo.
1982

*Centro de Lazer
Sesc Fábrica da
Pompeia. Animação
de rua. 1982*

A conquista do tempo liga-se pois à conquista do poder: possuí-lo para medi-lo, dividi-lo, ser o senhor do tempo, o que, de certa forma, significa poder deter a própria vida e o curso da história. Para reinar, triunfar e fundar, seja herói, deus ou chefe, escreve George Dumezil, é preciso assenhorar-se do tempo.

Jacques Le Goff, *Calendário*

Porque a coisa quando é boa, é bonita, é aquilo que eu te disse: educa.

Depoimento de Renato Requixa, ex-diretor regional do Sesc São Paulo

Na cidade de São Paulo, as décadas de 1960 a 1980 revelam um panorama de criação de órgãos públicos e entidades privadas cujas atividades focam e desenvolvem-se no campo do lazer. Ao mesmo tempo, esse é o período em que o lazer como linha de intervenção social se firma como modo de atuação específico do Sesc São Paulo. A formação desse quadro e suas características são delineadas neste capítulo, no qual se busca mostrar o engendramento de uma nova área a partir de demandas sociais e culturais do modo de vida urbano naquele contexto.

Denise Bernuzzi de Sant'anna inicia o seu livro *O prazer justificado – história e lazer* (1969-1979) destacando a perplexidade perante a crescente problematização que as questões relativas ao uso do tempo livre – fins de semana, férias e outros tempos destinados ao descanso do trabalhador – suscitam na metrópole paulistana nos anos 1960 e 1970.

O contexto da época, marcado pela ditadura militar que se instala em 1964, traz o arrocho salarial para o trabalhador, ao mesmo tempo em que se ampliam os discursos sobre as vantagens e a relevância de práticas lúdicas, de espaços de descanso e de entretenimento, que gradativamente disseminam suas diversas vozes e conseguem múltiplos espaços, seja na imprensa, em instituições ou no discurso de políticos e empresários.

Na época, assiste-se a um movimento bipolar – a ênfase dada a conteúdos do tempo livre preenchidos com atividades lúdicas e, por outro lado, a exaltação do trabalho salientada pelo governo militar e intensificada com a política econômica, que gera uma ampla redução do tempo livre de grande parte dos trabalhadores.

O panorama da área de lazer na cidade configurava-se do seguinte modo:

> Um número maior de instituições privadas e setores da administração paulistana se voltava para o conhecimento dos usos do tempo livre da população e, ao mesmo tempo, buscava produzir técnicas, parâmetros e todo um instrumental destinado a administrar estes usos; o que contribuiu para retirá-los da sombra do mundo doméstico e explicitá-los à luz dos questionamentos científicos e racionais, traduzindo-os sob a direção institucional em espaços coletivos, como colônias de férias, centros recreativos, ruas de lazer etc. (Sant'anna, 1994: 9)

Nesse sentido, é possível afirmar que está se organizando o campo do lazer, na medida em que a posição dos atores sociais são definidas em determinado espaço, sendo o campo o *locus* onde se estabelece a comunicação e o debate entre os atores em relação a interesses específicos que delimitam a área problematizada. Além disso, "a comunicação ocorre de forma socialmente estruturada, ou seja, os atores da 'fala' comunicam-se num campo onde as posições sociais encontram-se objetivamente estruturadas" (Bourdieu, 1983: 18).

É importante destacar que, no período estudado neste capítulo, o termo lazer passa a ser amplamente empregado, em vez de recreação e entretenimento, e é usado para denominar o uso do tempo livre, integrando padrões morais vigentes. No *Dicionário Houaiss da língua portuguesa*, de 2006, o termo lazer é apontado como provindo do latim *licere*, no sentido de ser lícito, ser permitido, ter valor. Já o dicionário *Le Petit Robert* mostra que o verbete *loisir* provém do século XI, aproximando-se do verbo *permettre*, ou seja, permitir, sendo que o termo, ao longo de sua história, no século XVIII, também é entendido como *"occupations, distractions, pendant le temps de liberté"*. Ao mesmo tempo, na atualidade, a palavra lazer é compreendida também como sinônimo de ócio e passatempo.

Os primeiros estudos da sociologia do lazer aparecem nos anos 1920 e 1930 nos Estados Unidos e na França, relacionando-se à necessidade de conhecer e controlar a utilização do tempo livre nos países industrializados, devido à criação de normas e regulamentos vinculados à redução da jornada de trabalho.

Nas décadas de 1960 e 1970, as formas de compreensão e propostas em relação ao lazer não são homogêneas. A esse campo são conferidos valores e normas. Há concepções associadas ao descanso, à diversão e ao seu caráter utilitário, como o de desenvolvimento psicossocial e de reforço de valores como integração familiar e solidariedade.

Portanto, nesse contexto não se trata da invenção do lazer, mas de se organizar a sua estrutura. As mediações internas e as relações sociais nessa área são sistematizadas e começam a ser profissionalizadas, levando ao surgimento do campo do lazer. Assim,

> muitas práticas lúdicas foram verificadas mais constantemente de acordo com métodos científicos específicos e passaram a ser uma disciplina racional, num conceito capaz de operar diferentes formas de administração e promoção do lúdico, que se chamou de lazer. (Sant'anna, 1994: 10)

Esse novo campo do lazer pode ser mais bem entendido por meio da noção de "dispositivo" elaborada por Foucault, que favorece a compreensão do cenário formado:

> Dispositivo (...) é um conjunto heterogêneo que engloba discursos, instituições, organizações arquitetônicas, decisões regulamentares, leis, medidas administrativas, enunciados científicos, proposições filosóficas, morais, filantrópicas. Em suma, o dito e o não dito são os elementos do dispositivo que tem como função principal "responder a uma urgência", o que permite dizer que o dispositivo tem uma função estratégica dominante. (Foucault, 1982: 244)

A "resposta a uma urgência" relaciona-se aqui à mídia e a elementos tão diversos quanto a disciplina do trabalho, as metas governamentais, entre outros, no período em estudo, quando técnicos e pesquisadores criam uma noção de lazer que pretende tornar o lúdico e o descanso úteis e valorosos às demandas as mais variadas. Busca-se tornar o tempo livre algo capaz de satisfazer às demandas e aos interesses de aspecto econômico, moral, político, institucional, bem como amalgamá-lo como um negócio com possibilidade de utilização por diversos setores sociais.

O tempo livre passa a ser objeto de estudos e de ações institucionais específicas, constituindo-se numa problemática social e institucional que requisita o domínio de regras e reflexões em esfera além da gratuidade das brincadeiras e do lúdico.

> (...) a ambição de dirigir institucionalmente esse tempo e disciplina-lo ocorre de modo entrelaçado à produção e expansão de um saber sobre a natureza desses usos, seus pontos de incidência nas cidades, os rumos que tomam, a intensidade com que emergem na realidade e nela subsistem. Assim, o tempo livre tende a ser inserido no bojo dos problemas administrativos das cidades e das nações e a figurar como pauta de debate entre elas. (Sant'anna, 1994: 44, 45)

Tendo em vista essas questões, iremos destacar as formas de intervenção social do Sesc São Paulo, no intuito de acompanhar como a instituição pensa e realiza mudanças nas suas práticas sociais relacionadas ao lazer. São reorientações na linha de ação social que também irão se refletir nas imagens que a instituição faz para registrar sua atividade nesse período.

Lazer e ação comunitária no Sesc

Nos anos 1960, o Sesc São Paulo afasta-se progressivamente de sua diretriz de caráter assistencial na área social e de saúde. Com uma melhor organização do Estado nessas áreas, devido à criação dos organismos de previdência social como o IAPC (Weinstein, 2000), passa a orientar-se para uma política de ação comunitária, influenciado pelo tipo de atuação desenvolvida pela área do Serviço Social. Essa orientação conduz ao trabalho implementado pelas Unimos (Unidades móveis de orientação social) no interior do Estado e em bairros da periferia da capital, com equipes formadas por orientadores sociais e integradas por jovens universitários e de formação seminarista.

A ação de caráter comunitário é iniciada em 1965, em Rio Claro, a partir de uma solicitação da Associação Comercial, em virtude da cidade não ter uma unidade do Sesc. Devido à possibilidade de se realizar uma atuação mais ampla em cidades que não possuem unidades, a instituição então adota essa nova forma de atuação com a criação das Unimos, em 1966. A proposta envolve a realização de cursos, práticas esportivas e a organização de seminário de estudos no intuito de envolver a comunidade no encaminhamento de seus problemas. Para a realização do trabalho são enviadas equipes com três orientadores, e suas atividades pouco a pouco passam a ser associadas à ideia de lazer.

O depoimento de Euclides Rigobelo, ex-superintendente de administração, no artigo "No tempo das Unimos" publicado pela *Revista E* do Sesc, apresenta uma noção do tipo de intervenção social realizada:

> Para que isso (Feiras de Lazer) pudesse acontecer, preparávamos o material básico que as equipes deveriam levar, como apostilas para os cursos, minibiblioteca, pequena discoteca e toca-discos, equipamento de som, projetores e telas de *slides* e cinema para palestras e ciclos de cinema; bolas, redes, raquetes, cronômetros, súmulas e todo o material necessário para a realização de atividades esportivas; material para confecção de cartazes e folhetos, além de que esperávamos contar também com os equipamentos da comunidade. Para transportar esse material, a solução foi utilizar um furgão Ford F100, adaptando sua carroceria com vários armários internos para abrigar de forma organizada todo o material. (*Revista E*, out. 1996: 66)

Já o depoimento de Renato Requixa, ex-diretor do Departamento Regional, comenta a forma de atuação das Unimos no interior de São Paulo, a preparação dos orientadores sociais para essa atuação social e o caráter das práticas sociais fomentadas.

> Elite, mas aí é que estava. A gente procurava levar uma cultura de elite para a população da cidade. Não só levar e passar o filme, discutir. A gente discutia esses filmes. Agora, para discutir esse filme com a população, nós sempre tivemos o cuidado de preparar os nossos técnicos aqui com o que melhor existisse em São Paulo em matéria de críticos de cinema. Imagine um bom crítico de cinema de São Paulo na época... (Requixa, 2004: 15)

Continuando o seu depoimento, Requixa salienta o caráter ousado das formas de intervenção social que se intensificam no período e o início da atuação mais ampla de perfil comunitário.

> A coisa começou a alargar. Também foi uma força muito grande, muito poderosa, as tais Unimos. Porque as Unimos não contavam apenas com o comerciário da cidade em que elas estavam. Tinha que ser um envolvimento comunitário. Aí todos nós fomos nos encorajando mais a fazer a coisa mais ampla, mais comunitária mesmo. (Requixa, 2004: 39)

Em 1969 já existem 16 unidades das Unimos funcionando, sendo que algumas delas também na cidade de São Paulo e no ABC, e "em 1972 esse número já chegava a 23, com 123 orientadores sociais em ação", segundo o depoimento de Euclides Rigobelo já citado.

O trabalho em cada cidade dura cerca de trinta a quarenta dias, sendo que, após a atuação em três comunidades, os orientadores voltam à sede, situada no Centro Cultural e Esportivo "Carlos de Souza Nazareth", para avaliação e preparação de novos roteiros. É feito um contato prévio com entidades locais do comércio, apresentando-se a equipe e, posteriormente, são contatadas as lideranças locais para mediar a aproximação com a comunidade. De acordo com depoimento de Rigobelo, em 1970 as equipes organizavam cursos para comerciários e jovens em geral, seminários e ciclos de palestras a respeito da família, do menor, da saúde, da comunidade, atividades grupais na área de cultura – ciclos de cinema, formação de grupos de teatro amador, festivais de música. (*Revista E*, 1996)

A aproximação com a comunidade parte de princípios da metodologia da ação comunitária, utilizada na época, provinda da área do Serviço Social. As práticas esportivas representam uma forma importante de mobilização, pois são organizados torneios de diversas modalidades, que agregam um grande número de equipes. Também se implementam projetos no setor de educação para a saúde em áreas carentes. Para as palestras são convidados especialistas em assuntos da comunidade, como médicos, educadores sanitários, enfermeiras, nutricionistas. Em várias ocasiões essa atividade é o estopim para se desenvolverem projetos municipais.

Por volta de 1973, como outra modalidade de organização das formas de intervenção, surgem as "Feiras de Lazer", "Feiras de Saúde", "Feiras de Cultura Popular" e outras, que possibilitam maior integração e articulação nas etapas de planejamento e realização das atividades, das áreas técnicas, políticas e administrativas da comunidade, e também concentram a programação no espaço e no tempo.

Dante Silvestre, sociólogo, ex-responsável pela Gerência de Estudos e Desenvolvimento, comenta em seu depoimento as atividades culturais desenvolvidas nas feiras, em praças:

> A gente mostrava que esses espaços podiam ser utilizados. E que eles podiam ser utilizados mostrando coisas que eram produzidas na própria cidade. Então, basicamente, o que a gente fazia? Você tinha um território físico e social de ação. A gente localizava, neste território, as pessoas que estavam fazendo alguma coisa que tinha ligação com a questão do lazer. Sei lá, tinha um clube de filatelia, as pessoas se reuniam lá semanalmente para trocar selo. (...) Qual era a ideia? Tirar essas pessoas lá de dentro das quatro paredes do clubinho, que era uma sala emprestada, botar lá na praça os selos,

as moedas, para as pessoas verem. Outro exemplo: tem um grupo de teatro amador ligado a não sei o quê, que se reúne e escreve peças, e ensaia também escondidinho lá no fundo, em uma igreja na periferia. Pega esse pessoal, põe um fim de semana para mostrar isso na mesma praça. Era isso que nós fazíamos. E era muito interessante, porque você fazia um inventário de ações na cidade, ações ligadas ao lazer, à cultura, pegava tudo isso e concentrava em um determinado espaço, que era a praça, por exemplo, e em um determinado período de tempo, uma semana, um mês. Então você pegava tudo aquilo que era meio invisível, que era assim meio subterrâneo, e que a própria cidade não conhecia, e mostrava para a própria cidade. (Silvestre, 2004: 4)

Por meio das intervenções criadas na praça, os diferentes grupos sociais passam a ter um ponto de referência espacial em comum, mostrando suas práticas e possibilitando o contato, a troca e a sociabilidade entre os membros dos distintos grupos (cf. Magnani, www.n-a-u.org/ AntropologiaUrbanadesafiosmetropole.html, acessado em 28 de março de 2007).

Newton Cunha, filósofo, funcionário do Sesc São Paulo, fala em seu depoimento sobre o caráter das Unimos:

A atuação sociocomunitária do Sesc ocorre em um momento em que o governo militar exerce uma repressão, uma censura violenta sobre atividades de caráter comunitário por suas preocupações políticas, mas ele permite ao Sesc essa atuação sociocomunitária porque o Sesc despolitizou justamente a sua ação. Nós não podíamos e não devíamos discutir diretamente política nas nossas ações sociais e culturais. (...) Era uma norma que não era dita, mas, evidentemente, era seguida por todos (*risos*). (...) Em São Paulo, nós atuávamos mais na Zona Leste e na região do ABC – Zona Leste, Sul, então com maior concentração no Ipiranga, e do Ipiranga saíamos para a região do ABC ali pela avenida do Estado. Então fazíamos São Caetano, que inclusive era sede de uma das equipes das Unimos e que pegava o Ipiranga e depois, para a frente, Mauá, Santo André, São Bernardo (...) a região, inclusive, da serra. Eu não me lembro o nome da cidadezinha que tinha ali na serra, mas também fazia parte. (...) É Paranapiacaba, mas tem Rio Grande da Serra, fazia parte também. E depois outra equipe trabalhava principalmente na Zona Leste. Do Brás e dali para a frente, até o fundo da Zona Leste, seguindo ali pelo que hoje é o roteiro do metrô. Então, basicamente, eram essas duas regiões de São Paulo, as regiões mais carentes na época. (Cunha, 2004: 2, 5)

Ainda no início da década de 1970, o trabalho das Unimos continua a ser realizado com resultados positivos. Entretanto, devido ao destaque adquirido – que ganha uma identidade própria, quando deveria ser conhecida como parte da instituição – e também em virtude do início da construção de algumas unidades no interior e do desenvolvimento das equipes em outras ações sociais nas unidades, ocorre uma diminuição das atividades das Unimos, até o seu término, em 1973.

A forma de atuação das Unimos caracterizou-se por sua grande importância para as comunidades do interior e também para bairros carentes na cidade de São Paulo, e a experiência assim adquirida tornou-se relevante para a instituição no sentido de lhe permitir elaborar um modo de intervenção social que ainda permanece presente em seu trabalho. Aliava-se trabalho de caráter comunitário e de agitação esportiva e cultural, ocupando, explorando e ressignificando espaços públicos, o que era inédito na época, ainda mais em um tempo marcado pela ditadura.

O tempo e as formas de intervenção social das Unimos merecem uma reflexão aprofundada, para se entender a relevância desse trabalho de caráter comunitário e o forjar-se de uma forma de atuação social inovadora de caráter crítico e multiplicador. Grande parte dos quadros administrativos e de agentes culturais ainda atuantes na instituição formou-se nessa atuação.

Assim, iremos apontar a continuidade das formas de ação social do Sesc na metrópole paulistana a partir da elaboração e reflexão da experiência das Unimos e também dos novos modos de compreensão do lazer pela instituição, o que acarreta mudanças no período nas práticas físicas e culturais ali desenvolvidas.

O Centro Cultural e Desportivo Carlos de Souza Nazareth – primeira concepção de equipamento de lazer do Sesc São Paulo

No intuito de substituir os antigos Centros Sociais, que já não atendiam plenamente às demandas da época, o Sesc São Paulo inicia, em meados da década de 1960, a edificação de equipamentos maiores, buscando, de acordo com uma nova concepção espacial, criar referências de Centros Culturais e Desportivos na cidade em que irá desenvolver suas práticas sociais.

Uma referência arquitetônica e simbólica do novo momento vivido pela instituição é a inauguração, em 1967, do Centro Cultural e Desportivo Carlos de Souza Nazareth, atual Sesc Consolação, na rua Dr. Vila Nova, edificação projetada e construída especificamente para esse tipo de uso e função, modernizando e adequando o tipo de equipamento ao seu tempo e destinações. As novas instalações localizam-se na proximidade do que é o "centro cultural" da metrópole no período, evidenciando ao mesmo tempo uma nova concepção de equipamento destinada exclusivamente para atividades de lazer – reunindo pioneiramente espaços para práticas corporais e culturais.

O atual Sesc Consolação, inaugurado com a presença do marechal Costa e Silva, cria novos espaços para práticas esportivas, sociais e culturais. O equipamento inclui o Teatro Anchieta, buscando o desenvolvimento "de um processo educativo integrado e permanente", segundo o livro de Miguel de Almeida, *Sesc São Paulo – Uma ideia original* (1997: 77).

Erivelto Busto Garcia, sociólogo, ex-assessor técnico de planejamento, relata em seu depoimento como foi lidar com a nova experiência de criar e fomentar um Centro Cultural e Desportivo na época:

> Quando o Vila Nova é inaugurado, esses espaços virtuais (as Unimos) com os quais todos nós estávamos habituados a lidar, a trabalhar com eles (...) nós deixamos de lado os espaços virtuais, porque tínhamos agora nosso próprio espaço. Esse espaço era um complexo grande, quatro ginásios de esportes, uma enorme piscina aquecida, um teatro profissional, clínicas odontológicas, salas de aula para cursos, um monte de coisa.

> E no começo não se sabia o que fazer com aquilo. Esse era o problema. Tanto que houve mudanças sucessivas de gerentes lá, de equipes, porque : "Precisa encher! Claro que precisa encher, mas como é que faz isso?". A gente sabia como encher a praça, mas não sabia como encher o prédio. Era uma relação diferente, que o Sesc ainda não tinha. Nós estávamos acostumados com essa ideia de processo amplo comunitário e estávamos a partir daí começando a passar para uma ideia de produto mais que processo: O que nós vamos oferecer? O que nós temos para mostrar? O que nós temos para oferecer às pessoas? (Garcia, 2004: 14).

Destacam-se no depoimento as questões então levantadas sobre como lidar com um Centro Cultural e Desportivo em relação à oferta de práticas esportivas e culturais para o público e a implantação de uma nova dinâmica temporal às ações sociais implementadas.

É importante destacar que, desde a década de 1950 e nos anos 1960, a cidade de São Paulo passa por mudanças no seu ritmo de vida, com a aceleração da produção no trabalho, da circulação na metrópole e mesmo com a introdução gradativa de uma dinâmica cultural mais intensa, o que gera mais demandas de práticas de lazer (Ortiz, 2001).

Erivelto Busto Garcia também relata no seu depoimento como a criação do Centro Desportivo e Cultural na Vila Nova implica uma nova rotina e mentalidade de trabalho, levando a mudanças no cotidiano dos funcionários devido ao novo modo de lidar com a esfera do lazer.

> Uma das grandes mudanças naquilo que o Sesc estava fazendo na época era justamente a mudança do ritmo de trabalho. E a influência do [Joffre] Dumazedier foi enorme, quer dizer, a consciência do tempo livre. Esse bem precioso existe num momento que não é o momento de trabalho, então tem que repensar o que a gente faz. Não tem sentido você fechar uma piscina em um final de semana, que é quando as pessoas têm condições de frequentar. E assim intensificam-se as atividades no final de semana ou à noite. Isto implicou, na época, mudar toda uma rotina. As pessoas trabalhavam, faziam uma semana inglesa. É como se encontra ainda hoje em muitos órgãos públicos. Você vai em uma biblioteca no final de semana: fechada. Não é verdade? (Garcia, 2004: 15)

De fato, a partir dessa época, a instituição aproxima-se do sociólogo Joffre Dumazedier, teórico do lazer e autor de vários livros sobre a temática, estabelecendo um vínculo intenso com este intelectual através da realização de diversos encontros e cursos de formação para os agentes sociais da instituição sobre sua perspectiva e forma de compreensão do tempo livre.

É a partir da Segunda Guerra Mundial que a sociologia do lazer e pesquisas sobre o tema se difundem por outros países além dos Estados Unidos, passando a associar-se mais constantemente com outras áreas de estudos como o urbanismo, a política, a saúde, o universo da moda, projetos de assistência social e outros.

Desde o início da década de 1950, Joffre Dumazedier realiza estudos nessa área, sendo que, em 1953, forma, com o apoio de Georges Friedman, uma equipe de investigação, fundamentando-se em pesquisas de sociologia. No período 1956-57 realiza um estudo na cidade francesa de Annecy sobre a evolução do lazer urbano. Para Dumazedier, a noção de lazer vincula-se a repouso, recreação, entretenimento e diversão. Segundo Miguel de Almeida, que estudou a atuação do Sesc, o sociólogo francês considera que, "no lazer, o indivíduo poderia repousar ou se divertir, recrear-se e entreter-se, ou ainda desenvolver sua informação ou formação desinteressada, ou sua livre capacidade criadora, após cumprir suas obrigações profissionais, familiares e sociais" (Almeida, 1997: 84).

Renato Requixa afirma que, na época,

> nem o Sesc falava em lazer. Falava em atividades recreativas. Quais eram as atividades do Sesc? Atividades de saúde, atividades de recreação infantil, atividades esportivas... Lazer, o termo não era muito conhecido. Não era nada conhecido. Nem fazia parte do vocabulário da imprensa. (Requixa, 2004: 25)

Para discutir a questão do lazer que começa a se organizar institucionalmente, no final de 1969, o Sesc organiza, juntamente com a Sebes – Secretaria de Bem-Estar da Prefeitura do Município de São Paulo, o seminário "Lazer – Perspectivas para uma cidade que trabalha". Realizado na Federação Paulista do Comércio, foi considerado um encontro de caráter precursor e inovador para a época. Este é um dos primeiros eventos do SESC organizado em parceria com um órgão público, anunciando modos de atuar que iriam vigorar mais amplamente a partir dos anos 1980.

Na divulgação do evento, Susana Frank, então Secretária de Bem-Estar Social, destaca a importância da realização do seminário e sua sintonia com o desenvolvimento urbanístico da metrópole na época. O texto enfatizava que "a atual perspectiva de desenvolvimento social, dentro de um grande complexo urbano como SP, está exigindo a imediata atuação dos poderes públicos e privados na criação de uma infraestrutura indispensável à realização de programas de lazer" (*Fôlder do Seminário sobre lazer*, 1969).

No seminário ocorrem painéis, conferências e palestras como "As dimensões do lazer", "As necessidades de lazer na cidade de São Paulo", "Planejamento de áreas verdes e de recreação", "Formação e treinamento de pessoal para programas de lazer e apresentação integrada das conclusões dos grupos de estudo" (idem).

Uma ampla cobertura da imprensa é realizada na época, com a publicação de artigos em jornais e revistas como *Folha de São Paulo*, *O Estado de São Paulo*, *Visão*, *Diário Popular* e *Jornal da Tarde*, entre outros. Seus títulos mostravam a vinculação do lazer com o urbanismo, a dimensão do tempo na metrópole e a noção de direitos dos moradores: "Enfim, a cidade pensa no lazer" (Eis os planos para o descanso em 1990) (*OESP*, 28/10/2009), "SP: todos trabalham, poucos descansam" (*FSP*, 13/11/1969), "Susana Frank: lazer exige atuação urgente" (*FSP*, 28/10/1969), "Programa para lazer requer ampla pesquisa" (*FSP*, 29/10/1969), "Lazer é Direito Seu. Aproveite" (*JT*, 28/10/1969), "O que fazer da folga?" (*Visão*, 5/10/1969), "Rua do Carmo vive uma noite de recreação" (*FSP*, 1/6/1970), "Lazer: necessidade esquecida do homem das grandes cidades (*FSP*, 17/10/1969)".

Em relação à recepção do seminário pela academia, Luís Octávio de Lima Camargo destaca:

> Os sociólogos da USP e da PUC caíram matando, que era uma pouca-vergonha, onde já se viu estudar esse assunto em um país como o Brasil (...). Enfim... Quem participou também desse seminário foi a Ruth Cardoso.

> Mas a visão do pessoal de Ciências Sociais, que era um pessoal de esquerda, evidentemente, era uma visão distorcida do entendimento de lazer. Eles diziam assim: "Como falar de lazer em uma sociedade subdesenvolvida? Um país pobre onde existe desemprego?". (Camargo, 2004: 2)

Renato Requixa, no depoimento já citado, fala da consciência que se tinha em relação a essas questões na época, ao se reclamar urgência para a solução de problemas como os de alimentação, saúde, habitação e educação formal, vistos inegavelmente como prioridades impositivas e desafiadoras. Entretanto, tendo-se uma perspectiva mais ampla em relação ao lazer, via-se também que essa dimensão da vida social, em virtude de seus objetivos socioeducativos, era igualmente relevante para países em desenvolvimento.

A realização do seminário "Lazer – perspectivas para uma cidade que trabalha", além de provocativa para a época, dá ênfase e atenção para questões como humanização *versus* automação e mecanização do trabalho, ressaltando o fato de o lazer ter seu espaço na ação prática dos órgãos públicos no sentido de beneficiar a população. O enfoque dado por Renato Requixa sobre o seminário já está bastante imbuído das noções elaboradas por Joffre Dumazedier na época, mostrando a abordagem centrada na ideia de que "o lazer cria uma nova moral de felicidade".

Em meados da década de 1970, o contato de Dumazedier com o Sesc São Paulo passa a ser mais intenso, já que alguns técnicos realizam cursos na Universidade de Paris v (Sorbonne) e passam a produzir estudos e programas de lazer fundamentando-se em ideias adquiridas nessa formação. Com as discussões e debates promovidos pelo Sesc São Paulo sobre a área do lazer, a instituição, através de seus agentes sociais, adota uma visão bastante influenciada pelo enfoque de Dumazedier – que alia teoria e prática –, traduzindo uma forma de intervenção social bastante similar àquelas que serão então implementadas.

Dumazedier estuda a liberação do tempo livre nesse período, suscitando preocupações quanto ao uso desse tempo em vários setores sociais. No livro *Sociologia empírica do lazer* (1974), ele aplica as regras da metodologia criada, utilizando abordagem mais quantitativa, associada à visão de educador, para analisar o campo do lazer pela vertente que ele denomina "sociologia ativa" ou "da previsão". Estudando a conjuntura da época, busca gerar uma orientação de mudança na ação sociocultural pelos diferentes atores sociais graças ao potencial educativo e formativo do lazer. Pode-se perceber que essa visão passa a entender o lazer como roteiro e forma de educação social.

No final dos anos 1970, Renato Requixa, na época diretor regional do Sesc São Paulo, contrata Joffre Dumazedier como consultor especial da instituição, o que propicia ao Sesc o desenvolvimento de estudos e pesquisas no campo do lazer.

> A coisa se disseminou, em primeiro lugar, porque o termo lazer é um pouco mais englobante do que recreação. Recreação parece ser uma coisa não tão séria. No entanto é a mesma coisa, lazer e recreação, é a mesma coisa. Mas lazer passou a ser um vocábulo mais importante, mais denso: lazer. Então o Sesc passou a desenvolver atividades de lazer. E isso também, junto aos servidores todos que tinham esse contato duas vezes por ano com o Dumazedier, comigo, as pessoas começaram a se interessar, começaram a estudar, começaram a ler e começaram a fazer cursos no exterior. Voltaram para cá e isso foi facilitando não só o conhecimento, como tudo a respeito do lazer. E valorizando o lazer como alguma coisa muito importante na vida de cada um. (Requixa, 2004: 34)

Newton Cunha também comenta no seu depoimento a vinda e o contato mais frequente com Dumazedier:

> Logo depois, então, nós adotamos todas as formas de análise e de atuação, de ação – não comunitária, mas de ação sociocultural – do chamado funcionalismo francês, cujo representante maior era o Joffre Dumazedier, na área do lazer. O lazer exerceu uma função social importante na época. Não só na época, mas ele ganhou sua importância: o tema do lazer. (...) Na Europa, o lazer já vinha sendo estudado anteriormente. Nos Estados Unidos o lazer surge dentro da sociologia americana como forma de observação de uma sociedade de consumo. Uma visão sociológica do lazer como tempo de consumo importante. Na Europa, com o Dumazedier, o lazer passa a ser um tempo considerado extremamente importante, não tanto como consumo, mas como forma de desenvolvimento cultural. E esse vínculo entre educação

informal, lazer, desenvolvimento sociocultural se adequava perfeitamente ao trabalho do Sesc. E até hoje ainda é possível manter essas relações conceituais com lazer, educação informal, desenvolvimento sociocultural. Quando o Sesc descobre essa vertente de pesquisa e de trabalho prático, nós nos tornamos discípulos, aprendizes do Dumazedier. Com aquela visão cartesiana do funcionalismo (*risos*) acadêmico francês, nós passamos a ter uma compreensão um pouco mais clara, teoricamente, daquilo que nós mesmos fazíamos. (Cunha, 2004: 13)

É importante destacar que o depoimento de Newton Cunha enfatiza a forma de entrada do lazer na instituição e expõe uma visão crítica de um funcionário a respeito do matiz adotado em relação ao lazer na época. Além disso, a partir dos depoimentos citados, podemos ver a elaboração de um "olhar de dentro" da instituição sobre a concepção de lazer, que se inaugura com a possibilidade de se pensar a prática implementada. Por sua vez, para Requixa,

a visão funcionalista queria que se investisse mais no desenvolvimento da personalidade, o lazer tinha esse papel de facilitador da participação social e integração no grupo, possibilitando o crescimento individual para mais conteúdo e mais criatividade, motivando para mais estudos, mais conhecimento, mais educação, mais participação, para aumentar, assim, o progresso. (*Anais do seminário sobre o lazer: Perspectivas para uma cidade que trabalha, 27 a 30 de outubro de 1969*)

Segundo o seu depoimento:

Um exemplo: o lazer é importante do ponto de vista social, o descanso é importante, para o desenvolvimento da funcionalidade é importante. Isso tudo o lazer possibilita. No instante em que o indivíduo deixa o trabalho, ou vai descansar, vai praticar uma atividade de lazer, vai nadar ou vai praticar um esporte, ou vai ler um livro ou vai ao cinema, vai ao teatro ou vai participar de qualquer outra atividade nessa linha, ele está fazendo algo diferente de todo dia, do seu trabalho. Principalmente se for um trabalho rotineiro. Aí existe uma função social importante que eu frisei para que o lazer fosse aceito assim com mais tranquilidade. Hoje eu não vou te dizer que ele seja totalmente aceito com tranquilidade, mas eu acho que o lazer se impôs como valor. Os valores culturais começaram a se impor. Mas para chegar até lá – essas fases não são assim muito nítidas – o lazer e o pensamento sociológico evoluíram assim, de uma repulsa ao lazer até uma certa aceitação em função dos aspectos sociais do lazer, até o lazer como um valor em si. Não é importante? (Requixa, 2004: 29)

Deve-se ressaltar que o excerto citado do depoimento de Renato Requixa resume algumas concepções centrais a respeito do lazer na época em estudo neste capítulo e também apresenta etapas do processo de construção desse campo naquele período. Sua fala expõe de forma sintética a visão funcionalista de lazer adotada então pela instituição.

Imagens do lazer sociocomunitário e educativo

O conjunto inaugural de imagens deste capítulo abrange o primeiro equipamento arquitetônico construído pelo Sesc na metrópole paulistana com vocação voltada para ações esportivas e de lazer, configurando-se como uma metáfora imagética do perfil da instituição na época.

A sequência de imagens selecionadas mostra a variedade do público comerciário atingido pelas intervenções sociais da instituição no período, formado por crianças, jovens, adultos e idosos, incluindo gerações e gêneros distintos.

A imagem de abertura deste segmento é bastante emblemática da fase histórica do Sesc São Paulo naquele momento, como instituição em desenvolvimento (fig. 30). A foto mostra a edificação do Centro Cultural e Desportivo Carlos de Souza Nazareth, atual Sesc Consolação, na Vila Buarque, e destaca a perspectiva do equipamento em construção, salientando a verticalidade do edifício. Os carros alinhados no meio-fio pontuam o tempo do registro fotográfico.

As novas instalações do Centro Cultural e Desportivo localizam-se perto do coração cultural da metrópole no período, buscando aproximar-se dos comerciários que trabalham e frequentam o centro da cidade. Segundo o depoimento de Renato Requixa, a concepção do edifício foi uma proposta de Brasílio Machado Neto, diretor re-

30.
Obras do Centro Cultural e Desportivo Carlos de Souza Nazareth. 1965

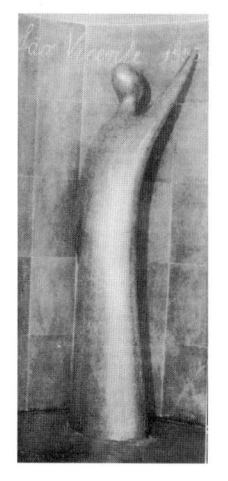

gional na época: "Foi o doutor Brasílio que construiu aqueles centros ali, que na época foi uma coisa extraordinária, o melhor teatro de São Paulo, construído pelos melhores arquitetos de São Paulo" (2004: 19).

A imagem ao lado (fig. 31) expõe a escultura de José de Anchieta, localizada dentro do Teatro Anchieta, apresentando aspecto moderno. Na releitura da figura de um dos patriarcas brasileiros, está se valorizando seu papel como dramaturgo e também como educador. Além disso, a imagem de Anchieta também está ligada à origem da cidade, o que evoca a cena de fundação no Pátio do Colégio, e assim se pode ligar São Paulo à ideia de cidade da educação. Nada mais apropriado para se associar à figura do orientador social, que reúne a noção do tradicional e do moderno em sua atuação na sociedade.

O próximo conjunto de imagens abrange fotos do público infantil (figs. 32 e 33). No projeto A Escola Vai ao Teatro, voltado para as crianças, a prática de distribuição de ingressos também ocorre nas escolas, com o objetivo de incentivar o contato do público infantil com o teatro, a vivência desse tipo de espetáculo e a sensibilização das crianças para essa linguagem. Essa forma de ação cultural é iniciada, no final dos anos 1960, com a inauguração do Centro Cultural e Desportivo Carlos de Souza Nazareth e seu Teatro Anchieta. A peça A *moreninha* faz muito sucesso na época, inicialmente contando com a participação da jovem atriz Sônia Braga.

Na foto, registra-se o afluxo de crianças ao Teatro Anchieta, provavelmente muito curiosas e animadas em seu primeiro contato com o universo do teatro infantil. Trata-se, para as crianças, não somente de se deslocar

31.
Centro Cultural e Desportivo Carlos de Souza Nazareth. Escultura representando Anchieta na sala de espera do teatro homônimo. 1967

32.
Projeto A Escola Vai ao Teatro. 1968

33.
Centro infantil do Sesc São Paulo. 1970

de suas escolas para conhecer o espaço do Teatro Anchieta, mas também de começar a descobrir o que é teatro.

A foto a seguir distingue-se do conjunto por exibir a imagem de uma única criança, realizando trabalho artístico com sucata, destacando-se o indivíduo e sua ação como tipo emblemático de uma prática social. Já a legenda que a acompanhava, "A arte infantil e o desenvolvimento da criatividade", salienta a forma de intervenção social e o objetivo almejado.

O conjunto de imagens seguinte expõe práticas sociais voltadas para a geração jovem (figs. 34, 35, 36 e 37). A primeira imagem mostra mulheres jovens, com roupas apropriadas para a prática de ioga, alinhadas e deitadas de costas, provavelmente esperando o começo da aula. A foto denota a pesquisa e adoção de uma prática corporal com influência oriental, traço marcante da mentalidade e de valores adotados por determinados segmentos da juventude no final dos anos 1960. Nesse sentido, apresenta uma preocupação da instituição em alinhar-se com valores em voga para aquela geração, voltando-se, no caso, para o público feminino.

A imagem seguinte também mostra formas de intervenção social entre jovens, agora de ambos os sexos, focalizando uma prática inovadora para a época: a realização de debate em grupos sobre temáticas contemporâneas. Essa atividade social vincula-se à linha de ação comunitária então vigente, em que se buscava a conscientização, a discussão e a participação em problemas da comunidade, em pleno período da ditadura militar. A ampliação de atividades sociais voltadas para a geração jovem mostra ênfase na ação dirigida para esse público, buscando sua participação social, com atividades de caráter mais intelectual.

34.
Centro Cultural e Desportivo Carlos de Souza Nazareth. Curso de ioga. 1967

35.
Seminário de Estudos em Unidade do Sesc [não identificada]. 1969

34.

35.

36.
Recreação aquática: bola ao cesto. 1975

37.
Dramatização com adolescentes. 1975

Nessa fase começam a aparecer nas fotos legendas de caráter genérico, pontuando a prática social realizada e não definindo a unidade, o que indica uma preocupação somente em enfatizar a intervenção social e o gênero/geração atingidos.

A imagem acima focaliza um jogo de bola ao cesto na água, prática que requer saúde vigorosa e exige bastante esforço físico, gerando robustez, como mostra a fotografia. Na foto, vemos um enquadramento diferenciado da imagem, na qual são suprimidas as cabeças dos praticantes do jogo, privilegiando-se a prática esportiva, o grupo e o corpo atlético dos esportistas. Além disso, a borda da piscina corta em diagonal a foto, dividindo o espaço e o olhar para dentro e para fora da água.

Na imagem seguinte, percebe-se a apropriação da quadra esportiva do Centro Cultural e Desportivo Carlos de Souza Nazareth por jovens que se dedicam a uma prática cultural. Os jovens estão provavelmente realizando um exercício de laboratório de dramatização. O papel-cartão desenhado e alinhado no chão atua como recorte espacial delimitador da cena teatral. Nota-se o interesse e a atenção para a dramatização desenvolvida, pois todos os olhares dos participantes estão convergindo para a encenação do esquete.

O conjunto de fotos seguintes expõe práticas sociais oferecidas para os idosos pelo SESC São Paulo a partir da década de 1970 (figs. 38, 39 e 40), quando esse grupo social passa a se organizar no país, buscando uma forma particular de expressão e de articulação de suas necessidades. As fotos são emblemáticas do que essa geração está realizando na época e de que modo está se organizando.

A primeira foto mostra detalhe de um "Seminário sobre problemas de idosos", no qual vemos a plateia formada por idosos de ambos os sexos que participam de uma mesa-redonda aberta para um público mais amplo e não somente formado por comerciários. É interessante notar que, no caso, o fotógrafo destaca em seu registro a plateia, mostrando o público específico formado para tal evento.

A outra imagem, também do Centro Cultural e Desportivo Carlos de Souza Nazareth, focaliza o jogo de cartas, provavelmente no período vespertino. Essa é uma prática social realizada no Sesc pelos idosos, que lhes propicia o encontro social, o desenvolvimento da atenção e da sociabilidade e a vivência do lúdico.

Na imagem seguinte, a foto, tirada de cima para baixo, expõe uma ampla perspectiva da quadra de basquetebol apropriada pela dança de salão, na qual se vê uma "Confraternização de Grupo de Idosos". Por meio da foto, notamos a "produção" dessa geração para o evento – muito apreciado pelos comerciários idosos – que privilegia o encontro social, a sociabilidade e a formação de redes de relações.

A série de imagens a seguir salienta modos de intervenção social das Unimos na capital, referenciando imageticamente essa forma de atuação tão marcante para a história da instituição e para a formação

38.
Seminário aborda questões relacionadas ao idoso. 1975

39.
Centro Cultural e Desportivo Carlos de Souza Nazareth. Recreação do grupo de idosos. 1977

40.
Centro Cultural e Desportivo Carlos de Souza Nazareth. Confraternização do grupo de idosos. 1977

de seus quadros, entre o final dos anos 1960 e meados da década seguinte (figs. 41, 42 e 43).

A primeira foto, produzida com o equipamento das Unimos, mostra o material utilizado e levado às cidades do interior de São Paulo e mesmo na capital para fomentar ações esportivas e culturais em regiões que não contam com os centros sociais do SESC. O projeto estende-se durante os anos 1970, contando com uma equipe profissional muito bem preparada, que lança um sopro inovador na instituição e as sementes para as mudanças de enfoque e de mentalidade nas práticas culturais que irão ocorrer na década posterior.

41.
Unidade das Unimos. Década de 1960

A foto seguinte (fig. 42), em primeiro plano, mostra um palco improvisado em antiga indústria da General Electric, em Santo André, ocupado pela apresentação de uma peça infantil. O fotógrafo salienta tanto os atores em cena como o público, formado principalmente por crianças e suas famílias. A foto denota o tipo de trabalho realizado pelas Unimos na época, mostrando a adaptação das intervenções sociais às condições locais da cidade, mas também a ressignificação e reapropriação espacial de uma antiga fábrica desativada por meio de um novo uso. O enfoque em relação a ultilização de espaços sociais integra a forma de atuação social das Unimos, no interior e na periferia da metrópole paulistana, sendo precursor de um novo modo de ação da instituição na cidade de São Paulo. Destaca-se a relevância da realização de intervenções sociais pela instituição em espaços públicos, o que é muito incomum para um período ainda marcado pela ditadura política vigente.

Na terceira foto da série também vemos, em imagem rara, uma prática de recreação infantil. Visualiza-se um grupo de crianças brincando de cabo de guerra, o que mostra a rua tendo seu uso ressignificado através de uma prática lúdica. Esse tipo de prática social também é adotado pela Prefeitura através das denominadas "Ruas de Lazer" em alguns bairros da cidade, o que expõe, como dito anteriormente, a criação, organização e institucionalização do lazer naquele período.

Na série de fotos que segue, percebe-se o espaço dado pelo Sesc, nessa fase, às manifestações da cultura popular (figs. 44, 45, 46 e 47), que passam a adquirir mais ênfase na instituição, como se pode notar pela exposição de artesanato no Centro Cultural e Desportivo Carlos de Souza Nazareth, assim como pela organização da Feira Nacional da Cultura Popular, no mesmo espaço.

42.
Santo André. Feira de lazer. 1975

As feiras ocorrem respectivamente em 1976 e 1977, tendo como ponto de partida uma longa pesquisa sobre a cultura popular em nível nacional, em que orientadores sociais são previamente preparados e percorrem o país, localizando e selecionando artesãos e artefatos populares para a organização do evento. Além de expor bens culturais populares e trazer para São Paulo seus produtores, esse tipo de evento também exibe manifestações e *performances* da cultura popular para o público paulistano.

Essas feiras são um marco na época, em virtude da qualidade da montagem e do caráter da mostra, ao trazer os artesãos de seus universos de origem para o contato com os comerciários e o público visitante, assim como pela dimensão do evento, enorme para aquele período.

43.
Promoção de atividades recreativas comunitárias. Unimos. 1978

Dante Silvestre, ex-gerente da Gerência de Estudos e Desenvolvimento, conta em seu depoimento que a pesquisa e preparação das Feiras de Cultura Popular

44.
Panorâmica da I Feira Nacional de Cultura Popular. 1976. Foto: Paquito

45.
II Feira Nacional de Cultura Popular. Apresentação de grupo folclórico e de marujada. 1977. Foto: Paquito

46.
Centro Cultural e Desportivo Carlos de Souza Nazareth. II Feira Nacional de Cultura Popular. Flagrante de folguedo popular durante mostra de artesanato. 1977. Foto: Paquito

47.
Teatro Pixinguinha. Dominguinhos apresenta-se em espaço adaptado de um ginásio de esportes. 1979

atingia muita gente. Uma grande feira cultural que houve, a primeira delas que houve no SESC Consolação, (...) o que é interessante é que não havia só exposição. Você trazia pessoas para conversar sobre a importância daquilo. Então se pesquisava: quem é que está pesquisando, quem é que está fazendo teses sobre isso, sobre cultura popular? Vamos conversar com essas pessoas. E havia muita gente. (Silvestre, 2004: 9)

A primeira foto da II Feira Nacional da Cultura Popular mostra a *performance* de um grupo de marujada, e a seguinte expõe um flagrante da interação de um boneco gigante com as crianças em uma quadra poliesportiva. Essas imagens são bastante incomuns para a época, pois mostram a presença na metrópole de modos de fazer cultura e de brincar vindos de outras regiões do país e ainda "desconhecidos" para a população urbana de comerciários e de frequentadores da feira, bastante influenciados pela cultura de massa, principalmente a televisão. Assim se propicia o contato com manifestações da diversidade cultural existente no Brasil e se valorizam formas de expressão e manifestação da cultura popular, possibilitando refletir sobre a questão da alteridade naquele cenário.

Ainda nesse conjunto, vemos outra forma de valorização da cultura brasileira, no Teatro Pixinguinha, com a adaptação e apropriação do ginásio de esportes para exibição de nomes importantes da música popular, mas ainda não tão destacados. O Teatro Pixinguinha atua na época como cenário para expressões da música brasileira que despontam, caracterizando-se como celeiro de exposição da produção sonora recente, ao trazer figuras musicais como Dominguinhos para o seu palco.

Segundo depoimento de Renato Requixa sobre o Teatro Pixinguinha e a utilização da quadra esportiva,

> (...) estava se formando essa ideia do projeto Pixinguinha, da cultura popular brasileira... que era o que a gente estava querendo fazer, também. Então, até por sugestão minha, transformamos uma quadra esportiva em um Teatro Pixinguinha. E haja pancada em cima. (Requixa, 2004: 23)

O próximo conjunto de imagens mostra práticas sociais e culturais no Centro Campestre do Sesc construído na Zona Sul (fig. 48), próximo ao bairro de Interlagos, que foi inaugurado em 1975. A proposta desse centro, conhecido posteriormente como Sesc Interlagos, é oferecer ampla área de lazer em um equipamento moderno, localizado em uma área verde distante do centro da cidade.

A imagem da piscina aberta sendo utilizada pelos comerciários, aparentemente tão banal para um olhar atual, mostra a importância dessa forma de lazer, que passa a ser muito procurada desde sua implantação. Por meio da foto também se infere como a região de entorno desse centro – Rio Bonito – ainda não é ocupada por moradias.

A piscina foi reformada posteriormente, tornando-se um parque aquático. O Centro Campestre passou a ser uma referência muito importante para os usuários por possibilitar o acesso à prática esportiva da

48.
Centro Campestre Rio Bonito. Piscina.
1975

natação e a diferentes formas de lazer, bem como por situar-se "fora" da cidade. Além disso, com sua abertura em meados dos anos 1980 ao uso de moradores do entorno, ele se tornou um marco espacial de destaque na região, principalmente pela ausência de outros equipamentos de lazer e cultura oferecidos pelos órgãos públicos nessa área da metró-

48.

pole. Realidade ainda hoje presente, como se constatou recentemente quando da realização de uma pesquisa para a organização de uma exposição por ocasião da abertura de um novo equipamento educacional na região, o CEU (EXPOMUS, 2003) (cf. *Meu bairro, minha cidade* – Você também faz parte desta história – Grajaú/Cantinho do Céu, 2003).

Renato Requixa enfatiza no seu depoimento a visão da instituição, na época, à questão de se usar materiais de boa qualidade no projeto arquitetônico e no equipamento oferecido para os comerciários:

> Porque, no geral, o que se investe em um centro social, um grande equipamento de lazer, é um investimento caro, mas que depois (...) Pode-se gastar a mesma coisa em três anos, quatro anos de manutenção. Agora, se o equipamento for bom... O Centro Campestre do SESC foi todo feito com concreto aparente. Nós fomos muito criticados: "Imagina, concreto aparente... Isso é burrice!". Porque o concreto aparente elimina a necessidade de, a cada seis meses, cada ano, pintar as paredes. (Requixa, 2004: 19)

Ainda explicitando o pensamento da instituição na época, Renato Requixa enfatiza:

> Para você ver, [pusemos] ali um equipamento inteiro – dentro daquela filosofia do melhor para o comerciário –, um equipamento de sauna, o melhor de São Paulo. Agora, por que não? Os trabalhadores do comércio não poderiam desfrutar, em um preço acessível a eles, do que a elite de São Paulo desfrutava? Aí é que eu acho que está a grande sacada do Sesc: dar ao comerciário equipamentos que a elite tem e que o comerciário possa usufruir. (Requixa, 2004: 24)

Na imagem seguinte (fig. 49), vemos outra forma de experimentação de atividades sociais, reunindo crianças e idosos, na qual um idoso ensina uma prática artesanal aos jovens. Esse tipo de contato social entre gerações distintas é implementado a partir dessa época, buscando-se uma forma de interação social e de comunicação, na qual o idoso aproxima-se do universo infantil e transmite formas de seu saber e conhecimento para as crianças, o que também possibilita que elas formem uma imagem não estereotipada do idoso.

Na sequência, vemos imagens de intervenções artísticas, como a realização de *show* de música popular brasileira, de música erudita, assim como a apresentação de um grupo de cultura tradicional japonesa (figs. 50 A e B e 51), expondo a diversidade de formas de lazer trazidas para o Centro Campestre na periferia da cidade. Pode-se também inferir que há uma preocupação com o conhecimento e a valorização do "outro", na medida em que se leva um grupo de cultura tradicional japonesa para realizar uma *performance* no fim de semana nesse centro "fora da cidade". Ou seja, também se busca levar práticas culturais para o equipamento campestre. Vemos, assim, que a amplitude das propostas artísticas procura atingir gerações e gostos distintos no público comerciário, mas também busca formar o gosto e os valores para a apreciação de diferentes linguagens artísticas. Cabe ainda notar, na imagem da apresentação de dança tradicional

49.
*Centro Campestre.
Festival de integração
criança-idoso.
Oficina de confecção
de brinquedos.* 1978

49.

50 A e B.

Circuito Comerciário de Música Popular Brasileira

51.

50 A e B.
Circuito Comerciário de Música Popular Brasileira. 1980

Centro Campestre do Sesc *Bráulio Machado Neto. Projeto MusiSesc: apresentação da Orquestra Sinfônica de Campinas. 1980*

51.
Centro Campestre. Festa do Folclore Japonês: apresentação de grupo. 1977

japonesa, o enquadramento fotográfico que destaca a composição geométrica formada pelas mulheres e o desenho de suas vestimentas na realização da *performance*. A partir da visão do entorno, infere-se ainda o isolamento do local por não apresentar muitas moradias.

O conjunto de imagens seguinte expõe as práticas sociais conduzidas pela instituição em relação à cultura, ao esporte e ao cuidado com o corpo, abrangendo inclusive idosos e crianças (figs. 52, 53 A e B e 54).

A primeira imagem apresenta um painel gráfico que mostra diferentes intervenções produzidas e realizadas para gerações específicas de comerciários, atuando como indicador de diversidade de produções na nova década que entra.

As fotos seguintes, de 1979, exibem a inauguração do CineSesc, na região da avenida Paulista, com a promoção do I Festival de Cinema de São Paulo, tendo como apresentadores figuras de destaque do meio cinematográfico brasileiro, como Anselmo Duarte e Bruna Lombardi. A inauguração atua como indício da valorização da cultura pela instituição, sendo que o CineSesc irá se tornar um marco do circuito do cinema na capital, como território alternativo, por exibir filmes "*cult*", realizar festivais nacionais e internacionais e reprises de filmes de grande sucesso do circuito comercial.

Na sequência das imagens, vemos novas práticas corporais sendo introduzidas nas unidades do Sesc, como tênis para crianças, ginástica com aparelhos para adultos, ginástica para idosos e aula demonstrativa grupal de ginástica, mostrando a busca de novas modalidades de práticas corporais e de renovação nos trabalhos corporais oferecidos para diferentes gerações (figs. 55, 56, 57, 58 e 59).

A primeira imagem dessa série mostra crianças muito atentas para o aprendizado do tênis, o que permite inferir a preocupação com a democratização de uma prática esportiva de elite e pelo acesso que é oferecido às crianças. Já a imagem a seguir exibe a sala adaptada para uma prática voltada principalmente para um público adulto masculino – a ginástica com aparelhos, que está em voga na época em academias, como prática corporal mais destacada.

Em seguida, vemos mulheres da terceira idade em uma apresentação de ginástica, provavelmente no GinásticaSesc, unidade especializada criada para esta finalidade, no bairro de Perdizes. Na foto, de

52.
Capa do relatório anual de atividades. 1979

53 A e B.
CineSesc. Entrega de prêmios e shows do I Festival de Cinema de São Paulo. 1979

54.
Fachada do CineSesc. 1979

55.
TeniSesc Alcides Procópio. MiniesporteSesc: iniciação ao tênis. 1982

56.
GinásticaSesc: aulas de ginástica com aparelhos. 1980

57.
Demonstração de ginástica por alunos da Escola Aberta da Terceira Idade. 1980

58.
Demonstração de ginástica. 1978

59.
Projeto Lazer de Corpo e Arte: aulas de expressão corporal. 1980

1980, destaca-se a exibição de corpos de mulheres idosas, denotando a importância da saúde corporal nessa fase da vida e a importância do aspecto lúdico da prática para o grupo.

A próxima imagem mostra uma *performance* coletiva no SESC Interlagos, na qual se enfatiza a atividade entre diferentes gerações e sexos. Nesse tipo de *performance*, ao ar livre, busca-se a proximidade e o contato corporal entre indivíduos,

60 A e B. 61 A e B.

para quebra de barreiras através do toque, assim como a experiência lúdica do jogo, ao se vivenciar o alongamento e a flexibilidade.

Seguindo a mesma linha de atuação, vê-se uma exibição de expressão corporal no projeto Lazer de Corpo e Arte, realizado no interior do prédio da Bienal no Parque do Ibirapuera, com a apresentação de práticas realizadas pelo Sesc. Tratava-se de um projeto de valorização e de redescoberta do corpo por meio de vivências corporais, utilizando técnicas específicas para experimentar manifestações e linguagens diferenciadas expressas pelo corpo.

Trabalhando numa outra esfera, a do corpo coletivo na rua, as fotografias a seguir mostram a ocupação do espaço social da rua por grupos de cultura popular (figs. 60 A e B e 61 A e B). Assim, em uma fase inicial de abertura política, o Sesc São Paulo promove a vinda de manifestações populares para a metrópole, que são apresentadas no projeto Abriu a Rua. Nas fotos de Paquito vê-se a transformação da rua em espaço de apresentação de folguedos populares com a *performance* de grupos de

60 A e B.
Projeto Abriu a Rua: apresentações folclóricas e populares. 1980

61 A e B.
Projeto Dança na Cultura Popular. 1980

congada e o desfile de grandes bonecos, em que a rua se torna espaço de festa, minimizando a visão dos prédios no entorno.

Na entrada da Catedral da Sé, a instituição também busca o sentido comunitário da festa popular com a reapropriação e a ressignificação do espaço da praça por meio da *performance* de um grupo de catireiros, integrando o projeto Dança na Cultura Popular.

Por meio das imagens percebe-se então que, tanto no bairro como no centro da metrópole, o Sesc São Paulo apresenta sinais, no despontar dos anos 1980, que indicam a preocupação de realizar intervenções sociais não só no âmbito de seus equipamentos culturais e esportivos, como também no espaço público, assinalando a relevância de ocupar e ressignificar a rua como local de festa e ação cultural com a participação da comunidade mais ampla, além dos comerciários.

Encerrando a narrativa imagética deste capítulo, as fotos do Sesc Pompeia, em 1982 (figs. 62 A e B, 63 A e B, 64 e 65 A e B), pontuam sua abertura e fase inicial de atuação, mostrando o começo de uma nova época, em que esse marco arquitetônico é território de experimentações e vivências de diferentes tipos de expressões esportivas, corporais e culturais, atuando como foco irradiador de um modo específico de ação cultural que irá influenciar de maneira muito significativa a alteração dos rumos da instituição.

As primeiras imagens da sequência apresentam vista aérea do conjunto do Sesc Pompeia e fachadas internas, exibindo o aspecto manufatureiro da antiga fábrica de geladeiras Ibesa Gelomatic, no bairro da Pompeia. Traz à tona imageticamente a marca desse tipo de arquitetura incrustada no bairro e sua presença como marco histórico e arquitetônico de uma forma de ocupação social do espaço urbano.

A imagem acima à direita mostra um aspecto da exposição "O Design no Brasil", organizada por Lina Bo Bardi, com a presença de especialistas e outros interessados, e abaixo o público que assiste a um seminário sobre a temática no auditório do teatro. Vê-se um panorama da exposição com peças artesanais de todo o país, sendo possível o contato e interação com esses objetos. Por meio da imagem, percebemos a concepção atualizada de montagem de exposição, em que há aproximação e circulação entre os artefatos, podendo o visitante realizar diferentes percursos no espaço expositivo. Também se utilizam planos

62 A e B.

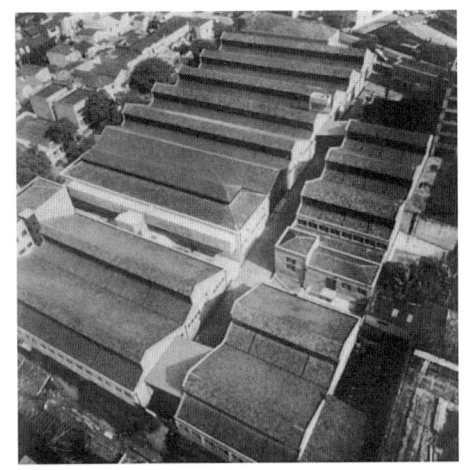

63 A e B.

horizontais e verticais para compor a museografia da exibição. O evento é bastante significativo na época, pela atualidade da temática abordada e por sua amplitude, abrangendo exposições, debates, palestras e lançamento de livro.

Na foto seguinte, vemos a utilização de um dos espaços de lazer para uma projeção de vídeos, mostrando a apresentação e as possibilidades de utilização de novas tecnologias midiáticas na exibição de filmes para um público de jovens e de adolescentes. Trata-se de um espaço multiuso, onde podem interagir e conviver usuários de diferentes gerações.

Na última imagem da série, percebe-se a continuação da ideia de ocupação da rua por intervenções artísticas. No caso, trata-se da

62 A e B.
Centro de Lazer Sesc Fábrica da Pompeia. Vista aérea do conjunto e fachadas. 1982

63 A e B.
Centro de Lazer Sesc Fábrica da Pompeia. Exposição e seminário "O Design no Brasil".
1982

passagem interna do Sesc Pompeia que se transforma em rua e pela qual circula uma grande diversidade de usuários que brincam com os bonecões, mostrando que, no conjunto arquitetônico, esse espaço encontra-se aberto para as mais diversas formas de apropriação social. Há um aspecto inusitado na cena, com a presença simultânea dos bonecões e dos usuários, que os acolhem e entram na brincadeira.

A instalação do Sesc Pompeia representou um marco na história do Sesc São Paulo, alterando bruscamente as formas e o caráter de intervenção de suas práticas sociais. Entretanto, a concepção e implantação desse novo equipamento, com o convite feito à arquiteta Lina Bo Bardi para realizar o projeto, também contou com algumas controvérsias, conforme mostram alguns depoimentos a seguir.

Na época, Renato Requixa visita centros culturais instalados em edificações e áreas revitalizadas especificamente para tal finalidade na Europa, e essa experiência lhe mostra a importância de preservar antigas áreas degradadas com valor arquitetônico ou histórico. Assim, sua defesa de preservação da antiga fábrica para a instala-

64.
Centro de Lazer Sesc Fábrica da Pompeia. Apresentação de programas em vídeo. 1982

65 A e B.
Centro de Lazer Sesc Fábrica da Pompeia. Animação de rua. 1982

ção da nova unidade do Sesc Pompeia relaciona-se à importância dessa construção como memória da industrialização para a cidade, sendo caracterizada neste sentido como patrimônio e bem cultural.

Em seu depoimento, ele destaca: *"Il faut oser.* É preciso ousar, não é? Agora, uma ousadia em que você já tem na cabeça toda uma ideia filosófica do assunto, você sabe defender muito bem. Mas você precisa saber também que vai ter gente contra. Isso, sempre vai ter gente contra" (2004: 24).

E Renato Requixa explica:

> E ela [a fábrica], para mim, tem uma importância cultural muito grande para a cidade. É da década de 20, foi construída em 1929. Um marco. E eu acho que a preservação dessa fábrica, como ela é, seria um marco importante de São Paulo, que é uma cidade industrial, tida e havida como grande centro industrial deste país. E eles ficaram... olharam bem para mim, sabe? Olhar assim de quem diz: aonde será que este sujeito quer chegar? Aí eu falei assim, e eu fui firme: "E se a gente, ao invés de construir esse edifício, nós restaurássemos a fábrica?". Foi um olhar assim que eu nunca mais esqueci, um olhar penetrante. Eu até achei que ele [Papa Júnior, Presidente do Conselho Regional do Sesc] estava pensando assim: "Que coisa, designamos um diretor idiota, louco". Aí ele saiu e disse assim: "Mas, Renato, nós já gastamos não sei quantos milhões nesse projeto. Como é que eu vou fazer uma coisa dessas, como é que eu vou me desculpar perante um Conselho Nacional do Sesc?". Disse: "Olha, a única coisa que eu posso fazer realmente é uma documentação na linha cultural séria. E me comprometo também a conversar com todos os nossos conselheiros aqui". Todo mundo tinha que aprovar. (...) Eu saquei que a coisa era importante. Uma fábrica dessa é a única remanescente da fase industrial de São Paulo, da grande fase industrial da década de 20. (Requixa, 2004: 44, 46)

Ainda sobre a luta para a construção do Sesc Pompeia, Luís Octávio de Lima Camargo registra:

> Renato Requixa era diretor regional, em 1974. Foi ele que colocou o projeto debaixo do braço, [saiu] de pessoa por pessoa, ele que

começou a se articular na cidade e pedir para todo mundo bombardear o Sesc com pedido por telegrama – as tais correntes formadoras de opinião. De repente, o Zizinho, o Papa [Júnior], recebeu cem telegramas de todo mundo. Aí chamou o Requixa e falou para ele: "Toca em frente. Se você conseguir, tudo bem, eu não vou te atrapalhar, mas também não vou te ajudar. Só você". (Camargo, 2004: 9)

No seu depoimento, Renato Requixa continua a reflexão sobre o processo de concepção e instalação do Sesc Pompeia comentando:

A mudança foi só em 1982, mas foi logo em seguida à aquisição que nós fizemos o projeto. O projeto estava quase pronto quando foi tudo suspenso pelo metrô. Mas aquele espaço tão bonito lá... Então começamos a fazer atividades lá dentro. E essas atividades, assim, empiricamente, foram feitas durante quatro anos, até que a Companhia do Metrô desistiu da linha ali. Mas, quando ela desistiu, nós verificamos que ali, naquele espaço todo, o espaço todo seria um espaço magnífico para um centro social. Porque – eu discutia muito isso com a Lina – os centros sociais, quanto mais horizontais fossem, melhor, porque as pessoas se veem mais. (Requixa, 2004: 43)

Com esse relato que mostra a inovação introduzida pela instituição graças à restauração e reutilização de um espaço urbano como o Sesc Pompeia, concluímos a apresentação desse panorama de visualidades do lazer no Sesc São Paulo entre os anos 1960 e início dos anos 1980. Convém agora nos determos um pouco mais sobre a significação que essas imagens nos comunicam, em uma dimensão mais ampla, sobre a organização do campo do lazer no período focalizado neste capítulo.

Um voo reflexivo sobre imagens do lazer

Em relação às imagens selecionadas desse período do Sesc, percebe-se a ênfase que é dada à apresentação de práticas esportivas e artísticas em espaços sociais específicos dos equipamentos, bem como as diversas gerações para as quais a instituição cria e fomenta intervenções sociais – crianças, jovens, adultos e idosos, de ambos os sexos.

A exibição de espaços sociais específicos no Centro Cultural e Desportivo e no Centro Campestre enfatiza o uso e a apropriação desses espaços por práticas corporais e artísticas, mostrando a diversidade de intervenções sociais realizadas.

Além disso, a presença frequente de jovens e idosos nas imagens expõe a percepção deles pela instituição como sujeitos sociais importantes na época. O Sesc São Paulo incluiu intensamente essas gerações na sua programação, propondo práticas sociais específicas para esses públicos de acordo com seus valores, interesses e gostos.

Especificamente em relação aos idosos, que já estão mais organizados como grupo nesse período, a instituição parte do reconhecimento das condições em que vivem e de suas expectativas socioculturais, para organizar uma ação mais ampla – abrangendo tanto informações sobre assuntos de interesse para essa geração como eventos de caráter cultural e social, a fim de possibilitar o convívio mais intenso e o reforço de suas formas de sociabilidade.

É importante mencionar que as imagens do Sesc privilegiam os grupos, apresentando-os por meio de diferentes gerações e gêneros, mostrando como o modo de atuar da instituição é direcionado para grupos sociais específicos e de caráter anônimo, registrando o foco imagético de sua atuação social na aprendizagem e na *performance* através desse recorte.

Pierre Bourdieu, em seu livro *La fotografía: un arte intermediario* (1979), ressalta que as fotografias anônimas e as pessoais são vistas de modos absolutamente diferentes. Perante a fotografia de desconhecidos, pode-se adotar um ponto de vista puramente formal e técnico. Já quando se tem uma foto com um laço simbólico que une quem vê ao fotografado, esta é imediatamente compreendida e aprovada, portanto considerada necessária e, no outro caso, não. É importante destacar essas diferenças na maneira de olhar as imagens, pois elas permitem um esclarecimento sobre a leitura de séries de fotografias documentais como a que vem sendo realizada.

De outro ponto de vista, as imagens também mostram que, no período recortado para a análise, ocorre efetivamente a implantação do lazer como eixo de intervenção social da instituição entre os usuários. A realização do seminário "Lazer: perspectivas para uma cidade que trabalha" e a vinda frequente do sociólogo Joffre Dumazedier para a realização de seminários e contatos com profissionais da instituição possibilitam a criação de um pensamento mais claro e fundante de suas iniciativas sociais. Concomitantemente, forma-se também uma geração de quadros profissionais da instituição com as balizas e premissas elaboradas pela metodologia da Sociologia da Decisão, que envolve teoria e implantação de prática social.

Newton Cunha sintetiza claramente no seu depoimento esse processo, comentando que Dumazedier, na sua obra, efetua ligações entre educação informal, lazer e desenvolvimento cultural, o que se sintonizava adequadamente com o trabalho do Sesc. Afirma que tal relação ainda pode ser efetuada na atualidade e que, quando o Sesc descobre essa linha de pesquisa e de atuação prática, todos na instituição tornam-se discípulos de Dumazedier e, a partir desses pressupostos, passam a entender melhor os projetos da entidade do ponto de vista teórico, podendo então prepará-los de forma mais bem elaborada.

A implantação do Centro Cultural e Desportivo Carlos de Souza Nazareth, Sesc Consolação, no centro de São Paulo, com um perfil arquitetônico avançado para o período e dotado de espaços e equipamentos para práticas esportivas e artísticas, vincula-se à percepção então vigente de que os antigos Centros Sociais estavam defasados, quanto ao aspecto formal de seus espaços, para abrigar as intervenções sociais então realizadas.

Luís Octávio de Lima Camargo, sociólogo, teórico do lazer, delineia no seu depoimento as premissas da mudança na proposta arquitetônica, relacionando-a à adoção da visão de lazer pela instituição:

> Na década de 1960 é que o Renato Requixa começa a prestar atenção na palavra lazer. E o Dumazedier tinha acabado de publicar, em 1961, o livro *Les civilisations du loisir*, que no Brasil foi traduzido como *Lazer e cultura popular*, editado só em 1974. Então, o Renato Requixa foi que percebeu que os tempos eram outros. E o então presidente do Sesc, que era o Brasílio Machado Neto – era um homem muito culto também –, ele sacou. O Renato Requixa não teve dificuldade nenhuma de convencê-lo de que o Sesc deveria abrir mão daqueles modelos de centros sociais e passar a aderir ao modelo de clubes. (...) Pelo menos o formato do equipamento é de clube, ainda que... na verdade, é uma espécie de... Os equipamentos

do Sesc são uma mistura de centro cultural e de clube – o centro cultural francês idealizado lá pelo André Malraux. (Camargo, 2004: 4)

É possível constatar que, em relação à concepção das unidades do Sesc, há uma influência das *Maisons de la Culture*, ao se buscar agilizar o processo educacional além da escola formal graças a casas de cultura, que procuram a expansão de conhecimentos e de práticas artísticas ou intelectuais por meio de discussões, palestras e debates sobre temas políticos, sociais e culturais. As *Maisons de la Culture* implantadas na França após a Segunda Guerra Mundial buscam responder a essa demanda, principalmente por parte de adolescentes, mulheres, imigrantes e idosos. Entretanto, cabe salientar que sua ação social limita-se à área cultural e artística.

As formas de intervenção social realizadas pelo Sesc em meados da década de 1970 no Centro Cultural e Desportivo Carlos de Souza Nazareth, como a organização e realização das Feiras de Cultura Popular, com o apoio da Funarte, revelam que elas são um marco cultural para a época, por trazerem para a população da metrópole a discussão sobre a produção de artefatos de cultura popular e sua importância, principalmente quando a televisão já alcança abrangência nacional, expondo uma visão mais homogênea e massificante da realidade social do país. Isto, Newton Cunha explicita no seu depoimento sobre o caráter das Feiras de Cultura Popular então realizadas:

> Quando a cultura ou a arte começam a ganhar um impulso mais forte ainda, no final dos anos 1970, surgem as Feiras de Cultura Popular, que são tentativas de agrupar, reunir e mostrar o trabalho de artesãos populares do Brasil inteiro, numa tentativa também de preservação de um saber popular que tendia já a desaparecer. Na verdade, quando o Sesc chega às Feiras de Cultura Popular, você está em um momento em que a televisão já implantou a indústria cultural no Brasil. (Cunha, 2004: 11)

Caminhando na contramão do processo cultural em curso, de ênfase na cultura de massa, a realização das Feiras de Cultura Popular, com o incentivo do Governo Federal, destaca o trabalho artesanal e a especificidade de grupos de artesãos de diferentes regiões do país. Era uma forma de trazer à tona o debate sobre a identidade nacional, uma questão em voga na época (Ortiz, 2001).

Por outro ângulo, mais especificamente em relação à criação e implantação do Centro Campestre, em Interlagos, em 1975, é importante observar que esse é um indício de que o Sesc está atendendo à necessidade de contato com a natureza que os comerciários já pareciam sentir na época, em virtude da diminuição drástica de áreas verdes na metrópole, ao mesmo tempo em que se expandem as demandas por lazer. Renato Requixa narra no seu depoimento detalhes sobre a concepção da instalação na periferia:

> Quando foi inaugurado, todo mundo dizia que a pobreza ia depredar aquele Sesc. E, no entanto, os sofás de couro só foram substituídos de velhice. Nunca ninguém cortou aqueles sofás de couro. Nunca ninguém roubou uma obra de arte lá. As pesquisas que a gente fazia mostravam que aquela população pobre vibrava, achava que aquilo era sala de visitas deles. Eles traziam uma pessoa de fora, o primeiro lugar que levavam era lá, para mostrar. (Requixa, 2004: 10)

É muito interessante constatar também as formas de apropriação desse espaço campestre pelos usuários e moradores do entorno, que passam a vê-lo como extensão de sua casa, ou como sua sala de visitas. Estes são exemplos de mobilidade de fronteiras entre o público e o privado e os diferentes significados adquiridos pelo espaço público. A esse respeito Roberto DaMatta (1985) salienta a existência de lugares no ambiente público que podem ser apropriados por indivíduos ou grupos, de tal modo que podem se tornar sua "casa" ou seu "ponto", ocorrendo uma dinâmica de complementaridade entre as duas esferas.

Outros exemplos relativos ao uso do espaço público podem ser encontrados nas fotos que mostram a realização de espetáculos artísticos e de cultura popular promovidos pelo Sesc em praça pública, ainda durante a ditadura, o que expõe uma ação cultural no sentido de ocupar o espaço público no período e de realizar eventos artísticos para uma comunidade mais ampla, além da formada por comerciários.

A propósito de uma dessas fotos, Dante Silvestre comenta os fundamentos do projeto Arte na Rua desenvolvido na época:

> Era colocar a cultura na rua – e não era qualquer cultura, também. Era, sobretudo, aquela cultura que partia da premissa de que cultura se faz em todo lugar. É um pouco gramsciano também, [a ideia] de que todo homem, toda mulher é um artista, é intelectual, é um filósofo – ele só precisa de oportunidades para mostrar isso. É muito essa linha assim, que gera uma recusa do saber e da cultura como posse exclusiva de uma instância, que era a universidade, como foco exclusivo de criação da cultura. E a cultura é uma coisa viva, acontece todos os dias, as pessoas criam o tempo todo, muitas vezes essas coisas não são conhecidas. E, muitas vezes, a própria pessoa que pratica, o autor dessa cultura, o criador dessa cultura, ele próprio não valoriza muito. Só quando ele mostra é que ele passa a ser valorizado. O outro age como um espelho: "Mas que coisa legal que você faz, que coisa linda...". Sobretudo era valorizar aquilo que se fazia localmente. (Silvestre, 2004: 8, 9)

Nas imagens de apresentação teatral para crianças em uma antiga fábrica da General Electric, em Santo André, ou nas fotos mostrando *performances* de danças e folguedos populares na rua, estamos assistindo à passagem do universo da pessoa para o do artista, uma forma de ressignificação do cotidiano e também de expansão da noção exposta do outro como espelho.

Newton Cunha comenta a criação e instalação do Sesc Pompeia, no início dos anos 1980, e a discussão da novidade "de vanguarda" que a unidade traz à tona:

> Olha, vanguardista no sentido de atrair um público jovem. Se não me engano, um dos primeiros projetos de teatro da Pompeia é o Fábrica do Som, que é o estímulo a novos grupos musicais, na época, muita coisa do *rock* brasileiro. Este estímulo ao novo, ao que estava surgindo, é uma característica dos primeiros tempos do Pompeia. Justamente porque não só você poderia abrir caminho a artistas que estavam surgindo, mas também caracterizava a ação da entidade, ou pelo menos da Pompeia, como algo diferenciado, inovador. E o vanguardista, antes de tudo, é alguém preocupado com o novo. Daí o lado ao mesmo tempo forte e fraco do vanguardista – que a busca sempre pelo novo se torna uma obsessão, que nem sempre o resultado é

satisfatório. O novo pelo novo não se justifica, principalmente em arte. O novo pelo novo até pode se justificar em termos de tecnologia, mas transpor essa mentalidade do progresso tecnológico para a inovação permanente na arte, pode não levar a nada. (Cunha, 2004: 20, 21)

Inovação, esta é a palavra-chave para o processo iniciado com o Sesc Pompeia, mais do que "ser vanguarda". Inovação no sentido de restaurar a antiga fábrica e reutilizá-la com novos fins, com a implantação de ampla programação de práticas sociais e esportivas, abrangendo uma diversidade cultural e introduzindo o novo artístico que foi realizado nessa fase e mais intensamente no período posterior, analisado no capítulo seguinte.

Para o desfecho deste capítulo, convém apresentar um olhar "de dentro", acrescido pelo filtro sensível da passagem do tempo, para sintetizar e expressar de modo denso diversos aspectos aqui comentados sobre o caráter das intervenções esportivas e artísticas e da linha de ação social realizada pela instituição nesse período, nas palavras de Dante Silvestre:

> [Havia] um formato de evento cultural baseado em alguns valores, em algumas crenças, na valorização da cultura popular e, sobretudo, a capacidade de identificação mais ou menos intuitiva de coisas que estavam na época incomodando as pessoas e movimentando as pessoas. Quando o Sesc começa a falar de cultura popular, ele não é um grande inovador, não é o primeiro a fazer cultura popular, valorizar a cultura popular. Mas a ideia de valorização da cultura popular era uma coisa latente e forte em alguns meios sociais, mas não havia eclodido. "Não, isso aqui é importante." Aí quando você começa a trabalhar com essas coisas, você identifica coisas que estão latentes e vai lá e mexe com isso, isso começa a explodir com muita força. Foi o que aconteceu com a questão da cultura popular, foi o que aconteceu com a questão do lazer nos espaços públicos. O Sesc não foi pioneiro no sentido assim de criar coisas, de inventar coisas. Foi pioneiro no sentido de identificar tendências que tinham uma certa dificuldade de se concretizar, e trabalhar para que isso aflorasse. A identificação de alguns traços que estavam assim regendo o comportamento, os valores: "Olha, isso aqui é importante, vamos trabalhar com isso porque

as pessoas valorizam (...)". Normalmente, era a academia, porque a academia sempre foi muito pronta a fazer pesquisas em áreas assim. Mas trabalhos sociais mesmo... (Silvestre, 2004: 10)

No próximo capítulo iremos abordar a fase mais contemporânea do trabalho do Sesc, focalizando a temática da cultura e do lazer na metrópole paulistana e o modo como a instituição passa a atender efetivamente os vários públicos da cidade – ao incorporar seus moradores, além dos comerciários –, destacando como tônica de sua forma de intervenção social na metrópole a diversidade cultural nas práticas físicas, corporais ou artísticas.

Capítulo III
A virada do Sesc São Paulo nos anos 1980: a dimensão da cultura na rede urbana paulistana

Teatro Sesc Anchieta. Raul Cortez em A hora e a Vez de Augusto Matraga. *1986. Foto: Paquito*

Centro de Lazer Social Fábrica da Pompeia. Conjunto Esportivo. 1984

Praia do Centro de Lazer SESC *Fábrica da Pompeia. 1990. Foto: Romulo Fialdini*

Centro de Lazer Sesc Fábrica da Pompeia. Projeto Fábrica do Som. 1983

Centro de Lazer Sesc Fábrica da Pompeia. Atividade nas oficinas de cerâmica, desenho fotografia e gravura. 1982

1 Encontro
Nacional de Idosos.
Apresentações
artísticas. 1982

A VIRADA DO SESC SÃO PAULO NOS ANOS 1980

PÁGINA AO LADO

Sesc *Fábrica da Pompeia. Seminário "Lei Sarney: perspectivas para a cultura brasileira". 1986. Foto: Gabriel Cabral*

Sesc *Fábrica da Pompeia. Exposição "Caipiras, Capiaus: Pau a Pique". 1984. Foto: Paquito*

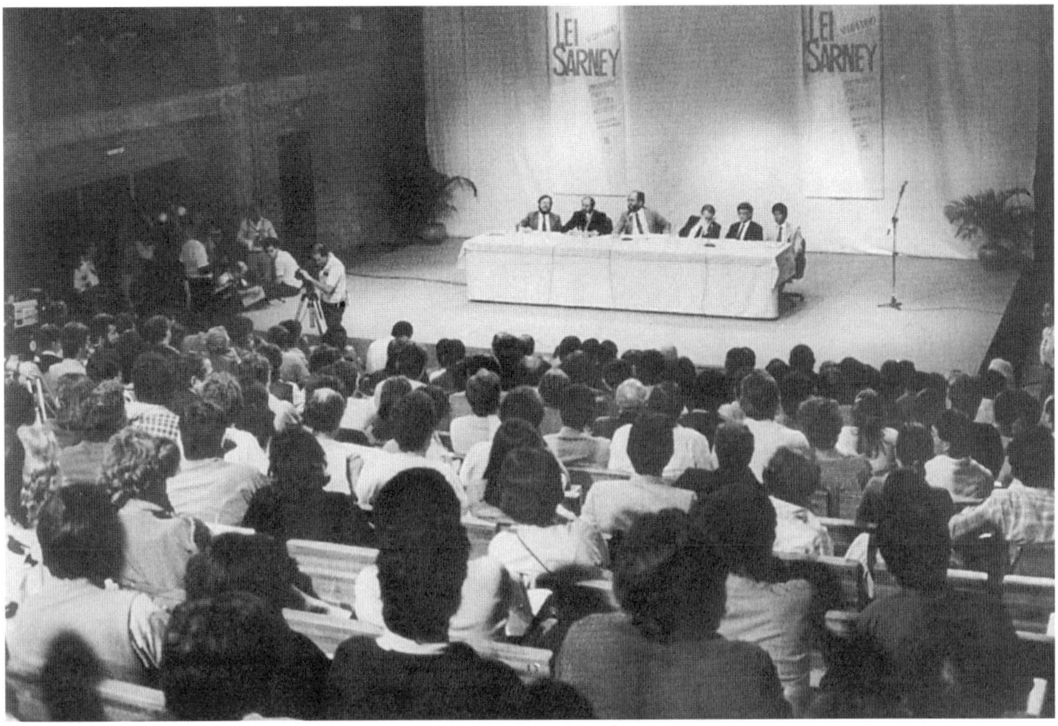
LEI SARNEY
LEI SARNEY

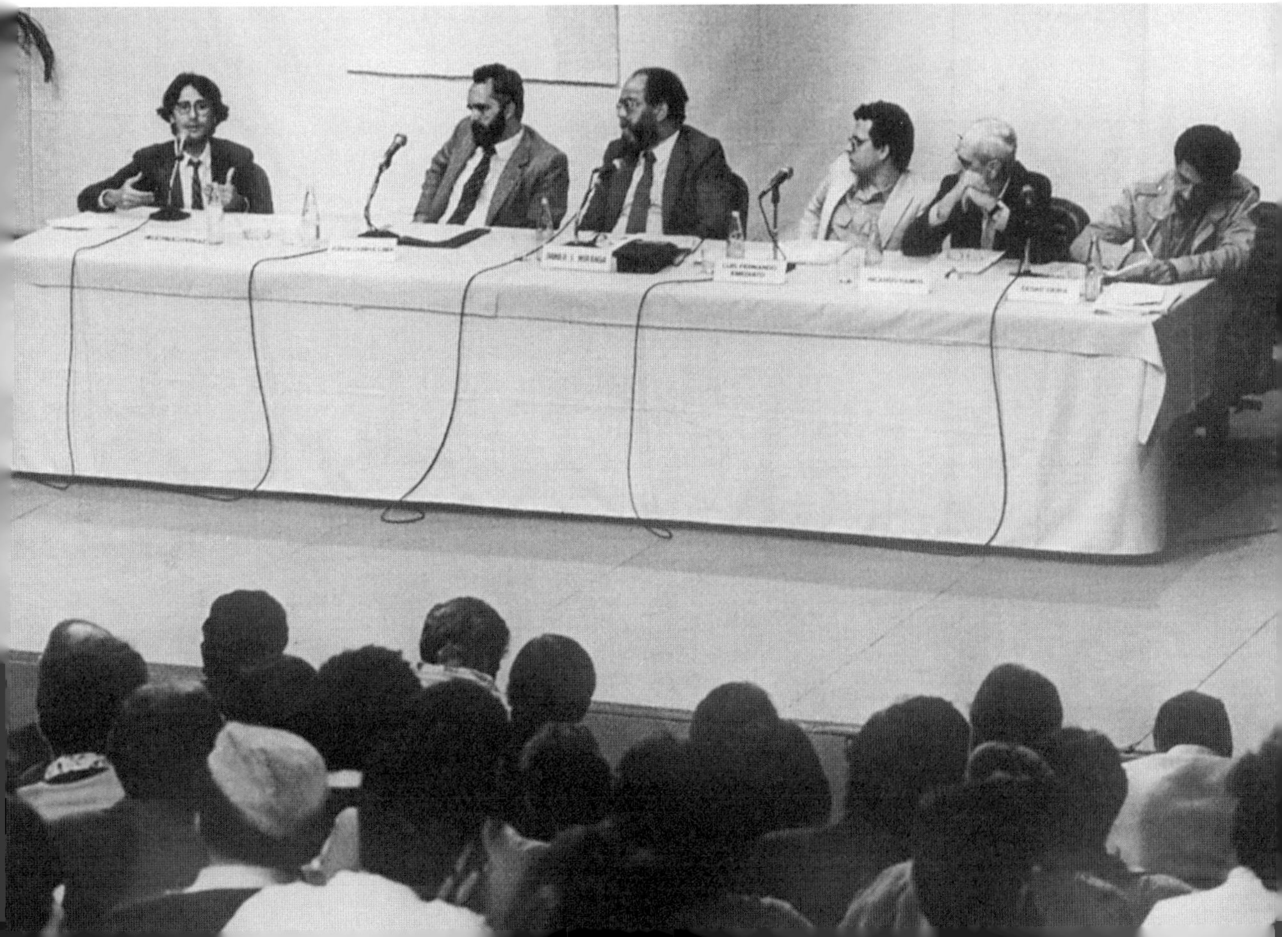

164 CIDADELAS DA CULTURA NO LAZER

PÁGINA AO LADO

Centro Social Mário França de Azevedo. Projeto Nos Bares da Vida. 1984

Centro Cultural e Desportivo Carlos de Souza Nazareth. Aula aberta de afro-jazz. 1983

Centro Campestre. Projeto Aldeia dos Bonecos. 1985

Rodeio no Sesc
Campestre. 1986

ABAIXO E AO LADO

*Centro Cultural
e Desportivo
Carlos de Souza
Nazareth. Teatro*
Sesc *Anchieta.
Cenas do espetáculo
Macunaíma.
Direção de Antunes
Filho.* 1984

Centro Cultural e Desportivo Carlos de Souza Nazareth. Teatro SESC *Anchieta. Cenas do espetáculo* Romeu e Julieta. *Direção de Antunes Filho. 1984. Foto: Paquito*

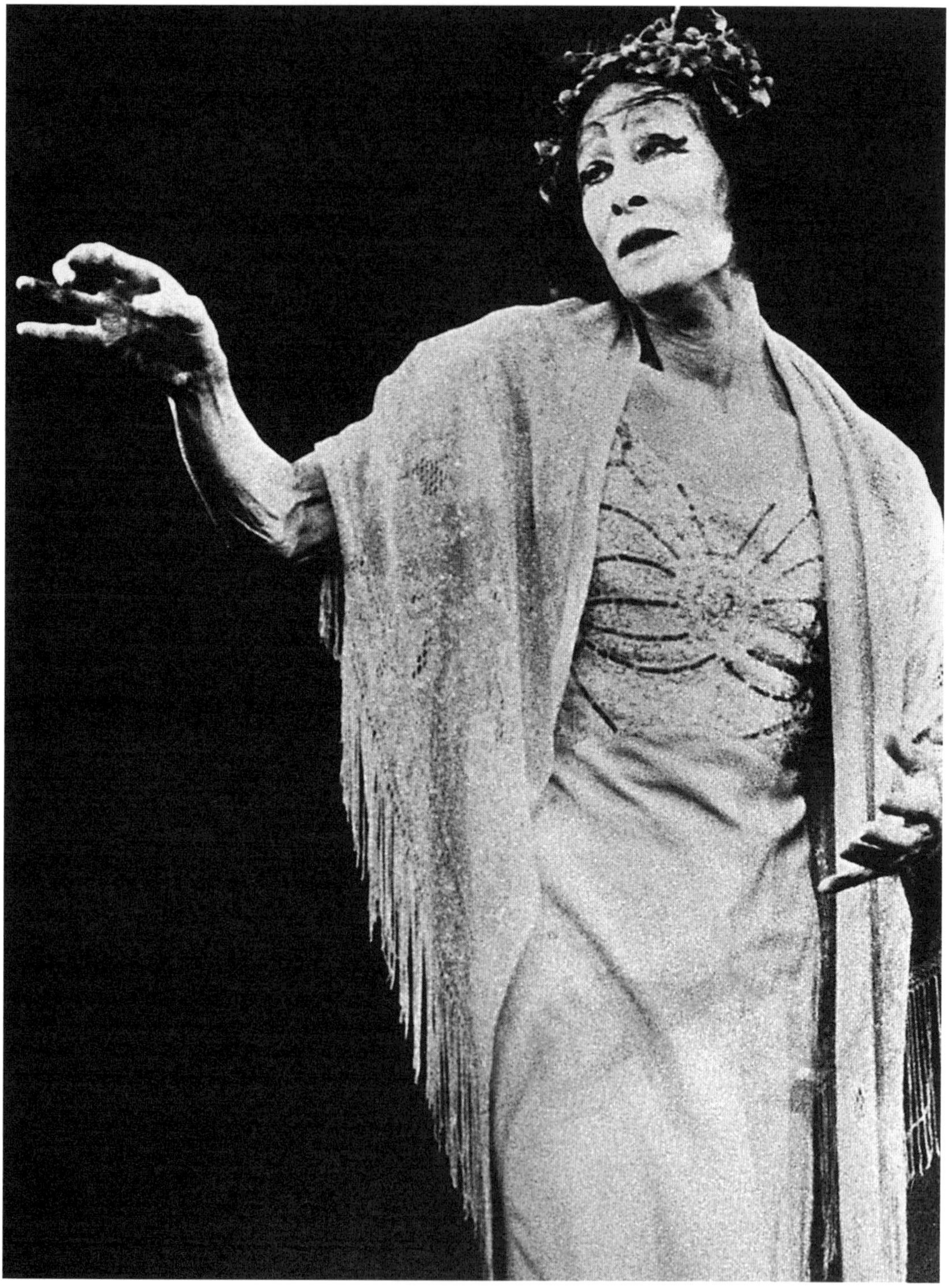

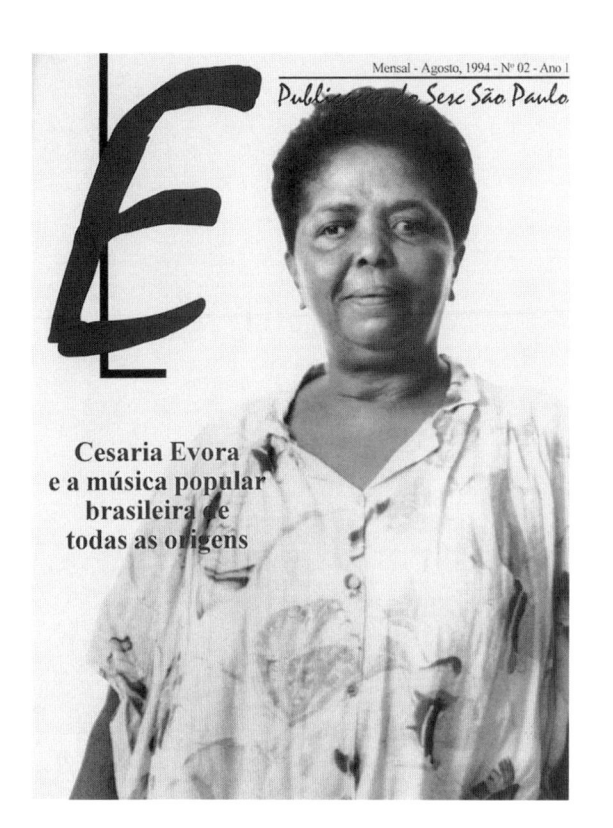

PÁGINA AO LADO

*Kazuo Ohno. 1986
Foto: Paquito*

*Cantora
cabo-verdiana
Cesaria Evora. 1994*

*Projeto Imaginária 95.
Semu Huaute, chefe
da nação Chumac,
xamã. 1995*

A VIRADA DO SESC SÃO PAULO NOS ANOS 1980 169

May East. Projeto
Imaginária 95. 1995

*Sesc Pompeia.
Dançarina hindu
Madhavi Mudgal.
1996*

PÁGINA AO LADO

Sesc Interlagos. Trilha e aula aberta. 1995. Foto: Marcos Muzi

Auditório Sesc Paulista. 1996

Projeto Curumim. 1990

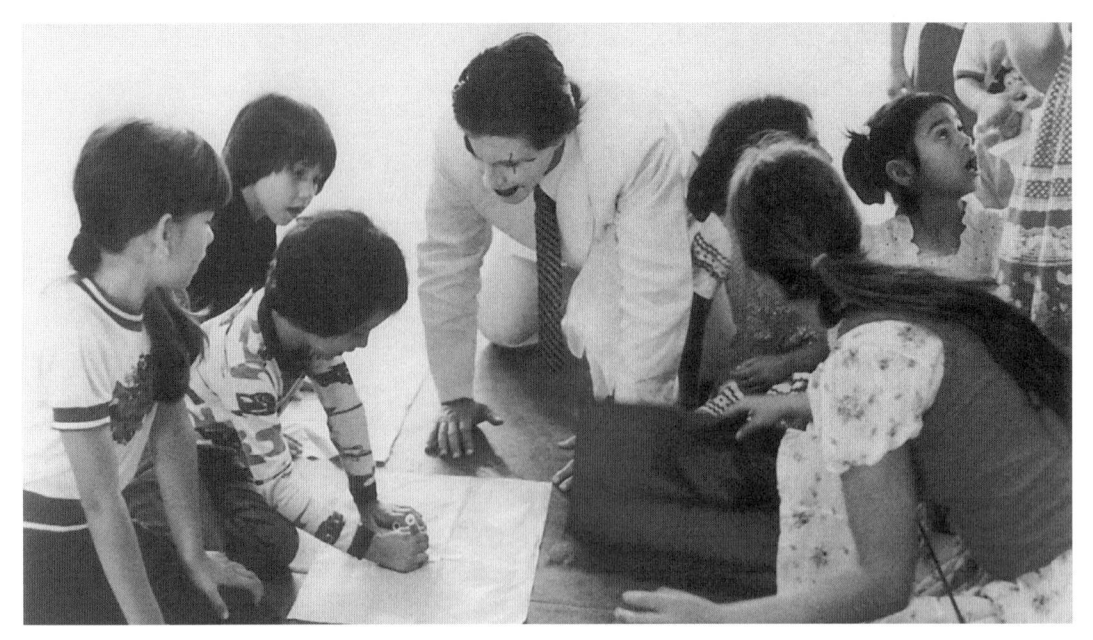

172 CIDADELAS DA CULTURA NO LAZER

(à esquerda) e durante a
no Sesc Interlagos

CURUMIM
VIVA O VERDE

Sesc Itaquera.
Orquestra Mágica.
1996. Foto: Paquito

Sesc Itaquera.
Hermeto Pascoal
com instrumento da
Orquestra Mágica.
1996. Foto: Paquito

Centro de São Paulo. Grupos de idosos no lançamento do projeto Ginástica Voluntária. 1994. Foto: Paquito

Sesc Itaquera. Parque Aquático. 1996. Foto: Paquito

Cultura é o contrário da humilhação.

Benigno Cáceres

Eu não sei te dizer precisamente até que data a Lina esteve ligada à programação. Posso te afirmar, com certeza, que no início do Sesc Pompeia a Lina era uma figura presente na programação. Depois foi havendo um afastamento. Mas é importante ressaltar que o Sesc Pompeia sempre conservou a característica que o marcou desde o início, que é a questão da inovação. Inovação é uma palavra-chave. Inovação, renovação. Claro que com o concurso, com o apoio da Lina.

Depoimento de Dante Silvestre, ex-gerente da Gerência de Desenvolvimento Social (2004: 29)

O Sesc Pompeia é o ponto culminante da cultura brasileira porque atinge a grande diversidade das manifestações do país e, além de tudo, tem um favorecimento popular em que eu acredito muito. Uma das histórias mais bonitas que vivi aqui foi quando uma vez vim para posar para umas fotos e o fotógrafo me pediu para deitar no *chão. Uma senhora passou e falou para que eu ficasse ali tranquilo e o fizesse com muito orgulho, porque ela vira muitas vezes Lina Bo Bardi (arquiteta do S<small>ESC</small> Pompeia, do Masp) deitada ao lado dos operários, esperando a hora, descansando sobre o chão desse lugar. Essa história é maravilhosa, porque essa senhora viu Lina Bo Bardi, no maior esforço, deitada aqui, e eu, anos depois, estava no mesmo lugar, vendo essa obra, esse lugar. Adoro essa construção como arquitetura moderna, interativa, reciclada, e que está dentro da nossa grande metrópole como se fosse uma espécie de praia coberta, de cidade. Aliás, acho que não ligar São Paulo ao S<small>ESC</small> Pompeia seria um desleixo. Aqui já ouvi música africana, brasileira e vi inúmeras exposições. Vi o Nordeste se manifestar aqui. Vi o mundo se manifestar aqui. Os espelhos d'água, o teatro de dois lados de plateia. Aqui também vi a generosidade cultural, a agregação, a forma como se é tratado, dirigido, a qualidade do público, a aceitação do novo, um dos grandes brilhos desta cidade, e que reluz no S<small>ESC</small> Pompeia.*

Sampa por Otto [músico pernambuco, percussionista, cantor e compositor], O Estado de São Paulo, Caderno 2, 2003

L<small>AZER E CONSUMO DE BENS CULTURAIS</small>

Entre meados dos anos 1960 e 1980, ocorre o processo de consolidação das indústrias culturais, abrangendo a produção editorial, cinematográfica, fonográfica, televisiva, publicitária e radiofônica, marcando a estruturação do mercado de bens culturais e simbólicos, com a TV como ícone da mídia de massa e o cinema nacional como indústria. O país passa a se modernizar também no setor das comunicações graças à criação da Embratel, ao apoio do governo para a fabricação de papel e importação de máquinas para impressão, à criação do Ministério da Comunicação e ao sistema de micro-ondas de rádio e TV conectando todo o território nacional. O Estado autoritário, que firma em termos econômicos o capitalismo tardio, também atua na área da cultura, levando ao crescimento das indústrias e do mercado interno de bens artísticos. Fomentam-se novas instituições e uma política de ação cultural, com a criação do Conselho Federal da Cultura, do Instituto Nacional de Cinema, da Embrafilme, da Funarte e da Pró-Memória (Ortiz, 2000).

Estruturam-se assim a base para o funcionamento da indústria cultural e uma mudança econômica significativa. A associação do Estado com o sistema empresarial de comunicação, além de possibilitar a integração do espaço nacional, permite a integração política e de mercado, levando à ampliação do consumo de massa e ao crescimento do mercado interno. É importante destacar que a instalação da indústria cultural altera a maneira de relacionar-se com a cultura, que passa a ser compreendida como investimento comercial.

Nesse período há uma nova configuração do campo do lazer e do entretenimento, ante uma realidade complexa que diversifica as práticas sociais. A globalização atinge intrinsecamente o campo do lazer e do entretenimento, gerando mais informação e cultura, o que induz e provoca maior consumo também na esfera cultural, que se associa ao estilo de vida adotado pelas pessoas, de acordo com gostos, valores, interesses e comportamentos diversificados. Como salienta Ortiz:

> O desenvolvimento de uma cultura do consumo modifica o âmbito do vínculo lazer-trabalho, pois o consumo atravessa a esfera do lazer e do trabalho, a cultura e a produção sem opô-los. (...) A esfera autônoma de consumo está conectada com o processo de globalização econômica e de mundialização cultural, trazendo valores mundiais que determinam novos padrões de dominação. Esse universo de diversão e desfrute torna-se referência obrigatória para todos, a música, os esportes, as viagens, os carros, os programas televisivos, restaurantes, compras etc. Este é o mundo no qual devemos nos divertir. (Ortiz, 2000: 109)

É assim que as pessoas passam a ser considerados como espectadores e consumidores, e o lazer torna-se um meio de obter uma vida de consumo, epicentro no qual o homem se afirma como indivíduo. Em outras palavras, o âmbito do consumo ganha a amplitude do âmbito da escola e da família. Ainda segundo Ortiz (2001: 11), "trabalho, lazer, diversão e expectativa de vida seriam disputados por diversas instâncias sociais hierarquizadas, criando modos de vida". O lazer passa a formar uma dimensão de valor tão relevante quanto outros modos de socialização.

Entretanto, para se compreender efetivamente a organização do consumo cultural na vida social, é necessário ter em conta, conforme afirma Arantes (1993), as variáveis de gênero e idade, principalmente no contexto das relações no grupo social, mas também no espaço doméstico. Em seu artigo "Horas furtadas. Consumo cultural e entretenimento na cidade de São Paulo", ele elabora a hipótese de que o consumo de bens culturais e as práticas de lazer ocorrem em um tempo de suspensão. Constituindo mais um *estado* ou *qualidade* que algo concreto, possibilitam "imaginar, experimentar inovações no plano das relações sociais, principalmente nas esferas das práticas etárias e de gênero, seja na família, seja fora dela" (1993: 77).

Os modos de vida estão diretamente relacionados a estilos de vida e formas de sociabilidade nos quais são traçados, no cotidiano, hábitos e condutas que tecem os diferentes modos de consumo, de acordo com a dimensão do gosto e necessidades específicas. Assim, podem-se entender os bens culturais e seu consumo como carregados de uma primeira significação e da legitimidade que lhes atribui o mercado, configurando-se como operadores culturais, com os quais se estabelecem os termos da convivência social com base em novas características.

Em relação à noção de "tempo de suspensão" associada à ideia de *estado* ou *qualidade,* é importante lembrar a reflexão mais ampla de Norbert Elias sobre a questão do lazer e do tempo livre e seu destaque na sociedade contemporânea. Indaga o autor:

> Que tipo de sociedade é esta em que cada vez mais gente utiliza parte de seu tempo livre para praticar e observar como espectadores estas competições não violentas de habilidade e força corporal que chamamos esporte? (...) Por que esta necessidade de animação contínua tão comum e, ao menos em sociedades como a nossa, tão urgente para que as pessoas gastem somas consideráveis de dinheiro em sua busca? Que função outorgam as pessoas à reativação concreta das emoções que parecem esperar de suas ocupações recreativas? E que relação de correspondência existe entre a estrutura das instituições e os acontecimentos recreativos e a estrutura dos seres humanos, das pessoas que

buscam estas satisfações concretas participando destas atividades?*
(Elias, 1986: 31, 128).

Estas indagações podem também estender-se às práticas artísticas, sem caráter competitivo, das quais mais atores participam como forma de utilizar o corpo, vivenciar novas formas de sociabilidade e de exercer sua criatividade.

A relevância das indagações é expor algo novo para os seres humanos, o que possibilita estudar mudanças históricas, buscando reconhecer a natureza e a direção do processo civilizador. Para Elias, o lazer nas sociedades atuais apresenta uma função complementar, atuando em contraposição às ocupações sedentárias. Além disso, enfatiza que, apesar de existir grande diversidade de práticas recreativas na nossa sociedade, a maioria compartilha das mesmas características estruturais.

O lazer, que é preenchido por práticas recreativas, esportivas e culturais, apresenta uma face mimética que deve ser enfatizada, pois exibe a mesma natureza de determinadas situações da vida real. Entretanto, essas práticas de lazer e de cultura existem independentemente das atividades não recreativas, desempenhando funções próprias. O aspecto relevante em relação às práticas miméticas é que mostram elementos estruturais específicos da sociedade contemporânea. Nessas sociedades, há grande variedade de instituições e organizações voltadas para as práticas de lazer, sendo a produção das emoções nessas práticas um ponto de cristalização de outras experiências. Em outras palavras, essas ações expõem e destacam aspectos simbólicos fundantes do nosso modo de organização da vida social. São alguns desses aspectos que iremos desenvolver neste capítulo.

Em paralelo com a globalização e o fenômeno da cultura do consumo com ênfase no lazer, acima descritos, é importante salientar que o Sesc São Paulo, dos anos 1980 em diante, também entra num processo de multiplicação do número de unidades e da produção de práticas artísticas e esportivas. Sua maneira de criar atividades e eventos, porém, está na contramão da escala industrial, apresentando ainda um perfil artesanal, em relação tanto à forma de criação dos projetos, como também no que se refere à orientação e aos significados da produção. Na medida em que a instituição busca a proximidade, a interação e o intercâmbio

* Tradução da autora da versão em espanhol da obra de Norbert Elias.

entre as pessoas e os diferentes grupos sociais, além de negar a suposta homogeneidade da cultura, dando destaque à diversidade cultural, ressalta aspectos que também compõem algumas das facetas que iremos detalhar na análise do novo perfil do Sesc constituído nesse período.

Com o foco no lazer e na cultura

Como anteriormente mencionado, as questões relativas ao lazer e à cultura adquirem importância singular na sociedade contemporânea, em uma época de globalização, quando o trabalho e as práticas de lazer apresentam dimensão diferenciada e mesmo o seu sentido é reequacionado. Adiciona-se então um amplo valor à esfera do lazer e da cultura, ainda mais quando passam a ser geradores de renda, por se constituírem também em fonte de trabalho.

Uma expressão desse crescimento é a problematização da esfera do lazer como questão política da sociedade, concretizada com a sua entrada no artigo 6 da Constituição brasileira de 1988, quando passa a ser entendido como "direito social", juntamente com o direito à educação, saúde, trabalho, moradia, segurança, previdência social, segurança à maternidade e à infância e assistência aos desamparados. Também o artigo 217, parágrafo 3º, afirma ser "dever do Poder Público incentivar o lazer, como forma de promoção social", e no artigo 227, ser um "dever da família, da sociedade e do Estado assegurar tal direito".

O desdobramento da amplitude adquirida por esse campo são os congressos, as reuniões e os simpósios que discutem aspectos da globalização e as dinâmicas de lazer e do uso do tempo livre nas sociedades locais. Outro aspecto também relevante é a caracterização da metrópole paulistana como centro referencial para a prestação de serviços nessa área, por apresentar uma profusão de eventos e atividades culturais e de lazer que extrapola a população residente e se transforma em atrativo que fomenta o turismo de negócios e de lazer.

É nesse contexto que ocorre, em 1986, o término da construção e a implantação do Sesc Fábrica, que, de alguma maneira, concretiza com maior criatividade a nova visibilidade e expressividade do campo do lazer e da cultura. Antes mesmo da inauguração, em 1982, Erivelto Busto Garcia, sociólogo, ex-gerente de planejamento, escreveu um texto intitulado "*Quo Vadis*, Pompeia?", no qual comenta a criação do Sesc Fábrica, como era então denominado. Esse texto, que será longamente citado aqui, pode ser entendido como uma metáfora da proposta e da visão de ação cultural do Sesc para todos os seus equipamentos na época.

> O primeiro desses pressupostos é o de que a Fábrica da Pompeia é um equipamento de ponta, que tem a inovação como valor. Não se pode pensar a Pompeia de forma tradicional, através do "*déjà vu*" institucional, por mais rica que possa ser nossa experiência. Esta deve se constituir, no máximo, em limite a partir do qual avançamos, um referencial a ser superado. O conteúdo dos programas, o sistema de animação, a gestão e o provimento de recursos, as relações institucionais e com o público devem ser organizados a partir dessa perspectiva. Assim, quando nos assaltar a dúvida sobre o que fazer, a resposta é simples: fazer o que ainda não se fez, o que ainda não se ousou fazer.
> O segundo pressuposto é o de que a Fábrica da Pompeia é um patrimônio cultural da coletividade. (...) Não haverá contradição em dizer que a Pompeia se destina aos trabalhadores comerciários e, ao mesmo tempo, definir que seu público imediato não é necessariamente este. Através da Pompeia, claro, o Sesc atenderá sua clientela específica, mas num outro nível: gerando e modificando valores culturais, formando e preparando lideranças e instituições culturais que se reproduzirão em nível da população em geral e, naturalmente, em nível da população comerciária. É um equipamento cultural que, para ser rico, precisa ser aberto, espaço livre para abrigar todas as tendências e movimentos culturais, de forma inovadora. E igualmente como não tem sentido restringir a Pompeia ao Sesc, também não terá sentido restringi-la ao bairro ou região. A Pompeia está na Pompeia circunstancialmente (...).
> O terceiro pressuposto é o de que o público da Pompeia é basicamente um público de criadores, de animadores e de futuros animadores culturais. A ação cultural da Pompeia deverá estar centrada no estímulo ao trabalho dos criadores e na formação e reciclagem de animadores culturais, público de acentuada capacidade de produção cultural e de difusão de novos valores. A ideia de produção cultural deverá sempre preceder em importância à de consumo (...).

O quarto pressuposto é o de que o campo cultural na Pompeia tem uma concepção abrangente e flexível. O entendimento do campo cultural deverá transcender as denominadas práticas de expressão estética ou intelectual, incorporando as expressões práticas relativas ao domínio de técnicas de manipulação e emprego de materiais e aparelhos, de desenvolvimento e expressão do corpo, de bricolagem e de apropriação de todo o sistema de objetos e instrumentos que compõem o nosso cotidiano. Assim, as noções de cultura popular ou erudita, de cultura de classe ou cultura de massa, poderão ser instrumentos didáticos ou operacionais, mas nunca constituirão critérios para discriminação em termos de valor. (Garcia, 1999)

Em depoimento, Dante Silvestre, ex-gerente da Gerência de Estudos e Desenvolvimento, diz sobre o texto de Erivelto:

É interessante observar como este texto é antecipatório, pois esta unidade, além de atuar na modificação de valores culturais correntes no período, configura-se como um espaço que é patrimônio arquitetônico para a cidade. Desde a sua inauguração, ela ficou marcada simbolicamente na produção cultural da cidade como a criação de algo "de vanguarda", de novo. Tanto é que um dos grandes projetos do Sesc Pompeia – isso na fase inicial – foram 16 noites de *performances*. Foi um projeto muito marcante, São Paulo nunca tinha visto nada parecido com aquele projeto. Isso, de uma certa forma, definiu o perfil do Sesc Pompeia. Um perfil que você pode acompanhar até hoje – o perfil do Sesc Pompeia é o mesmo. É claro que as outras unidades do Sesc começaram a se contaminar também com essa característica do Sesc Pompeia, da inovação. O Sesc Pompeia influenciou todas as outras unidades. (Silvestre, 2004: 30)

É nesse contexto que se deve entender os anos 1980 e 1990 como um período em que o Sesc São Paulo irá aumentar amplamente o número de suas unidades e equipamentos na cidade, dentro de uma política social de expansão da sua abrangência espacial e capacidade de atendimento de público na metrópole.

Na verdade, na cidade de São Paulo já havia uma demanda crescente de atividades de lazer e de cultura desde a década de 1970, que se intensifica e se diversifica nos anos seguintes. Assim, a construção de vários equipamentos no centro e na periferia está respondendo a uma demanda de atendimento voltado para grandes públicos, levando em conta diferenças de gênero e gerações e a diversidade necessária dos próprios equipamentos para atingir os diferentes interesses e vocações de públicos específicos.

Nesse período, adentrando inclusive no século XXI, o Sesc dobrou o número de suas unidades, pois, além do Sesc Pompeia, surgem, na capital, Ipiranga, Itaquera, Paraíso, Pinheiros, Vila Mariana, Santo Amaro, Belenzinho, Avenida Paulista, sendo que o espaço utilizado das unidades passou de 140 mil m² para 346.409,99 m², incluindo as unidades de Santo André, São Caetano e o Sesc Odontologia (Lemos, 2005, e http://sescsp.org.br/sesc/busca/index.cfm?inslog=30, acessado em 03 de maio de 2010).[2] Além disso, fica pronta a unidade Santana, com 16.568 m², em 2005, e encontra-se em construção a unidade permanente do Belenzinho, que conta com uma área de 32.072 m², com inauguração prevista para 2010.[3] Também está previsto que seja inaugurada em 2010 a unidade Bom Retiro, com área de terreno de 3.995 m² e também a unidade 24 de Maio, que apresenta área de terreno de 2.063 m², com previsão de inauguração em 2012.

Unidades como Interlagos e Santo Amaro na Zona Sul, Belenzinho e Itaquera na Zona Leste, Santo André e São Caetano na Grande São Paulo e Osasco localizam-se em áreas periféricas e carentes desses tipos de equipamento e programação cultural e esportiva. Desse modo, procuram atender os usuários e integrar os moradores dessas regiões, inclusive criando e desenvolvendo projetos culturais e sociais para intervir nessas comunidades de acordo com demandas culturais e esportivas que abarcam as necessidades locais.

Há uma ordem na forma de intervenção social da instituição na metrópole paulistana, que parte dos equipamentos construídos e passa a atuar em áreas abertas para a população urbana, como praças e parques, para chegar enfim aos meios de comunicação, como empresas comerciais, a TV, o rádio, a *Revista E* e a internet, sem contar os funcionários das empresas comerciais, que são os primeiros destinatários dos seus serviços.

Por meio desses diferentes suportes – equipamentos físicos, espaços abertos na metrópole, empresas na área do comércio e as diferentes formas de mídia – o Sesc busca atingir desde públicos mais diretamente relacionados com a instituição, como os comerciários, até a população mais ampla da cidade, através de projetos específicos que procuram atrair diferentes segmentos de público, levando em conta gostos, valores e interesses dos grupos sociais de que são parte.

Com o início da publicação da *Revista E*, em 1994, com tiragem de 42 mil exemplares e estimativa de 160 mil leitores/mês, sua meta era expor a programação mensal do Sesc, além de entrevistas e artigos sobre as principais temáticas da instituição, como lazer, cultura, esporte, corpo, terceira idade, saúde, alimentação, meio ambiente, dentre outras. Busca assim ser um retrato da instituição, servindo como meio de difusão de sua programação e de disseminação do debate sobre questões contemporâneas pertinentes ao universo abrangido pelas suas formas de intervenção social. No ano de 2010, a *Revista E* apresenta uma tiragem de 46.500 exemplares e uma estimativa de 186 mil leitores/mês, segundo Fernando Fialho, gerente adjunto de Difusão e Promoção.

A partir de 1999, a instituição passa a aparecer quase diariamente na imprensa brasileira, além de estabelecer parcerias com redes que divulgam suas atividades em TV e rádios, em programas como *Bem Brasil*, da TV Cultura, *Diálogos impertinentes*, com a TV PUC, *Vozes do Brasil*, programa quinzenal na rádio Eldorado, e *Concertos, Sesc & Sinfonia Cultural*, apresentado na rádio Cultura FM (Lemos, 2005). A partir de uma cobertura de imprensa expressiva, o Sesc tem sua programação cultural mais difundida, construindo uma imagem de atuação voltada para essa área. Contudo, suas formas de atuação junto a idosos e crianças, atividades não menos significativas e que vêm de longa data, passam a ser menos divulgadas em detrimento das culturais.

Em 2003, a instituição inaugura o site www.sescsp.org.br, que apresenta a sua programação, expõe práticas interativas e informações sobre as unidades, além de permitir o acesso a publicações como a *Revista E, Problemas brasileiros, Terceira idade*, bem como fornecer dados históricos e notícias. Já em 2004, o site computa uma média de mais de 50 mil acessos e um milhão de páginas consultadas por semana. A criação de diferentes mídias e o uso de suportes eletrônicos indicam um acompanhamento da evolução de linguagens contemporâneas por parte da instituição e sua utilização no sentido de difundir e fazer conhecer amplamente suas formas de intervenção.

As formas mais recentes de intervenção social e cultural e a utilização dos suportes e mídias citados relacionam-se ao questionamento que levou à reflexão interna por parte da instituição, no sentido de rever o direcionamento das suas práticas sociais e de ação cultural implementadas em São Paulo. Em consequência, passam a se destacar intensamente três focos de ação cultural, "fundamentados na formação da cidadania, distribuição social da cultura e excelência dos serviços, norteando-se pelo binômio cultura-cidadão" (Lemos, 2005: 87).

A leitura do documento interno "Avaliação das Diretrizes Gerais de Ação do Sesc", elaborado em 1988, permite inferir uma compreensão peculiar da noção de

> "Campo Cultural" como a área mais expressiva para a elevação dos indivíduos aos patamares superiores da condição humana e da produção do conhecimento. Possibilidade de enriquecer intelectualmente o indivíduo; levá-los à preparação mais acurada; propiciar nova compreensão das relações sociais; releitura do seu estar-no-mundo, para transcender suas condições de origem e formação; dotá-los de consciência universal. (Lemos, 2005: 81)

Em virtude desse enfoque de "campo cultural", a instituição busca uma alteração nas suas formas de intervenção social que possibilite, segundo a sua concepção, um "desenvolvimento integral dos indivíduos". Para a efetivação desse objetivo, uma das formas de ação da instituição é a produção cultural, que desse modo passa a atuar como um articulador e mediador entre produtores e consumidores de bens culturais, propiciando a criação de espaços e equipamentos para a realização dos trabalhos culturais.

Segundo a percepção do animador cultural Almeida Júnior, em seu depoimento citado por Lemos, o diferencial do Sesc, em relação a outras instituições culturais, é que esta almeja o desenvolvimento integral do indivíduo, a partir de uma programação de perfil característico. Como afirma Almeida Júnior apud Lemos:

> A programação do Sesc é de caráter processual. O programador cultural que coordena as atividades monta uma programação que tem

unidade, faz parte de um processo, as atividades estão interligadas entre si. Às vezes, as pessoas vão ao Sesc por uma atividade específica, mas ela faz parte de um conjunto temático, então, se ela vai percorrer esse processo, ela completa uma fatia do bolo. Os outros tendem a olhar muito essas atividades isoladamente, mas elas fazem parte de um processo. E muitas vezes é uma rede entre todas as unidades. (Lemos, 2005: 84, 85)

Nesse depoimento, é importante destacar a visão de *programação de caráter processual*, que enfatiza a possibilidade de contato amplo com as práticas sociais associadas ao universo da cultura. A partir das experiências de campo vivenciadas ao longo deste trabalho, posso afirmar que são poucas as instituições de cultura em São Paulo que apresentam este enfoque, seja por dificuldades com verbas e patrocínios, seja pela não continuidade nas intervenções culturais implementadas que possibilitem essa visão de processo, ou até mesmo pela ausência de discussões internas contínuas, que permitam refletir em profundidade sobre uma linha de atuação cultural mais abrangente e complexa.

Também é interessante nos determos na imagem de *fatia do bolo*, que se pode associar à noção de prazer e de degustação, pois a ideia exposta é a de um percurso e um trajeto, entre e nas práticas sociais oferecidas, para que possa ocorrer um processo de descoberta e de conhecimento.

Dentre as várias formas de atuar do Sesc na cidade de São Paulo, e os diferentes sentidos de suas práticas esportivas e culturais para os diversos públicos, salienta-se o papel da instituição como promotora de cidadania em relação ao modo de vida urbano, nesta metrópole permeada por violência, falta de qualidade de vida e de dignidade, entre outros problemas, sobre os quais a instituição busca refletir e encontrar caminhos, ao oferecer equipamentos e práticas sociais que se contraponham a essas realidades, criando outras possibilidades mais acolhedoras e aprazíveis no espaço e no tempo de seus equipamentos.

Ao procurar refletir mais amplamente sobre os problemas sociais contemporâneos e a elaboração de discursos legitimadores a esse respeito, cabe destacar também a compreensão, a partir de um olhar de dentro, da noção de cultura formulada e utilizada pela instituição, que pode ser inferida com base no depoimento de Newton Cunha. Apesar de bastante longo, vale a pena citá-lo, pela riqueza de fontes que revela.

> Na verdade, você pode entender cultura, genericamente, de dois modos. Existe um entendimento muito mais antigo, do latim, da Roma antiga, da cultura como cultivo de conhecimento, cultura no sentido de cultura mesmo: cultura do campo, cultura como – vai parecer um pouco pedante – (...) a primeira menção a esse tipo de cultura no sentido do enriquecimento espiritual é usada em uma expressão de Cícero, quando ele usa a expressão *ex coleream annum. Ex coleream* significa você cultivar o espírito. Cultivar para fora, *ex coleream*, e isso tem a ver com um princípio de conhecimento do passado, conhecimento histórico, das artes, da filosofia. Este conjunto de conhecimentos é o cultivo, que é a cultura. É um entendimento praticamente educativo, educacional. Essa é uma forma de se entender cultura em que dizer que um indivíduo é culto é dizer que ele se reporta a uma série de criações espirituais anteriores a ele. Isso às vezes entra também no campo da erudição, de uma investigação mais aprofundada... muito tecida com outros conhecimentos. Este conjunto é o primeiro entendimento da cultura. É cultura também no sentido de cultuar, ou seja, rememorar determinados acontecimentos que seriam fundantes, não fundamentais, que fundamentam uma civilização, uma cultura. (...) E outro entendimento de cultura – aí já não é educacional, ou de formação de caráter, de temperamento, conhecimento, mas é cultura no sentido de qualquer atividade humana; isso já é um entendimento da antropologia do século XIX, que é qualquer criação humana que não seja alguma coisa natural, dada pela natureza. Então, fome é um fenômeno natural, mas a forma como você mata a fome, satisfaz a fome, é cultura. Porque você pode pescar, caçar, comer com pauzinho, com garfo... Indica uma forma cultural: como é que um ser humano reage à natureza. Então, é cultura no sentido de reação à natureza. Daí é um termo muito abrangente, tudo cabe como cultura. (...) Eu vou dizer é que no SESC nós utilizamos os dois termos ao mesmo tempo, os dois possíveis entendimentos de cultura. Tanto no sentido de conhecimento e educação pessoal, quanto no sentido de (...) toda criação simbólica da sociedade. Porque, embora a economia possa ser vista como cultura, a forma de

trabalho de uma técnica de cultura, normalmente você abre hoje um caderno de cultura de um jornal, está se referindo a quê? À criação simbólica, ou seja, às artes, à literatura de um modo geral, ao trabalho da academia.... isso é que é considerado cultura (...). Então, normalmente o lado simbólico da cultura é que é o mais usado pela mídia, de modo geral. Geralmente, quando você vê uma televisão, rádio, uma revista... O que você chamaria de uma revista cultural? Uma revista como a *Cult*, a *Bravo*, aqui no Brasil, que trata das artes. As Secretarias de Cultura tratam do quê? Da área simbólica da criação. Então, todo o Sesc tanto pode utilizar o termo cultura como criação simbólica, quanto como formação educacional. E, nesse caso, também formação de cidadania. (Cunha, 2004: 26)

É importante destacar como essas formas de compreensão em relação à cultura e às intervenções culturais aproximam-se de uma concepção antropológica. Primeiro por se compreender cultura no plural e, dentre os vários entendimentos de cultura apontados no depoimento, se pensar as experiências humanas por meio da metáfora da linguagem. Assim, os antropólogos, no eixo de compreensão da cultura como linguagem, veem-na como representação, podendo-se entender representação como abrangendo leis e princípios universais; representação de significados específicos, próprios de uma determinada época ou de determinada sociedade em um momento de sua história; representação da mente ou da natureza humana universal; ou representação de contextos sociais articulados por teias de significados sempre singulares.

Em relação às propostas das práticas físicas e artísticas do Sesc, é possível vê-las como experiências humanas que não só trabalham com as atividades concretas, mas também com a dimensão do simbólico envolvido nessas práticas e que gera uma multiplicidade de representações associadas a corpo, arte e cultura, num âmbito mais amplo.

No viés da cultura como representação, podemos entender os seres humanos como constituídos por sistemas de signos diferenciados, por meio dos quais pensam e articulam suas experiências, suas relações com a sociedade e a natureza. Partindo desse entendimento, também é possível compreender as práticas sociais oferecidas pelo Sesc como formadas por sistemas de signos múltiplus, diversificados; assim as pessoas que vivenciam essas experiências captam-nas e as ressignificam de acordo com suas trajetórias de vida e especificidades de seu modo de vida social (Velho, 1994).

Em relação às formas de ação cultural implementadas pelo Sesc, é importante destacar que a concepção de cultura citada assinala uma mudança no perfil dos seus profissionais, quando os orientadores sociais passam a atuar como animadores culturais a partir dos anos 1980.

Em seu depoimento, Dante Silvestre comenta alguns aspectos do seu trabalho como orientador social na época das Unimos, mostrando seu perfil de atuação naquele período:

> Já nessa época, quando eu participei do processo de seleção, havia trinta vagas e eram mais de quatrocentas pessoas participando. E nenhum de nós sabia muito bem o que era essa história de orientador social. Parecia uma coisa interessante, trabalhar com pessoas, dar cursos, organizar seminários, mas nós não sabíamos exatamente como é que isso se passava. Então, o Sesc era uma aventura muito instigante. Porque você sabia que era uma coisa em que havia um trabalho interessante a fazer, mas não sabia muito bem por que exatamente você ia fazer, não sabia onde você ia fazer... Sabia-se que era para trabalhar no interior do Estado de São Paulo, havia uma série de cidades, mas que a gente não sabia para onde nós íamos. (...) Então, era uma aventura assim muito interessante, um novo emprego... O que é um orientador social? Porque quem estava procurando essa colocação era gente que podia trabalhar como professor, como editor, como revisor..., enfim, mas sabendo o que é um professor, como eu sei o que é um professor. Agora, um orientador social? O que é que esse cara faz (*risos*)? (...) Criar culturalmente. A gente tinha isso que você disse, tinha linhas mestras, fazia um trabalho chamado de ação comunitária. Você mobilizava as pessoas, construía grupos, fazia trabalhos de seminários, de dinâmica de grupo, e esses grupos passavam a trabalhar. Mas trabalhar em função do quê? Como seria este trabalho? Naquela época, havia dois grandes modelos de trabalho, dois objetivos ligados à elaboração das chamadas feiras, grandes eventos comunitários, ou na área de saúde, sobretudo de saúde preventiva, de educação, ou na área do

lazer também, as feiras de lazer. Muitas vezes nós passávamos um, dois meses numa cidade, montando uma feira de lazer, que acontecia ou em um fim de semana, durante uma semana toda, ou até em um mês todo. Mas o que importava não era só a realização daquela feira – chegou tal dia, a feira aconteceu... Era importante todo o processo, você se articulava com as lideranças da cidade. (Silvestre, 2004: 4)

Em relação à passagem de orientador social para animador cultural, pode-se dizer que o perfil do agente cultural associa-se aos contextos de cada realidade institucional, à particularidade das áreas em que atua – direcionadas para a administração e gestão dos projetos culturais ou para o trabalho com o público, em ações de mediação cultural –, bem como das habilidades que cada uma dessas áreas requer, das atividades realizadas e dos instrumentos que fazem parte de sua prática.

Os agentes culturais criam as condições básicas para que se realizem projetos e ações sociais que coloquem os indivíduos, as comunidades e a sociedade em contato com as manifestações artísticas e culturais. O agente não é um artista, também não é um trabalhador polivalente, que domina todos os tipos de atividades na área e age de forma interdisciplinar. Sua atuação relaciona-se à gestão cultural ou aos processos de mediação entre os objetos simbólicos e os diversos públicos.

O agente cultural pode ser entendido como um elo, seja entre os diversos elementos e atores que formam o campo cultural, seja entre o indivíduo e a comunidade, entre artista e público e vice-versa. Ele é um profissional que está envolvido nos processos do fazer cultural, na geração de informações culturais, na formação de públicos, na gestão e na mediação cultural etc.

A partir da ação com perfil socioeducativo em suas unidades, com base na noção de cultura, seja em relação ao lazer ou ao esporte, o Sesc São Paulo introduz a figura do animador cultural no seu quadro de funcionários. Percebemos então que nessa instituição a figura do agente cultural aparece concretizada através da ação do animador cultural.

No início dos anos 1980, esse perfil de atuação e mesmo o campo da ação cultural são incipientes no Brasil, de modo que o Sesc envia para o exterior seus técnicos com formação universitária – sociólogos, psicólogos e professores de educação física – para aprimorar e especializar essa mão de obra voltada para a prática das ações culturais e esportivas de lazer. Os técnicos realizam cursos de especialização em lazer, educação de adultos e animação cultural.

O lazer socioeducativo oferecido pela instituição passa a considerar a importância das escolhas dos serviços feita pelos usuários para preencher seu tempo livre. Essa postura pressupõe um amplo atendimento, em que a atividade esportiva ou cultural oferecida, além de apresentar caráter educacional, deve ser de qualidade para atender o comerciário, ou seja, a atividade é vista como um produto com atributos específicos.

O serviço busca atender todos os segmentos de público: crianças, jovens, adultos e idosos. A figura do animador cultural adquire papel fundamental, pois seu perfil de atuação é direcionado para a atividade cultural e de lazer, a fim de atender públicos diversos em sua especificidade. A partir dessa época, a animação cultural, utilizada como pedagogia da ação, é que iria possibilitar, na prática, os programas culturais e de lazer a serem implementados pela instituição.

A animação cultural consolida-se como meio de intervenção dos cidadãos na cultura vivida no cotidiano, participando de sua criação e integrando-a ao desenvolvimento geral do indivíduo e da coletividade. Essa ação atua como reação perante uma cultura que estava reservada a uma minoria intelectual ou economicamente privilegiada e difunde a cultura erudita e a popular.

A animação cultural atua no lazer e no tempo livre, proporcionando novos modos de vida cotidiana. Após a Segunda Guerra Mundial, já havia uma conscientização de que certas faixas da população – jovens, adolescentes, mulheres, imigrantes e idosos – necessitavam uma atenção diferenciada, levando à criação de equipamentos culturais, esportivos e educativos principalmente voltados para eles. Nessa época, implantaram-se na França muitas bibliotecas, Casas de Cultura e também cineclubes (Tatsch, 2001).

O sistema de animação é organizado nesse período, quando as ações do Estado estão dirigidas para um projeto de estabilização, guiadas pela necessidade de rearranjo da trama do tecido social, procurando assegurar a integração entre os grupos sociais e a satisfação da demanda de bens de consumo.

Com a institucionalização do sistema, a animação passa a ser o lugar de uma produção cultural com características específicas, com novos produtos e processos de fabricação e se configura como dispositivo que qualifica certo modo de apreender a vida, mas também forma um setor econômico no qual novas práticas surgirão e se institucionalizarão. A animação percorre uma trajetória que, de ideologia, passa a ser um bem de consumo e, de prática amadora, passa a gerar empregos e adquire técnicas e saberes.

O animador cultural no Sesc São Paulo apresenta formação universitária, principalmente provinda das áreas de Ciências Humanas, Artes ou de Educação Física. Em geral, não possui formação já direcionada para o campo do lazer, de tal modo que seu aprimoramento ocorre na prática, adquirindo a preparação específica no decorrer de sua atuação. Esse tipo de orientação também se dá em instituições com atividades afins.

De acordo com a visão apresentada pelos técnicos de lazer do Sesc, a prática social do animador cultural associa-se à noção exposta de agente cultural, pois veem essa atuação como mediadora, facilitadora da relação entre o público e as manifestações culturais. Contudo, nesta instituição o animador cultural é mais do que isso – trata-se de um agente que planeja, elabora, executa e avalia constantemente sua ação. Ou seja, no Sesc esse profissional possui um campo mais amplo de atuação, pois é um gestor de ações culturais, além de ser mediador.

Partindo desses pressupostos, o campo de ação do animador cultural no Sesc São Paulo é muito vasto, incluindo áreas da arte como música, teatro, dança, *performance*, exposições, artesanato, vídeo e fotografia, bem como o contato e a aprendizagem de computação, entre outras. Em todos esses setores o animador cultural executa as tarefas citadas de planejamento e elaboração da programação cultural e também assume a função de mediação com o público.

O animador cultural atua na programação de eventos culturais, sendo que as atividades a serem realizadas não têm caráter permanente. São elaborados projetos com duração limitada, cujas temáticas e noções teóricas são bastante estudadas e discutidas para se avaliar sua relevância e clareza, e perceber sua demanda por um determinado público. De acordo com a dimensão da proposta, o tempo de elaboração do projeto é mais demorado e, depois de sua preparação, ele é discutido com instâncias internas da unidade e muitas vezes levado para a coordenação e direção regional do Sesc para ser aprovado.

Para entrarem na instituição, os animadores culturais prestam um concurso com várias etapas, de prova escrita sobre conhecimentos gerais a entrevista. São contratados pelo regime da CLT – Consolidação das Leis do Trabalho, trabalhando em regime de dedicação exclusiva em período integral, sendo que a instituição apresenta um plano de carreira na área. Todos os profissionais entrevistados possuem mais de cinco anos de permanência na instituição. O perfil de trabalho expõe uma visão tradicional de emprego, ou seja, mostra um cenário de manutenção de forma e estrutura de trabalho de acordo com padrões da sociedade moderna.

A expectativa dos técnicos do Sesc São Paulo entrevistados é de que o animador cultural seja um profissional bem atualizado, com amplo conhecimento. Além disso, deve ser dinâmico, sensível, curioso e precisa buscar novas ideias, caracterizando-se por ser ao mesmo tempo criativo e prático. Eles também afirmam que esse profissional deve se questionar sempre em relação à demanda do público, buscando a inovação e o aperfeiçoamento das atividades. Outro quesito fundamental esperado é saber ouvir e relacionar-se com o público. Jorge Luis Moreira, ex-animador cultural do Sesc Pompeia, atual gerente adjunto do Sesc Catanduva, ressalta em sua entrevista que as crianças e os idosos são os termômetros em relação às práticas oferecidas, pois são muito espontâneos e comentam sua percepção.

As representações dos animadores culturais do Sesc São Paulo correspondem bastante à visão apresentada por Tatsch (2001: 126) ao afirmar que é básico que esses profissionais tenham formação ampla, aberta e contínua e conhecimento bem estruturado dos diversos campos artísticos e culturais. Sua atuação "deve ser criativa e possibilitar pontos de encontro e comunicação entre diferentes mundos e, a partir daí, produzir uma transformação nos sujeitos da recepção" (Tatsch, 2001: 87).

A relação primeira e fundamental é com o público, mais do que com os bens culturais. O sucesso da mediação vem das ideias e dos saberes que o animador cultural transmite e dos diálogos que estabelece com os diversos públicos.

Os animadores culturais entrevistados são profissionais contratados para atuar na área do lazer e se mostram muito envolvidos e interessados nessa prática social. Expõem compromisso em relação à sua atuação, dedicando-se a ela intensamente, pois também percebem na instituição um retorno em relação ao seu desempenho, no sentido de aprimoramento e investimento técnico.

Cecília Camargo M. Pasteur, ex-animadora cultural na unidade da Consolação, hoje gerente adjunta do Sesc Pompeia, considera o Sesc um oásis em relação ao trabalho, pois possui recursos de infraestrutura e oferece muitas possibilidades de atuação e desenvolvimento. Maria Teresa La Macchia, ex-assistente técnica da mesma unidade, atualmente aposentada, afirma que "aqui é onde dou a mão de obra, recebo e me alegro muito, barbaramente" (2002).

Já Jorge Luis Moreira, citado anteriormente, ressalta que seu envolvimento com o trabalho é tão grande que chega a sonhar com sua ação.

Ainda que as representações dos animadores culturais do Sesc São Paulo sejam positivas em relação ao trabalho, pois percebem a possibilidade de estudar, criar e aprofundar-se nos conhecimentos da área cultural, em 2002 a instituição encontrava-se em processo de contenção de despesas. Assim, não se admitiam funcionários no corpo técnico, levando à necessidade de os mediadores culturais apresentarem um perfil multifacetado para cobrir a falta de novos técnicos. Apesar do problema, os técnicos não deram ênfase a esse aspecto em relação às demais características das ações desenvolvidas por eles.

Como se percebe, o animador cultural é um *mensageiro*, apresentando um discurso múltiplo com diversas leituras, que ele disponibiliza para diferentes públicos. Seu discurso não pode ser único, mas plural, pois deve ajudar o público a construir um conhecimento sobre si e sobre o outro. Os profissionais entrevistados do Sesc São Paulo têm incorporada essa visão, sabem da relevância de ouvir e de conhecer as especificidades do público a que se dirigem, procurando corresponder às particularidades existentes em diferentes situações.

Também em sentido mais amplo, os animadores culturais são *mensageiros*, pois acionam uma diversidade de códigos e de elementos extraídos de vários universos simbólicos, que formam novas mensagens a partir de um mesmo suporte, de uma prática cultural ou artística, e assim criam um sistema de comunicação ao estabelecer pontos de contato entre diferentes mundos.

Seja em relação aos orientadores sociais e aos animadores culturais, seja no que se refere aos monitores esportivos e trabalhadores do lazer de modo geral, é importante agora destacar o papel formador da instituição em relação aos seus funcionários. Como conta Newton Cunha sobre a preparação dos funcionários para atuar nas Unimos:

> Havia um treinamento, logo que eles entravam. Você prestava um concurso, aqueles que eram aprovados passavam por um treinamento. Esse treinamento dependia da equipe que ia entrar. As turmas que entraram no Sesc em 1970, 1971, 1972, 1973 eram treinadas durante três meses seguidos antes de ir para o campo. (Cunha, 2004: 10)

Indagado sobre a forma de preparação, relata:

> Leituras, exposição, primeiro sobre todos os objetivos e o trabalho do Sesc, depois sobre os temas mais variados. Treinamento, por exemplo, em dinâmica de grupo, em legislação trabalhista. (...) Uma série de informações que você tinha que dominar. E a partir daí você era treinado também a planejar, quer dizer, como fazer um planejamento na cidade quando você chega, com quem conversar, quando conversar, o que pode ser planejado, o que o Sesc pode oferecer, o que o Sesc não pode oferecer, e assim por diante, [para] você ter um certo domínio da forma do trabalho. Isso durava cerca de três meses. Aí você era incluído em uma das equipes. Um ou outro ia para uma unidade fixa. Nem todo mundo ia para as unidades móveis, dessas pessoas que prestavam concurso, que eram orientadores sociais. (Cunha, 2004: 10, 11)

Ou, como comenta Renato Requixa, ex-diretor regional:

> Você vê que o Sesc tem muito prestígio, porque tem um quadro funcional muito bom, um quadro funcional com muita exigência intelectual. Passava, só entrava para os quadros do Sesc e do Senac gente de real capacidade. (...) O orientador social era capacitado, ele tinha formação universitária, mas o Sesc sempre teve uma preocupação de

criar condições para os seus servidores poderem conhecer mais, estudar mais. Então, contratava os melhores professores que existissem por aqui e faziam cursos dirigidos exclusivamente aos orientadores sociais. (Requixa, 2004: 7, 10)

Já o depoimento de Luís Octávio de Lima Camargo, especialista em lazer, enfatiza a preparação dos técnicos na gestão de Renato Requixa, na qual houve um investimento bastante grande

> de formação de quadros. Foi uma época em que a instituição adquiriu uma visão homogênea. E mais uma coisa: foi uma época que toda a área-fim e a área-meio – ou seja, área-fim é quem cuida da programação, e área-meio é quem cuida da administração, pessoal, material – [era] só com pessoas que pensavam em lazer. O Requixa preferia. Quando tinha que nomear um gerente de pessoal, pegava um técnico de cabeça boa e que ele achava que tinha tino gerencial e mandava fazer um curso de MBA, e voltar para assumir a área. Ele preferia isso a pegar alguém que só tinha lidado com recursos humanos na vida e mandar ele aprender a lidar com lazer. Então, hoje, no SESC, você vê, a direção do SESC: o Danilo, é óbvio, é técnico, não é administrativo. (Camargo, 2004: 13)

Por sua vez, Newton Cunha comenta outro sentido de aprendizagem e mesmo de formação cultural, a partir do trabalho realizado:

> Bem, acho que o SESC me permitiu, primeiro, aprender muita coisa. O SESC foi, não digo uma universidade, evidentemente, mas funcionou como agente cultural para mim. Agente cultural no sentido de estimular determinadas experiências e conhecimentos. Experiências sensíveis, artísticas, no sentido de conhecer muito arte (...), [como] frequentador compulsório. E também oportunidades de estudo, estudei fora. Depois de estudar fora, me senti, como se diz, estimulado a continuar outros estudos. Quer dizer, só vim a fazer filosofia depois que fiz o curso na França, porque senti que era uma área que eu precisava. E isso o SESC sempre permitiu. Sabendo aproveitar essas oportunidades (...). Eu diria que foi mais que um trabalho. (Cunha, 2004: 30)

Já Dante Silvestre destaca, sobre o processo de formação profissional dentro da instituição:

> Eu, como trabalhador do Sesc, quando eu saio do Sesc e vou para o meu fim de semana, por exemplo, é evidente que qualquer coisa que eu faça de alguma forma pode ser carreada para o meu trabalho profissional. Se eu for assistir a um filme, isso ocorre (...), por exemplo, tem filme que vou utilizar para uma palestra que vou dar no Sesc. Se eu passo em um lugar que tem uma fila, eu já comparo a organização dessa fila com a fila que é feita no caixa do Sesc: será que esse modo de organizar a fila é mais eficiente, mais rápido? Então, o tempo todo você está fazendo a transferência de coisas da sua vida pessoal para a vida do trabalho, e vice-versa. Está ligado o tempo todo. É o que você lê, o que você vê, aquilo que você conversa, está muito ligado ao trabalho. Acaba sendo interessante, também. Um outro aspecto é a respeito das necessidades. Como é que o Sesc lida com a especialização de profissionais? (...) Um exemplo fala mais claramente: o gerente do Sesc Odontologia não é dentista. Há um dentista, um odontólogo que é responsável técnico, mas o gerente é administrador. O nosso superintendente de administração, homem que administra o Sesc em tudo que é administrativo, recursos pessoais, recursos materiais – que é o Galina –, começou a carreira no Sesc como orientador social. Ele fez uma especialização, o mestrado, em Saúde Pública e hoje é o responsável pela administração do Sesc. O encarreiramento é diferente. As pessoas assumem funções no Sesc que não têm necessariamente na sua origem de formação. Fazem o percurso nessas possibilidades, elas se formam no Sesc. E é preciso que o administrador do Sesc tenha conhecimento do que faz o Sesc na área técnica, porque, senão, como é que ele vai autorizar a compra de instrumentos de som se ele não tem a importância daquilo? (Silvestre, 2004: 43, 44)

Em relação às formas de desenvolvimento pessoal e de formação cultural, Raymond Williams, em seu livro *Cultura* (2000), aborda a análise de processos institucionais, abrangendo a questão da formação através das relações materiais de produção simbólica e também o universo das relações sociais associadas à atividade cultural. A formação dos profissionais de uma entidade como o Sesc São Paulo pode ser entendida nesse âmbito, pois se está compreendendo o aprimoramento do animador, do monitor esportivo e do usuário na dimensão cultural.

Raymond Williams analisa a cultura e a produção cultural na sua relação com o cotidiano e a dimensão simbólica. No mesmo viés, podemos ver a produção da cultura de uma instituição como o Sesc como criadora de ação cultural a partir da esfera do cotidiano e também como difusora de cultura gerada por diferentes realidades sociais – próximas e distantes.

Numa outra dimensão, é importante enfatizar que a formação contínua dos profissionais permitiu a constituição de um corpo técnico especializado, com amplo saber e competência na prática específica do lazer, permitindo o domínio desse campo, mostrando vasto conhecimento não só no que se refere à sua configuração, suas formas de mobilização e seus atores sociais, como também em relação à elaboração de discursos, modos de expor reflexões e a respeito da formulação da ação social e cultural.

Essa formação possibilitou a autonomização da atuação do corpo técnico de forma mais ampla, principalmente a partir dos anos 1980, e mais especificamente desde meados da década de 1990, quando fica mais evidente a linha de orientação da instituição que passa a firmar-se no cenário social e cultural da cidade de modo inovador e contínuo.

Outro aspecto importante sobre o qual é preciso refletir diz respeito ao tipo de sociabilidade interna à instituição, como mostra Dante Silvestre:

> O que é muito interessante nas relações internas do Sesc, eu mencionei a você, é a nossa "biodiversidade". Eu, por exemplo, não tenho formação na área de ciências (...). Quando eu vim te atender, eu parei uma reunião para discutir projetos relativos a esta questão de educação ambiental. O que eu sei de ecologia, de educação ambiental é completamente delimitado, mas eu vou encontrar dentro do Sesc colegas meus que conhecem a área e com os quais eu vou confrontar experiências e ideias. Então, a sociabilidade do Sesc, eu diria para você, é um modelo que o Sesc não cultiva, é uma endogamia cultu-

ral. A endogamia, sobretudo familiar, acaba dando problemas, pode gerar um monstro. E a diversidade, a mestiçagem, ela produz coisas boas. São diferentes culturas dentro do próprio Sesc, diferentes indivíduos, com diferentes culturas, diferentes noções de mundo, que se colocam para conversar e para definir uma política de programação, uma política de ação. E é essa mestiçagem, essa pluralidade que faz com que essa sociabilidade seja uma sociabilidade às vezes com conflito. (...) Existe conflito. (Silvestre, 2004: 41)

Cabe destacar neste comentário a noção de endogamia, que, no caso do Sesc, é vista como inexistente, já que a instituição pratica o seu oposto, ou seja, uma mestiçagem de formação profissional e cultural, visando a um hibridismo cultural, que conduza principalmente à ampliação do conhecimento e à inovação.

Além do foco na cultura, como vimos, outra questão relevante a partir dessa época é a ênfase que o Sesc passa a dar à diversidade e à identidade cultural num sentido bastante amplo, não expondo a valorização de uma cultura hegemônica ou de um modelo cultural único. Assim, a instituição mostra-se contrária à tendência vigente nesse período, de padronização e de homogeneização cultural, com a expansão da globalização. Em vez disso, acolhe uma diversidade cultural crescente, apostando em manifestações e *performances* culturais bastante heterogêneas, como se constata nas fotos selecionadas para este capítulo. Percebe-se a convivência de gêneros, tendências e estilos artísticos diferenciados, em que manifestações tradicionais brasileiras se apresentam lado a lado com outras vindas do exterior e também com projetos artísticos de linhas experimentais.

Cumpre enfatizar, no entanto, que essa não é uma postura isolada do Sesc, pois por toda parte a globalização da economia ou a mundialização da cultura também propiciam a manifestação mais intensa da diversidade cultural. De acordo com Maria Celeste Mira, o desenvolvimento das indústrias culturais nacionais ocorre graças à necessidade de se estabelecer a mediação do consumidor com o produto local e também devido aos novos modos de atuação das indústrias culturais globais, que passam a fazer circular novos produtos provindos dos mais distantes locais do mundo.

Os estudos culturais e de recepção mostram que, assim como o uso e a apropriação dos produtos de consumo cultural alteram os modos de recepção da cultura e dotam-nos de sentidos inesperados, por sua vez, as redes de lazer também permitem a mudança e a recriação dos significados da produção por meio de ressignificações não controladas pela indústria cultural. Contudo, como ressalta Beatriz Sarlo, em *Cenas da vida pós-moderna*:

> Sabemos que, assim como não existe uma única cultura legítima, em cuja cartilha todos devem aprender a mesma lição, tampouco existe uma cultura popular tão "sábia" e poderosa que possa ganhar todos os confrontos com a cultura dos meios de comunicação de massa, fazendo com os produtos da mídia uma colagem livre e orgulhosa, nela inscrevendo seus próprios sentidos e apagando os sentidos e as ideias dominantes na comunicação de massa. (Sarlo, 2000: 21)

Nesse sentido, o Sesc forja um quadro institucional em que se traduz o esforço de rompimento e maior possibilidade de contato e vivência com obras e *performances* de cultura popular, cultura de elite, cultura urbana, cultura regional, vanguarda e tradição. Ou seja, enfatiza a proposta de conhecimento da diversidade de produção e de linguagens que é própria do mundo contemporâneo, e também no contato com o hibridismo cultural que daí pode resultar, a partir das expressões artísticas apresentadas e do olhar receptor do usuário.

No entanto, apesar de a instituição criar esse tipo de dinâmica cultural e expor aspectos da hibridização da cultura, que é uma característica da sociedade pós-moderna, os animadores culturais do Sesc procuram ter a sensibilidade de considerar, como Peter Burke aponta em *Hibridismo cultural* (2004), que nem todo intercâmbio cultural é enriquecedor, pois, assim como as culturas são diversificadas, também os diferentes grupos sociais reagem de modo particular aos encontros culturais.

Representações imagéticas do lazer cultural

Este capítulo aborda a ênfase dada pelo Sesc, nesse período, às práticas sociais de lazer voltadas para a dimensão da cultura, o que buscaremos agora analisar por meio do universo das imagens. Trabalhando com as fotografias como representação, percebemos que elas expressam valores, condutas, modos de comportamento, técnicas corporais e mesmo ambiguidades de uma cultura. Assim, focaremos agora principalmente estes aspectos, por meio do suporte imagético que se encontra no acervo documental da instituição.

66 A e B.

67.

66 A e B.
Centro de Lazer Social Fábrica da Pompeia. Conjunto Esportivo. 1984

67.
Praia do Centro de Lazer SESC *Fábrica da Pompeia.* 1990.
Foto: Romulo Fialdini

O primeiro conjunto de fotos (figs. 66 A e B e 67) expõe o SESC Fábrica, posteriormente denominado SESC Pompeia, já com suas instalações prontas, na nova gestão iniciada quando Danilo Miranda assume a direção regional e Abram Szajman, a presidência regional da instituição, em 1984. Esta gestão, que permanece até a atualidade, irá consolidar mudanças significativas no perfil das formas de intervenção do SESC, o que se inaugura com o tipo de atuação e gestão dessa unidade.

As imagens iniciais desta série mostram dois recortes do conjunto esportivo – através de perspectivas ascendentes –, expondo as construções verticais idealizadas por Lina Bo Bardi para as práticas físicas e esportivas. A arquiteta apresenta um projeto inovador de edificação voltado para esse uso, com as janelas que se delineiam como amebas ou simples aberturas para a entrada de luz. A área dos edifícios já previa a existência de uma grande demanda de utilização.

Na foto à direita (fig. 67), vê-se uma das formas de apropriação das instalações do SESC Pompeia, em que o espaço do *deck*, feito para a passagem dos frequentadores ao conjunto esportivo, é utilizado como praia. Este flagrante destaca uma típica cena de metrópole em décadas mais recentes, com a liberalização dos costumes, quando vemos os usuários do SESC procurando aproveitar os espaços abertos para relaxar e ter sua "praia" na cidade.

Em seguida, no auditório do teatro (fig. 68), vemos a apresentação de um dos *shows* do projeto Fábrica do Som, com a utilização do teatro de arena com dois palcos. Destaca-se a plateia lotada, formada principalmente por um público jovem – identificado pelos cortes de cabelo e tipo de vestimenta –, que parece apreciar a *performance* do conjunto musical. Esse projeto musical, formulado no início dos anos 1980, buscava introduzir novidades sonoras através de múltiplas formas de expressão musical, constituindo-se em espaço artístico privilegiado para a inserção da musicalidade jovem brasileira recente. Newton Cunha enfatiza o caráter vanguardista do projeto:

> Olha, vanguardista no sentido de atrair um público jovem. Se não me engano, um dos primeiros projetos de teatro da Pompeia é o Fábrica do Som, que é o estímulo a novos grupos musicais, na época, muita coisa do *rock* brasileiro. Este estímulo ao novo, ao que estava surgindo, é uma característica dos primeiros tempos do Pompeia. (Cunha, 2004: 20, 21)

É importante salientar que esta imagem de um *show*, expondo o projeto Fábrica do Som em ação, é como um ícone da época, pois nesse período a cidade de São Paulo passa por uma fase de efervescência e agitação cultural, principalmente em relação à música, que exibe novos conjuntos e expressões musicais.

Já nos galpões da antiga fábrica são desenvolvidas vários tipos de oficinas como a da foto vista a seguir (fig. 69), que exibe aprendizagem de cerâmica. Vê-se um espaço circular muito apropriado para o trabalho com argila, que, inclusive, remete à forma do forno, onde o material é transformado e adquire forma de um novo objeto. A mesa circular também propicia a visualização do grupo, no qual vemos a participação e

68.

69.

interação de crianças, adultos e idosos com o professor. A proposta desse gênero de vivência é a experimentação de materiais e formas, além do contato entre diferentes faixas etárias, buscando-se ampliar sua socialização por meio da comunicação verbal e criativa entre os integrantes do grupo. É interessante destacar o processo de aprendizagem e de criatividade que ocorre nas oficinas, como Newton Cunha enfatiza:

68.
Centro de Lazer Sesc Fábrica da Pompeia. Projeto Fábrica do Som.
1983

69.
Centro de Lazer Sesc Fábrica da Pompeia. Atividade nas oficinas de cerâmica, desenho fotografia e gravura.
1982

> Eu diria que, na área das oficinas, do aprendizado técnico, houve com a Pompeia uma sofisticação que o Sesc não tinha ainda, a não ser na área esportiva. Curso na área esportiva sempre houve no Sesc, e as condições de aprendizado sempre foram relativamente boas. Agora, um curso na área artesanal ou artística, com exceção daquilo que podia ser... como tricô e crochê, que você não precisa... você precisa de uma orientação e de linha, de lã, para fazer. Mas, quando você entra no terreno da tapeçaria, você precisa ter equipamentos adequados para isso. Quando você entra no terreno da gravura, você precisa ter equipamentos adequados. Marcenaria [também], e assim por diante. Então, a Pompeia conseguiu. Fotografia também, você precisa de quarto escuro, geradores... Os equipamentos da Pompeia sofisticaram o aprendizado artesanal ou artístico – como queiram entender isso – para as pessoas apenas aficionadas, amadoras, que

até então não existia no Sesc. E esse foi um ganho extraordinário para a ação cultural do Sesc. Eu cheguei a trabalhar nas oficinas durante dois anos lá na Pompeia, e é um espaço muito interessante de trabalho. Um espaço que não tem o charme dos *shows* artísticos ou dos espetáculos em geral, mas em que você percebe que as pessoas se modificam internamente, porque adquiriram habilidades através das quais elas exprimem capacidades próprias. É muito interessante quando uma pessoa aprende a dominar uma determinada técnica de gravura ou de marcenaria, que ela cria um objeto artístico ou utilitário (...). (Cunha, 2004: 21)

Na sequência desta série de imagens destaca-se a *performance* de um grupo de idosos (fig. 70 A), expondo o resultado da prática musical numa apresentação no Encontro Nacional de Idosos. Dialogando com a imagem citada, vê-se detalhe da apresentação de Clementina de Jesus (fig. 70 B), mostrando outra forma de intervenção cultural voltada para os idosos – o contato com uma personagem marcante do universo da música popular brasileira –, no sentido de ampliar sua vivência e seu repertório cultural.

A seguir, vê-se um flagrante da exposição "Caipiras, Capiaus: Pau a Pique" (fig. 71), evento temático abrangendo vários produtos culturais, além da exposição. Na foto, vislumbra-se um aspecto do trabalho de curadoria da mostra na presença do caipira e de elementos do seu universo social despojado, incluindo sua moradia, o poço de água e o forno de barro. O evento ainda conservava na época elementos da sensibilidade e do olhar de Lina Bo Bardi, que pretendia mostrar o homem brasileiro e seus diferentes modos de vida por meio de sua produção material, seu cotidiano e sua cultura. Dante Silvestre comenta o enfoque da curadoria adotado por essa exposição, enfatizando que até então nada havia sido feito

> dessa dimensão ou dessa escala, em relação à cidade e em relação ao Sesc. O Sesc, por exemplo (...) Era um caso típico de cultura popular: o Sesc trabalhava muito com cultura popular nas unidades móveis, [com] ação cultural, fazendo feiras em que aparecia e se dava destaque à produção artesanal local, à cultura popular. Mas

70 A.

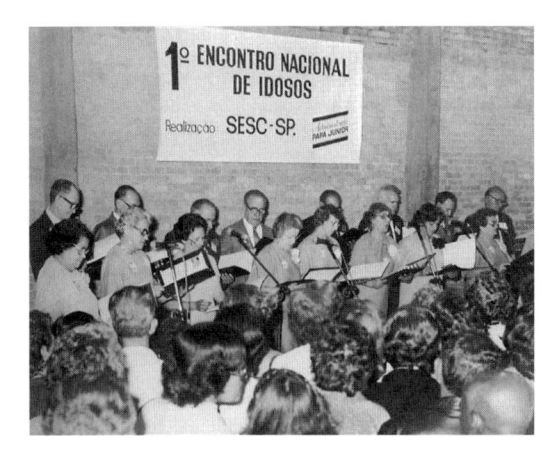

70 B.

70 A e B.
*1 Encontro
Nacional de Idosos.
Apresentações
artísticas.* 1982

71.

71.
S*esc Fábrica da
Pompeia. Exposição
Caipiras, Capiaus:
Pau a Pique.* 1984.
Foto: Paquito

eram coisas mais localizadas, ao passo que a primeira grande feira de cultura popular aqui na capital, feita lá no Sesc Vila Nova, naquela época, foi enorme, imensa. Houve uma mudança de escala, sim. Aquilo que a gente fazia, digamos, no micro, ganhou uma dimensão muito maior. (...) Mesmo para a época, essa [exposição] de *design*, ou do caipira, o perfil mesmo do caipira tinha uma visão mais – não sei se dá para falar – de ecomuseu, até se percebia como se fazia o processo. (...) O que houve de interessante nessas exposições do Sesc, no Pompeia, e que continuaram também, é que não eram exposições só estáticas, que você passava para ver. Todas elas tinham a figura do monitor, ou seja, a pessoa que visitava essas exposições era convidada a fazer coisas, a participar de uma oficina, por exemplo. Havia uma exposição de brinquedos artesanais: você podia ver o brinquedo artesanal, mas você podia participar de uma oficina. Introduziu-se a ideia de animação, que as coisas não são estáticas. Uma exposição era um núcleo forte de um projeto, mas que não se restringia à exposição. Em torno da exposição havia uma porção de coisas, havia oficinas, cursos, palestras, debates, havia a publicação de textos. Era a âncora de um projeto, não só exposição – chega lá, entra por uma porta, vê alguma coisa, sai por outra... Não, a pessoa é convidada a fazer coisas. Essa foi uma orientação que eu acho que foi muito importante. Isso se incorporou à prática do SESC. (Silvestre, 2004: 35)

Assim, a exposição mostrada na foto apresenta caráter interativo, integrando também a visão museológica de ecomuseu, em que estão presentes personagens de um dado meio social com o qual se pode dialogar e entender o seu *modus vivendi*. Criava-se um jogo de espelhos, pois tanto o usuário urbano podia conhecer outro universo social, como o caipira também podia estabelecer o contato com a metrópole.

Nas fotos seguintes, observa-se a realização de palestras e debates que também ocorrem no SESC (fig. 72 A e B). No evento registrado, está em foco a Lei Sarney e a discussão da questão da participação das esferas pública e privada na produção, circulação e difusão da cultura no país. A realização desse tipo de fórum, com a participação de debatedores do meio cultural – como Jorge da Cunha Lima, Danilo Santos de Miranda, Luis Fernando Emediato e César Vieira, entre outros – e a presença de artistas, intelectuais, estudantes e agentes culturais,

72 A e B.
SESC *Fábrica da Pompeia. Seminário "Lei Sarney: perspectivas para a cultura brasileira". 1986. Foto: Gabriel Cabral*

72.

integra outro tipo de ação cultural desenvolvida pela instituição, no intuito de promover e difundir a reflexão sobre temas de relevância na área da cultura.

A próxima série de imagens destaca aspectos de eventos ligados à cultura popular (figs. 73 A e B, 74, 75 e 76), mostrando como o Sesc está compreendendo e refletindo sobre a questão nos anos 1980. Inicialmente, vê-se na atual unidade do Sesc Carmo, dentro do projeto Nos Bares da Vida, uma apresentação do grupo musical Demônios da Garoa – referência clássica do samba – e uma instalação com uma mesa de sinuca. As fotos mostram a reconstituição de ambientes internos de bares do centro para possibilitar uma experiência de vivência das formas de sociabilidade e da memória social existentes nesses espaços. Não por acaso, vê-se a frequência de um público eminentemente masculino, jovem e também mais idoso, pois esse era o público mais constante nesse tipo de ambiente àquela época, reproduzindo dessa forma, imageticamente, aspectos da vida de antigos bares.

73 A e B.
Centro Social
Mário França de
Azevedo. Projeto
Nos Bares da Vida.
1984

Essas imagens mostram o aspecto de encenação que se associa ao evento, mas também transmitem a ideia de jogo, pois nesse espaço, mimese do real, os agentes sociais exercem o duplo papel de atores sociais e de plateia.

73 A e B.

Na sequência (fig. 74), é mostrada uma aula aberta de afro-jazz no Centro Cultural e Desportivo Carlos de Souza Nazareth, atual Sesc Consolação. A foto recorta diagonalmente os dançarinos, destacando o movimento dos corpos dobrados e recurvados para a frente, salientando assim a linha criada pela *performance* do movimento ao redor dos bastões. Na época, esse gênero de *performance* buscava introduzir e divulgar aos usuários o afro-jazz, prática corporal ainda não muito difundida socialmente na cidade de São Paulo. A introdução desse tipo de dança também propõe formas de

74.
Centro Cultural e Desportivo Carlos de Souza Nazareth. Aula aberta de afro-jazz. 1983

75 A e B.
Centro Campestre. Projeto Aldeia dos Bonecos. 1985

aproximação e de contato com elementos da cultura afro-brasileira a um público diversificado de usuários.

Já no Centro Campestre, atual SESC Interlagos, integrando o projeto Aldeia dos Bonecos, exibem-se diferentes tipos de bonecos por meio de exposição, caminhadas e cortejos pelas ruas e alamedas do espaço verde da unidade. Podem-se ver desde bonecões que remetem a figuras políticas até personagens integrantes do folguedo do bumba meu boi cercados pelas crianças encantadas com aquelas figuras. Percebe-se outra maneira de resgate da cultura popular por meio dos bonecões e figuras de folguedos, recuperando e valorizando uma tradição de influência nordestina e do interior de São Paulo, mas que é também apropriada na metrópole do Sudeste e pode ser difundida aos comerciários e ao público urbano. Na época, tais manifestações são especialmente frequentadas por membros de camadas mais desfavorecidas, geralmente migrantes, que frequentam esse equipamento na periferia.

A foto que fecha esta série também é emblemática da visão da instituição sobre a valorização da cultura popular no universo da sociedade contemporânea na metrópole. Parte da área verde do SESC Campestre transforma-se em arena de rodeio, sendo que a imagem flagra os cavaleiros apresentando-se para a plateia. A imagem destaca uma forma de vivência

76.

e de espetáculo rural importantíssimo no interior do Brasil e também do estado de São Paulo, trazendo para os moradores da Zona Sul da cidade um tipo de *performance* bastante conhecida e apreciada, como se nota pelo grande afluxo de público.

76.
Rodeio no SESC Campestre. 1986

O próximo conjunto de fotografias selecionadas enfatiza a questão da diversidade cultural e do contato e conhecimento de diferentes horizontes culturais (figs. 77 A e B, 78, 79, 80, 81, 82 e 83). As primeiras imagens mostram o início de atuação do Centro de Pesquisa Teatral – CPT – criado no Teatro Anchieta, sob direção de Antunes Filho, direcionado para a pesquisa e experimentação na área teatral e também para a formação de atores. As imagens mostram cenas da peça *Macunaíma*, criada a partir de uma adaptação livre do texto de Mário de Andrade e que apresentou um caráter inovador em sua montagem, tornando-se um grande sucesso de público e de crítica em meados dos anos 1980.

Já a imagem seguinte mostra as cenas finais de *Romeu e Julieta*, clássico de William Shakespeare, relido e adaptado pelo diretor Antunes Filho. A peça apresenta o resultado da pesquisa cênica – corporal, cenográfica e de indumentária utilizada em sua montagem. Alguns elementos da pesquisa podem ser vistos na imagem, como a existência de raros objetos em cena e também a simplicidade do figurino. Além disso, a pesquisa em relação à narrativa teatral resultou no uso da linguagem e do clima de videoclipe, ritmo narrativo já bastante presente no período.

Ao lado, vê-se retrato de Kazuo Ohno em uma de suas montagens mais importantes, na qual interpreta uma personagem feminina. Kazuo Ohno veio mais de uma vez ao Brasil e ao SESC, trazendo para os atores do CPT a possibilidade de contato e vivência com o *butô*, técnica de dança tradicional japonesa atualizada por Ohno, através da qual o improviso e o espontâneo têm papel de muita relevância em vivências de grande emoção, expressão e profundidade.

77 A e B.
Centro Cultural
e Desportivo
Carlos de Souza
Nazareth. Teatro
SESC Anchieta.
Cenas do espetáculo
Macunaíma.
Direção de Antunes
Filho. 1984

78.
Centro Cultural e
Desportivo Carlos
de Souza Nazareth.
Teatro SESC
Anchieta. Cenas do
espetáculo Romeu e
Julieta. Direção de
Antunes Filho. 1984.
Foto: Paquito

79.
Kazuo Ohno. 1986.
Foto: Paquito

80.
Cantora
cabo-verdiana
Cesaria Evora. 1994

81.
Projeto Imaginária 95.
Semu Huaute, chefe
da nação Chumac,
xamã. 1995

77 A.

77 B.

78.

79.

80.

81.

A imagem selecionada mostra um detalhe da coreografia *Admirando la Argentina*, na qual se observa, por meio da gestualidade das mãos do dançarino e de sua expressão facial – destacando-se os olhos e a boca –, a intensidade e a delicadeza transmitidas pelos movimentos de seu corpo. A vinda de Ohno ao Sesc sintoniza-se com a proposta do CPT, dirigido por Antunes Filho, de ampliar a imaginação e de permitir a descoberta e o contato com o interior de cada um, visando produzir encenações teatrais mais originais, verdadeiras e, nesse sentido, mais criativas.

Na imagem seguinte (fig. 80), capa do número 2 da *Revista E*, o retrato de Cesaria Evora, cantora de Cabo Verde, assinala a importância da questão da diversidade e identidade cultural presente na instituição nesse período. A cantora, muito conhecida em seu país como grande expressão da cultura popular, mas que também traz influências contemporâneas, faz bastante sucesso nas suas vindas a São Paulo, reforçando a busca por parte do Sesc de diálogo e intercâmbio com a produção musical cabo-verdiana.

O lançamento da *Revista E* em 1994, trazendo a programação mensal das diversas unidades, entrevistas e artigos sobre os temas mais relevantes enfocados pela instituição (lazer, cultura, esportes, terceira idade, saúde, alimentação, meio ambiente), mostra o interesse do Sesc em difundir suas práticas sociais para um público mais amplo, no intuito de tornar conhecida sua produção cultural e expandir o diálogo e a comunicação com os usuários. Mais uma vez, o depoimento de

82.
May East. Projeto Imaginária 95. 1995

83.
Sesc Pompeia. Dançarina hindu Madhavi Mudgal. 1996

Newton Cunha mostra a ênfase dada na época à cultura, com o crescimento da produção artística realizada na instituição:

> Eu diria que, como a partir de meados dos anos 1980 a atuação do Sesc se amplia muito na área das artes, há um acréscimo de atividades cotidianas nas unidades, nos centros culturais. E eu diria que toda a preocupação da entidade se volta justamente para responder a esse aumento, que é constante a partir dos anos 1980, do número de atividades que as unidades fazem no dia a dia: espetáculos artísticos, espetáculos de dança, enfim, tudo o que se relaciona a apresentações artísticas, às áreas de oficinas, de aprendizado, a produção é muito intensa. Então, há uma tendência maior para a criação de atividades, seja a criação por parte dos orientadores ou dos animadores culturais, seja como resposta a uma demanda que vem de grupos de outras instituições fora do Sesc, que apresentam propostas ou projetos que o Sesc encampa. (Cunha, 2004: 30)

Outra referência imagética da valorização da diversidade cultural na programação são as fotos do evento Imaginária 95, organizado no Sesc Pompeia pela jornalista Mirna Grzich em 1995. Inicialmente, vê-se Semu Huaute, xamã e chefe da nação Chumac (que habitava a Califórnia), cujo nome significa "muito sábio como uma coruja". Em conversa com os participantes do encontro, ele destaca a importância da questão da proteção da natureza para o seu povo, em um evento que aborda temas como qualidade de vida, ecologia, problemas políticos e culturais no intuito de buscar respostas criativas para o futuro.

No mesmo evento, a cantora May East, brasileira de origem, mas moradora de uma *ecovillage* na Escócia, a comunidade Findhorne, expõe sua pesquisa de linguagens musicais a partir do estudo da produção musical de grupos tradicionais, principalmente do Brasil e da Europa. Com esse trabalho, a cantora cria uma sonoridade próxima da *world music*, na qual utiliza instrumentos de percussão e acústicos, expondo a preocupação e a valorização da natureza com uma proposta de relação alternativa entre o homem e o meio ambiente.

Na imagem ao lado (fig. 83) está registrada a apresentação de Madhavi Mudgal, bailarina de dança tradicional indiana, que em sua *performance* desenha gestos sensíveis e delicados no espaço, explorando cada detalhe do movimento de dedos, mãos, braços, cabeça, ao mesmo tempo em que marca o ritmo da dança batendo os pés no chão.

Assim como nas imagens de Kazuo Ohno e Cesaria Evora, percebe-se a proposta de apresentar particularidades da dança e da música de outros países, expondo as especificidades de tradições originárias de universos bastante longínquos do brasileiro, atualizadas em termos contemporâneos, buscando aproximar e estabelecer o contato entre diferentes culturas.

Outra forma de colocar a cultura em destaque no Sesc ocorre por meio da realização de simpósios e debates nacionais e internacionais, nos quais se propicia a discussão de temas que vão desde a cidade e o meio ambiente até questões no universo de ação social da instituição, como criatividade, corpo, metodologias de ginástica e dança, entre outros, possibilitando a discussão de questões contemporâneas por um público amplo, além dos usuários do Sesc. Assim, um público diversificado, oriundo de universos sociais distintos, frequenta esses simpósios, socializando o debate e o conhecimento de problemas atuais.

Esta é a tônica dos seminários "A cultura das metrópoles", "Arte pública" e do registro imagético do seminário "O desafio social da fome", no auditório do Sesc Avenida Paulista, nos anos 1990 (fig. 84). A presença de Abram Szajman e Danilo Santos de Miranda, respectivamente presidente e diretor da instituição em São Paulo, destaca a relevância dos eventos e salienta a importância de seus desdobramentos. Dante Silvestre comenta as questões discutidas nesses e em outros seminários semelhantes que se realizaram posteriormente:

84.
Auditório Sesc Paulista. 1996

> Os grandes seminários, Lazer e Educação, Cultura e Cidadania, Cultura e Intolerância, são coisas ligadas a uma certa perspectiva de formação para a cidadania, de familiaridade com grandes temas. Isso se consagrou mais recentemente. Esses seminários são coisas mais recentes no Sesc, nos últimos anos. (Silvestre, 2004: 36)

84.

O conjunto de imagens seguinte, fechando o capítulo, expõe diferentes formas de intervenção social com crianças (figs. 85, 86, 87, 88 e 89), mostrando a visão da infância com que se trabalha no Sesc em período mais recente. Assim, mostram-se práticas sociais voltadas para o público infantil, que, com suas especificidades, também estão imbuídas de valores semelhantes àqueles veiculados em atividades destinadas a outras faixas etárias.

Na primeira imagem da série, percebe-se a interação de um ator/palhaço com crianças de 7, 8 anos e pré-adolescentes, atuando como chamariz e interlocutor para levá-los a soltar a imaginação e desencadear uma proposta de desenho. Esse tipo de interação criativa, dentro do projeto Curumim, ocorre em vários equipamentos do Sesc, visando motivar práticas lúdicas como desenho, invenção e contação de histórias, que procuram desenvolver a imaginação, a reflexão e a criatividade do público infantojuvenil. Na foto, nota-se que, apesar da utilização de poucos recursos materiais, as crianças ficam envolvidas com o processo proposto pelo ator, concentrando-se no trabalho em desenvolvimento.

Na próxima imagem veem-se alunos de uma escola pública do Jardim Primavera participando da Gincana Ecológica, dentro do programa Curumim Viva o Verde, no Sesc Interlagos. Em aula informal, o animador cultural percorre a área verde do equipamento, comentando o contato e o respeito à natureza.

Já nas fotos do Sesc Itaquera (figs. 87 e 88), observa-se detalhe de um *show* no espaço da Orquestra Mágica acompanhado por usuários e visitantes. Como se pode notar nas imagens, a Orquestra Mágica é um espaço lúdico com a proposta de introduzir um brinquedo inovador que possibilite a realização de experiências com os sons e o corpo. No brinquedo, a ideia é reunir em espaço aberto o lúdico e o cultural, os quais muitas vezes ficam limitados a áreas fechadas. Busca apresentar instrumentos de percussão, de corda e de sopro em grandes proporções e para criar as instalações foi necessária uma pesquisa musical e de materiais para encontrar as soluções adequadas. O equipamento possibilita a interação e a brincadeira entre diferentes gerações, envolvendo tanto crianças como adultos.

85.
Projeto Curumim.
1990

86.

86.
Sesc Interlagos.
Trilha e aula aberta.
1995. Foto: Marcos
Muzi

Numa das imagens, vê-se o músico Hermeto Pascoal "tocando", no sentido amplo da palavra, um instrumento gigante da Orquestra Mágica. Assim se nota a entrada do lúdico no universo do musicista que gera música a partir de qualquer tipo de material, inclusive de um violoncelo gigante. É possível constatar que um objeto mimético do real também permite uma mimese sonora e o aflorar da criatividade.

87.

88.

87.
Sesc Itaquera.
Orquestra Mágica.
1996. Foto: Paquito

88.
Sesc Itaquera.
Hermeto Pascoal
com instrumento da
Orquestra Mágica.
1996. Foto: Paquito

89.
*Sesc Itaquera.
Parque Aquático.
1996. Foto: Paquito*

89.

Ainda no S<small>ESC</small> Itaquera, o Parque Aquático, também com instalações lúdicas, atende um grande público, inclusive formado por moradores da comunidade do entorno, carente desse tipo de espaço esportivo, ainda tão ausente na periferia da Zona Leste.

Na foto, vemos o Parque Aquático apinhado de frequentadores, provavelmente em algum fim de semana de verão, quando o local se torna a principal atração para usuários e moradores que almejam principalmente espaço aberto e água. O parque, em virtude de suas dimensões e possibilidades de uso e apropriação, torna-se ponto de referência e de sociabilidade no imaginário urbano da região.

Fechando a série imagética deste capítulo, introduzo outra foto que registra o uso e a apropriação do espaço aberto pela instituição de forma alternativa (fig. 90), desta vez no centro da cidade, mais especificamente no Pátio do Colégio. Assim, vemos na foto a ressignificação dessa praça, ocupada no centro da cidade por um grupo de idosos que participa de ginástica voluntária. Nesse tipo de prática física, busca-se o alongamento, a soltura e o desenvolvimento da consciência corporal, no intuito de se romper com o sedentarismo, garantindo a saúde e melhor qualidade de vida na terceira idade. As pessoas que participam de atividades desse tipo e experimentam seus movimentos se conscientizam de sua importância para o corpo.

A partir do que as fotos nos contam, vejamos, então, como podemos interpretá-las e captar a produção de sentido desta série.

C<small>OMENTANDO EXPRESSÕES CULTURAIS NAS IMAGENS</small>

Inicio o comentário reflexivo sobre as imagens deste capítulo com um excerto de depoimento de Newton Cunha, tomado aqui como metáfora, para comentar a criação do S<small>ESC</small> Pompeia por Lina Bo Bardi

90.
Centro de São Paulo. Grupos de idosos no lançamento do projeto Ginástica Voluntária. 1994.
Foto: Paquito

e os vínculos que ele revela entre a arte, a tecnologia e a produção arquitetônica:

> Toda arte futurista é, antes de tudo, uma arte de mentalidade tecnológica. A tecnologia que espanta, causa o *frisson*... Hoje, um século depois, um século e meio depois, não sei... na época da Lina, um século depois... ainda é uma forma de pensamento. No Brasil, sempre essas coisas aparecem e desaparecem de tempos em tempos, mas o vanguardismo da Lina e da Pompeia surtiu efeito porque criou a imagem de um centro ativo, um centro com novidades. Você até pode discutir a qualidade da novidade, mas era uma novidade. E uma coisa muito interessante da Pompeia e que a Lina, pelo menos, soube preservar, é que qualquer pessoa entra na unidade sem nenhum tipo de barreira arquitetônica. Você entra de maneira a se sentir livre para poder circular. Você entra na Pompeia, tem uma rua, como se estivesse andando no meio da cidade. Você tem os galpões laterais, pode entrar e circular também de uma maneira livre. Você é atraído, de certa forma, pelo próprio espaço. O espaço não é uma barreira, como um prédio vertical em que você tem salas fechadas, você tem que pegar um elevador, procurar coisas, locais, pedir muita informação... Se você quiser entrar na Pompeia...[é só entrar] (Cunha, 2004: 20)

Um dos temas muito relevantes neste capítulo é a ideia de espaço que está simbolizada principalmente pela imagem do SESC Pompeia, mas que também está presente nas unidades que surgem posteriormente, como Ipiranga, Vila Mariana, Santo Amaro, Belenzinho e Santana. Infere-se que, da discussão da concepção do projeto arquitetônico à reflexão sobre seu uso, há uma grande valorização do espaço aberto, incluindo-se muitos espaços para o circular, para a sociabilidade, para o encontro social. Nesse sentido, o "futurismo" é evocado, enquanto tecnologia que permite a construção de espaços aprazíveis.

Além disso, nos espaços livres onde são desenvolvidas práticas culturais e esportivas, enfatiza-se o encontro e a interação entre gerações, o que não ocorre na maior parte das vezes na moradia dos usuários, nos seus locais de trabalho ou em outras áreas urbanas. Desenvolve-se ali uma sociabilidade importante e incomum entre gerações distintas, com a existência de vários grupos e redes de relações que se organizam segundo uma grande variedade de práticas sociais.

Os espaços abertos procuram se configurar como praças de múltiplos usos e como ponto de parada e de reflexão. Como comenta Erivelto Busto Garcia, ex-assessor técnico de planejamento, a respeito da área de convivência do Sesc Pompeia:

> A praça é pausa. Dentro da cidade, você está andando na avenida, você senta em um local mais agradável de ficar, fazer uma pausa, descansar um pouco, recuperar, pensar um pouco na vida: Volto para casa? Não volto? Vou para um tal lugar? E isso no Sesc tem. Tem essa função, a função que responde ao que estávamos falando antes, a esta indefinição presente no tempo livre. (Garcia, 2004: 27, 28)

Roberto DaMatta (1985) destaca a riqueza do espaço social, no que se refere à sua singularidade e ao conhecimento de suas delimitações e fronteiras, ressaltando que estas são marcadas de forma individualizada. Neste sentido, é possível afirmar que, em cada uma das unidades do Sesc, existem múltiplas trajetórias percorridas e específicos mapas mentais espaciais para seus frequentadores, assim como importante memória social tecida a partir das vivências nesses territórios carregados de significação.

As praças ou áreas de convivência existentes nos espaços do Sesc formam territórios que propiciam momentos de pausa, mas também atuam como pontos de reflexão sobre o que fazer no tempo livre e escolher seu destino, pois, como comenta Erivelto Busto Garcia, muitas vezes o usuário vai até a unidade no fim de semana, mas não sabe o que fazer em seu lazer:

> Boa parte das pessoas que não têm assim muito claro ainda o que vão fazer naquele momento, a pessoa vem para cá, levanta, vê uma coisa na biblioteca: "Ah, vou ler um livro ali. Vou ficar lendo, hoje". Ou fica sabendo que vai ter um espetáculo de teatro... Mas é um pouco a ideia da praça, mesmo. Até do ponto de vista da distribuição dos fluxos, de ser um local de fácil acesso de qualquer ponto em que você esteja, e também uma parte de distribuição, a partir de onde a pessoa pode se dirigir a qualquer ponto sem dificuldades. (Garcia, 2004: 27, 28)

A ideia da visibilidade e da transparência dos espaços tem sido uma preocupação maior em projetos mais recentes, com a intenção de aproximar intervenções sociais diferenciadas, possibilitando a existência de diálogo e de comunicação entre as práticas, como, entre outras, em relação à dimensão da leitura e da criatividade ou da informática. Comenta ainda Erivelto o projeto para o Sesc Pinheiros, fundamentado nos projetos e experiências anteriores com o espaço e uso do território:

> Então, você tem um andar enorme, os andares lá são muito grandes, uma quantidade enorme de pessoas ao mesmo tempo, e todas se vendo e vendo o que está acontecendo... Isso provoca uma certa sinergia, um certo estar mais à vontade, o ambiente parece que não tem barreira, circula-se mais livremente. Na área de atividades físicas, na área de ginástica, nós não temos mais divisão de salas de ginástica lá em Pinheiros. É um andar inteiro, também enorme, como eu te falei, onde tudo está dentro do mesmo espaço. Não tem separação nenhuma. Inclusive com algumas atividades diferentes aí, que são ginástica funcional, umas práticas diferentes de ginástica, uns aparelhos também diferenciados que estão sendo criados agora, claro, com um tratamento acústico melhor, porque a quantidade de pessoas juntas... [e tratamento] térmico também, porque tem muita gente junta fazendo atividade física. (...) Mas não chega a ser conflitante. E, por outro lado, é estimulante também para os dois lados. Porque muita

gente está esperando lá a vez para entrar na internet, vai na biblioteca do lado ali, é só pegar um livro para ler. Certamente não faria isso se estivesse em um ambiente separado. E vice-versa também, alguém que está acostumado com livros mas nunca mexeu na internet. Está acontecendo muito com a terceira idade, esse espaço da internet, frequentando bastante, começando a aprender. (Garcia, 2004: 27, 30)

A multiplicidade de usos do mesmo espaço também propicia a proximidade e o contato entre gerações diferenciadas, seja em relação às práticas físicas ou mesmo ao uso da internet. Nos espaços multifuncionais, como os usuários estão em período de lazer pode ocorrer, no caso do uso da internet, uma troca de experiências entre idosos e jovens.

Ainda em relação à questão da valorização e do uso dos espaços abertos urbanos – prática já adotada pela instituição ainda nos anos 1970, buscando a reutilização e ressignificação do espaço da rua e mesmo da praça –, há também, embutida nas formas de intervenção, uma determinada noção de cultura, pensada e discutida, que se traduz em ação social e cultural. Assim, quando na série iconográfica editada aparecem caipiras do interior de São Paulo – na exposição "Caipiras, Capiaus: Pau a Pique" –, os bonecões, o rodeio no Centro Campestre, ou mesmo quando Hermeto Pascoal está interagindo com os instrumentos musicais gigantes, a instituição está tratando de manifestações da cultura popular trazidas à metrópole, assim como da dimensão do criador e da criação, e é com esta visão ampla de cultura que está atuando.

Outro desdobramento dessa noção de cultura é a criação de múltiplas possibilidades para o comerciário e o usuário do equipamento de lazer se manifestarem artisticamente, propiciando-se o acesso e o conhecimento de técnicas que permitem criar formas de expressão pessoal pela arte, e não simplesmente buscar o aumento de repertório cultural e o seu consumo. Como destaca Newton Cunha sobre o que denomina de "alfabetização cultural":

Sim, existe o que alguns chamam, teoricamente, de alfabetização cultural, ou seja, aprender técnicas e habilidades que dizem respeito à criação de objetos artísticos ou artesanais, por exemplo. É o complemento, digamos, manual, da compreensão teórica da realidade. No âmbito das artes, pelo menos. Uma coisa é você ter acesso ao espetáculo para que você entenda a arte com a qual você convive. Outra coisa é você aprender técnicas que lhe permitam avançar na compreensão da forma artística que você escolheu. Isso tem na área da música no Vila Mariana, por exemplo. No Sesc Consolação você tem o teatro, mesmo na Pompeia tinha um curso de teatro. (Cunha, 2004: 21)

Quando nas oficinas de arte dos galpões do Sesc Pompeia se veem crianças e adultos trabalhando a argila no seu tempo livre, a imagem pode ser tomada como um ícone visual do processo de alfabetização artística, já que eles têm a possibilidade de experimentar materiais e técnicas e descobrir outras habilidades pessoais.

Outra dimensão da noção de cultura presente no Sesc, que permeia suas práticas sociais, é citada por Ivan Giannini, superintendente de comunicação social, mostrando o conhecimento e a consciência de estar operando com uma categoria de cultura próxima à de antropologia e em sentido bastante abrangente:

Bem, essa palavra cultura tem centenas de definições e é difícil pegar uma específica. A gente tenta trabalhar com a ideia mais antropológica da cultura. Da cultura permeando desde os nossos restaurantes, a gastronomia, até o esporte, todas as atividades que a gente faz. Do ponto de vista da ação cultural, a gente utiliza mais a arte, para levar a mensagem que a gente acha que deve ser levada, que é a mensagem da crítica, a mensagem da alfabetização cultural, da informação no sentido da cidadania, das pessoas poderem cada vez mais com essas informações que a arte lhes dá, o desequilíbrio que a arte lhes dá, se colocar em situações limites, diferentemente do entretenimento, em que você fica na ocupação do tempo mais lúdica, mas menos crítica. Eu acho que é uma fase de amadurecimento da instituição. (Giannini, 2004: 13)

Em relação a essa compreensão estendida de cultura pelo Sesc São Paulo na atualidade, há uma interface com a ideia de diversidade cultural que passa a ser disseminada e valorizada pela Unesco a partir do final dos anos 1990, quando há a preocupação em lidar com problemas associados à tolerância, respeito à diferença e particularidades de outros modos de vida e de comportamento. Propõe-se lidar com essas questões por meio da arte, ou seja, pretende-se que a arte possa atuar como mediação e instrumento cultural para problematizar e fazer dialogar sobre esses temas.

Neste sentido, além da programação do Sesc se estender por diversos setotes e incluir *performances* de cultura tradicional, popular e erudita brasileiras, intervenções artísticas provindas do exterior também são apresentadas, com ênfase na diversidade cultural. Como destaca Dante Silvestre:

> Isso foi muito forte a partir dos anos 1980, reconhecer outras formas de expressão cultural e ver de perto, mostrar, trazer isso. Havia aí, primeiro, a ideia de que existe uma afirmação de uma cultura, de culturas tradicionais, cultura de grupos ou culturas nacionais – defesa da nossa cultura, a chamada cultura popular, mas que não é exclusiva, "aquilo que é nosso é melhor". Não. Aquilo que vem de fora pode ser bom também, vamos conhecer. Não interessa muito aquilo que está na mídia, por exemplo, na corrente principal. Não interessa para o Sesc a difusão daquilo que já é difundido, mecanizado, que é da indústria cultural. Mas importa ao Sesc mostrar coisas que estão um pouco ocultas por aí. É a ideia desse Fórum Cultural Mundial, que o Sesc está promovendo agora em junho. Querendo trazer pessoas da África, pessoas da Ásia, pessoas da América Latina, para falar sobre cultura de um ponto de vista que não é o ponto de vista do europeu. Também tem que apresentar isso. (Silvestre, 2004: 39)

É importante perceber o quanto essa forma de atuação se alinha com a problemática contemporânea. Apesar do cenário mundial da globalização, a Unesco passou a enfatizar, como contrapartida, ações sociais em relação à diversidade cultural nas instituições e fundações culturais, buscando justamente ressaltar valores associados a paz, tolerância, convivência e respeito à diferença. Nessa fase, o Sesc aproxima-se de entidades internacionais como Fundação Goethe, Usis (United States Information Service), entre outras, e intensifica seus contatos com elas.

As imagens editadas que mostram *performances* de música e dança de grupos do exterior, bastante desconhecidos no Brasil, têm como pano de fundo o cenário social apontado, em que se coloca intensamente a questão da diversidade cultural.

É importante destacar que, apesar das ações de caráter propositivo por parte da instituição, a introdução de *performances* de universos distantes e pouco conhecidos atinge um público ainda bem restrito. Como ressalta Ivan Giannini em relação à compreensão dessa linha de ação cultural:

> A primeira coisa: toda essa ação cultural do SESC em áreas que são mais restritas, nessa área de que estou te falando, da diversidade cultural, de trazer grupos de música ou de dança da Índia, da África, sempre foi uma minoria que se interessa por isso. O que o SESC faz quando traz essas coisas é ampliar um pouquinho essa minoria. Tem pessoas que nunca foram familiarizadas com isso, de repente têm uma verdadeira descoberta: "Olha que coisa legal!". É esse o eco que nos chega. "Que legal aquele projeto que vocês fizeram no SESC Pompeia, que vocês trouxeram músicos de todas as partes do mundo. Eu vi lá um músico egípcio, que legal!" Isso acontece, você fica sabendo. Então, você faz uma provocação de estímulos que se ramificam. A partir do momento em que você vê um cantor ou uma dançarina, você se interessa pelo assunto, você vai procurar, às vezes tem um vídeo sobre aquilo, se você encontra aquele tipo de música, você busca informação num livro. Esse trabalho de ramificação existe mesmo. Você põe a pessoa em contato com uma coisa, com uma produção qualquer – esse contato muitas vezes é casual, o sujeito está passando em uma unidade, ele vai fazer uma coisa qualquer, ele vai nadar na piscina, mas vê um grupo se apresentando, dá uma espiada e gosta, já fica fascinado por aquilo. É assim que as coisas funcionam. Então, há uma diversificação de público, um público que tem contato com uma grande diversidade de manifestações, e há o crescimento desse público também. Mas o SESC faz, sobretudo, um trabalho de contaminação, viu? Você faz com que as pessoas vejam coisas que elas nunca viram. Esse ver coisas que elas nunca viram pode dar em nada, a pessoa nem toma conhecimento, ou pode tomar conhecimento, gostar, se interessar, se apaixonar, se ligar àquilo, procurar se informar, se documentar... Esse é o passo mais importante, você

contaminar pessoas com coisas diferentes, com coisas bonitas, com coisas inteligentes. Essa é um pouco a ideologia da programação do Sesc. (Giannini, 2004: 40)

Em relação ao enfoque citado da ação cultural da instituição, a proposta é principalmente apresentar opções, abrangendo cultura popular, cultura erudita, cultura de vanguarda, mostrando as contaminações e influências da contemporaneidade. Busca-se expor um repertório cultural contemporâneo, mas também antigo, para se criar o horizonte de várias experiências nas artes e na dimensão corporal, formando uma vitrine da produção nacional e também internacional, pouco conhecida e inacessível.

Assim, cumpre destacar, em relação às opções culturais oferecidas pelo Sesc, que a construção de um pensamento e de uma linha de ação cultural em relação ao lazer e à arte, a partir de contatos e debates com intelectuais, artistas e professores de universidades no Brasil e no exterior, forma um paradigma culturalmente correto, criando um discurso legitimador da instituição, que se firma vigorosamente nesse campo.

Já numa dimensão mais ampla da temática em discussão, é importante salientar que, no que se refere às formas de utilização e apropriação do consumo cultural, contrariamente aos aspectos passivos que essa fórmula ainda apresenta para muitos, ocorrem movimentos de assimilação, negação, negociação e refuncionalização do que os bens culturais propõem. Como coloca Canclini (1999: 45): "todo bem é um estímulo para pensar e ao mesmo tempo um lugar impensado, parcialmente em branco, no qual os consumidores, quando o inserem em suas redes cotidianas, engendram sentidos inesperados".*

Os bens culturais, no caso, carregam dispositivos práticos e teóricos que induzem leituras e restringem o uso dos consumidores. Entretanto, o consumidor nunca é um criador puro, tampouco um emissor onipotente. Em outras palavras, como enfatiza Martín-Barbero (1997), o consumo, cultural ou não, é um espaço de produção de sentidos.

Neste capítulo, procuramos mostrar através do trabalho analítico com séries de imagens, recursos da oralidade e reflexões sobre as temáticas abordadas, as formas de intervenção social mais relevantes do

* Tradução da autora.

Sesc num período mais recente, abrangendo práticas corporais e artísticas e buscando expor a ênfase atribuída ao âmbito da cultura como matriz geradora de sua linha de ação social. Contextualizar o trabalho da instituição em seu diálogo com a metrópole é o que propomos a seguir.

Capítulo IV
Observando à distância uma narrativa visual: o Sesc São Paulo e a metrópole paulistana

Sesc Belenzinho.
Ivaldo Bertazzo
e bailarinos do
projeto Dança
Comunidade. 2004.
Foto: Eron Silva

Parque Infantil da Lapa. Distribuição de leite. 1937 *

Parque Infantil Pedro II. Ginástica. 1937 *

Parque Infantil Pedro II. Crianças com Mário de Andrade. 1937 *

* Cessão AN/DPH/SMC/PMSP
Foto: B. J. Duarte

Parque Infantil Pedro II. Ginástica. 1947 *

Parque Infantil do Ibirapuera. Noções de puericultura. *

* *Cessão* AN/DPH/SMC/PMSP
Foto: B. J. Duarte

Parque Infantil do Ibirapuera. Aula de música. 1947 *

Parque Infantil da Barra Funda. Exame médico. 1947 *

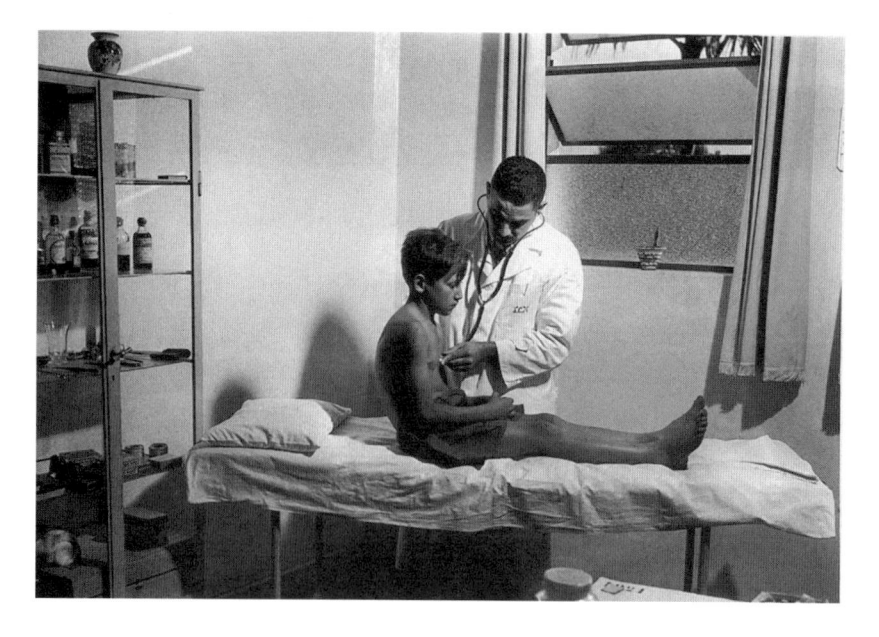

* Cessão AN/DPH/SMC/PMSP
Foto: B. J. Duarte

*Parque Infantil
do Ibirapuera.
Conselho às mães.* *

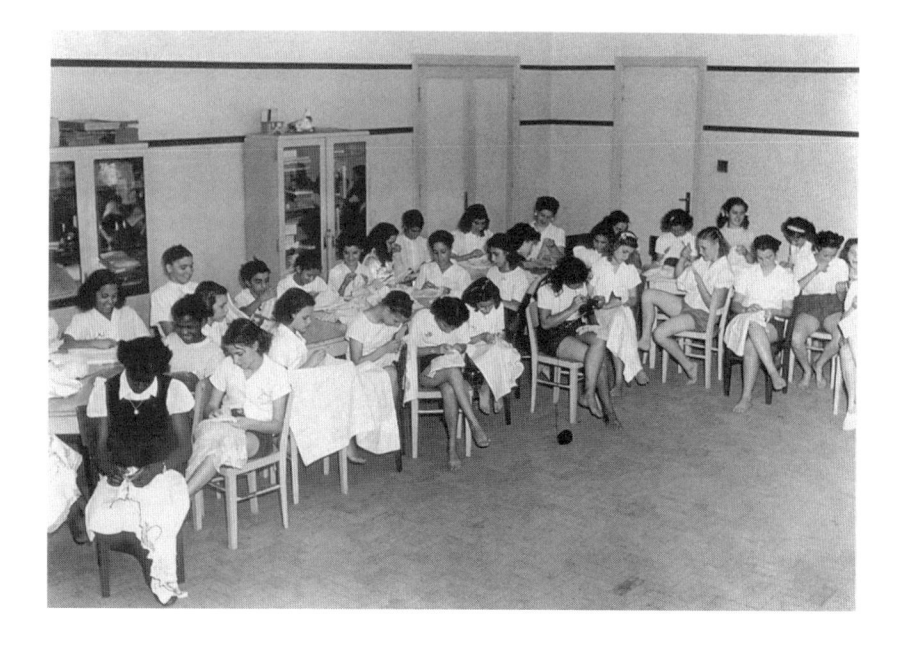

*Parque Infantil
da Barra Funda.
Centro de moças
operárias. Aula de
bordado. 1947* *

* Cessão AN/DPH/
SMC/PMSP
Foto: B. J. Duarte

Parque Infantil da Barra Funda. Centro de moças operárias. Aula de ginástica. 1947 *

Exposição do Congresso Internacional de Folclore. São Paulo. 1954 **

* Cessão AN/DPH/SMC/PMSP
Foto: B. J. Duarte

**Acervo CNFCP/IPHAN

Exposição do Congresso Internacional de Folclore. São Paulo. Visita do folclorista Renato de Almeida. 1954 **

**Acervo CNFCP/IPHAN

IV Congresso de Folclore. Porto Alegre: de chapéu e gibão, Dante de Laytano, organizador do evento. 1959 **

O pensador. 1880
Foto: Bruno Jarret/
ADASP. © Musée Rodin

Terecô. Festa do Divino, Santa Rosa dos Pretos. Maranhão. 1989.
Foto: Lamberto Scipioni

**Acervo CNFCP/
IPHAN

236 CIDADELAS DA CULTURA NO LAZER

Lavagem do Bonfim, Bahia. Foto: Marcel Gautherot. Acervo Instituto Moreira Salles Anos 1960

*Arturos. 1994. Foto:
Eustáquio Neves*

Agora São Paulo não é mais um mercado comercial predominante como foi, não é mais um reduto de independências nacionais como noutros avatares de seu destino, não é mais uma fonte de advogados apenas, nem um parque industrial apenas, nem muito menos dormita saudosistamente embevecida pela função histórica das bandeiras do passado. São Paulo é sempre uma fonte sim, porém livre de especializações de emergência, fonte grande apenas, fonte total que pretende ser uma das reservas mais totalizadas do país.

Mário de Andrade, discurso no dia 25 de janeiro de 1936, *Hora do Brasil*

Em Atenas, na Grécia Antiga, a educação constituía o próprio objetivo da sociedade. Não era uma atividade isolada, realizada em locais específicos e durante uma época restrita da vida. O ateniense formava-se pela paideia – o que podemos traduzir por um esforço educativo continuado, durante praticamente toda a vida.

Danilo Santos de Miranda, diretor regional do SESC São Paulo

A iconografia produzida pelo Sesc São Paulo constitui um acervo imagético que, além de remeter à construção de sua história, atuando como testemunho de uma trajetória particularizada nas áreas do lazer e da cultura, forma uma imagem da instituição que se exibe em público. Essa iconografia apresenta traços da intervenção social da instituição na cidade, trazendo à tona aspectos do diálogo e interação com o espaço urbano por meio da arquitetura de equipamentos culturais e esportivos planejados e implantados em espaços distintos da metrópole, e também pelas práticas sociais ali realizadas, que introduzem uma dinâmica social e cultural específica nessas regiões.

Por outro lado, a iconografia estudada também expõe facetas do cenário metropolitano marcado pelas intervenções sociais da instituição, mostrando aspectos de modernidade e de globalização cultural reforçados na urbanidade e atuando na construção de uma melhor imagem da cidade para seus habitantes.

Os centros culturais e esportivos do Sesc na metrópole paulistana são vistos como territórios sociais impregnados de vivências e de significados para seus usuários, sendo que muitos dos *habitués*, como crianças e idosos, consideram-no como uma segunda casa, quer morem no bairro ou fora dele.

O jogo de espelhos da construção da imagem do Sesc São Paulo dialoga com a atuação social de outras instituições de cultura na cidade, das quais é preciso se aproximar para elaborar uma reflexão mais ampla, confrontando imagens de diferentes acervos iconográficos com produções contíguas. Até aqui se analisou a produção imagética do Sesc com um olhar de perto. É o momento agora de investir em um olhar de longe, pois faz-se necessário o trabalho com significados no nível local e sua colocação em quadros mais gerais – processo que caracteriza a perspectiva interpretativa, descrito por Geertz através dos termos *experience-near* e *experience-distant* (Magnani, 1996).

De fato, a perspectiva da etnografia – o olhar de perto – para apresentar a dinâmica urbana requer o "olhar distanciado", o qual irá desvelar as dimensões diacrônicas e as estruturas que nele se integram. Em outras palavras, as formas de intervenção social estudadas dialogam com as de outras instituições sociais na metrópole no período abordado. As imagens localizadas em acervos da imprensa e de outras entidades de caráter social mostram proximidade em relação a determinadas práticas sociais implantadas pelo Sesc São Paulo. No entanto, essas instituições realizam-nas de modos diferenciados e de formas específicas, o que lhes confere um caráter particular. Assim, diferentes significados lhes são atribuídos de acordo com as linhas de ação social adotadas. O foco deste capítulo é o modo como as intervenções sociais são pensadas e posteriormente traduzidas em realizações pelo Sesc em São Paulo e por outras instituições culturais na metrópole, dotando-as de significados diversos.

Qual a relação entre imagens mostrando práticas corporais, para crianças e mães operárias, organizadas pelo Departamento de Cultura da Prefeitura de São Paulo na década de 1940, fotos de exposições folclóricas montadas pela Comissão Nacional de Folclore nos anos 1950, as esculturas de Rodin expostas na Pinacoteca nos anos 1990 e a trajetória do Sesc São Paulo? Faremos um breve voo panorâmico sobre formas de intervenção social semelhantes, no intuito de mostrar dialogias entre práticas sociais do Sesc e de entidades afins na metrópole paulistana, expondo, porém, a especificidade que delas resulta como somatório de ações sociais que propõem outro modo de vida na cidade.

Em 1935, o Ato 861 organiza o Departamento de Cultura da Prefeitura Municipal de São Paulo, que tem como primeiro diretor Mário de Andrade. Sua gestão é considerada um marco histórico, e o Parque Infantil (PI) é a primeira experiência que o novo órgão coloca em prática. A infância e a classe operária são a meta do PI, como instituição planejada para difundir a cultura dos grupos privilegiados e a cultura popular em prol da humanização da cidade e benefício da maioria da população.

A proposta do Parque Infantil abrange crianças desde a idade pré-escolar até a adolescência.

> Tratava-se de um projeto tanto para alunos da escola, que o frequentavam em período alternativo, como para aqueles em idade pré-escolar, e também para os outros que aos 12, 13 ou 15 anos ainda não encontraram escola; e mais os que, egressos do curso primário, ainda

não puderam tomar rumo por falta de idade; ei-los todos formando um exército imenso, os *"chomeurs"* da educação e os "sem recreação" porque lhes faltam os meios de brincarem, como os de se educarem.
(Ribeiro, 1943:231, *apud* Faria, 1993)

Em consequência, parece natural que, em 1937, se crie o Clube de Menores Operários para meninos trabalhadores de 12 a 17 anos, que ocupam o PI no período noturno.

O foco de atuação dos Parques Infantis são as atividades educacionais não escolares, abrangendo jogos, brincadeiras e atividades relativas ao folclore nacional. A proposta busca resgatar jogos que estavam esquecidos no meio urbano e também enfatizar, por seu caráter lúdico, festas e rituais da cultura popular brasileira, para que as crianças pudessem vivenciá-los e conhecer outras formas da cultura nacional. O PI é considerado pioneiro como espaço público de educação no Brasil. Ana Lucia Goulart Faria (1993) considera o PI uma vitória do espaço público, conquistado para o tempo livre das crianças e dos operários, em uma sociedade que se industrializa e que passa, assim, a reordenar as áreas públicas.

A concepção das primeiras instalações é influenciada pelas ideias da Escola Nova, no sentido de propiciar um ambiente de arte, atraente e educativo, abrangendo desde a arquitetura do PI até seus equipamentos e as práticas ali realizadas. Nos PI, o enfoque era dirigido predominantemente para a criança, ainda que a mãe também integrasse o programa, o que assegurava a construção de um projeto cultural-educativo em que assistência e educação estavam associadas.

> As atividades desenvolvidas no PI garantiam um trabalho integrado em vários níveis: a criança, o jogo, a cultura, a educação e a saúde estavam ali sempre juntos, e o PI, por sua vez, estava harmonicamente integrado ao Departamento de Cultura (aos campos de atletismo, divertimentos públicos, bibliotecas, documentação social etc.), ao Departamento de Higiene e à Divisão de Saúde, e que, além disso, fazia parte da política de urbanização da cidade desenvolvida com um plano conjunto pelo prefeito Fábio Prado. (Faria, 1993 p.86)

Iremos abordar na sequência a série fotográfica selecionada do Departamento de Cultura efetuando um diálogo imagético entre práticas sociais afins. A Seção de Iconografia do Departamento de Cultura, criado pelo prefeito Fábio Prado, é inaugurada em 1934, destinando-se a fazer o registro oficial das atividades e obras desenvolvidas pela administração municipal. A contratação de um fotógrafo profissional, Benedito Junqueira Duarte, conhecido como B. J. Duarte, para a seção é expressão da relevância dada a esse trabalho, que tem como objetivo registrar permanentemente as ações municipais da época, criando a documentação e a memória dessa gestão. Para se contextualizar a análise das imagens institucionais sobre os Parques Infantis, existem "decretos, leis, atos oficiais, discursos do prefeito Fábio Prado, relatório de atividades do Departamento" (Carvalho, 1999: 24), mas também depoimentos do fotógrafo, além de obras como a de Faria (1993), entre outras.

As fotos de Benedito Junqueira Duarte, do final da década de 1930 e dos anos 1940, pertencentes ao atual acervo da Seção Arquivo de Negativos do Departamento do Patrimônio Histórico da Secretaria Municipal de Cultura, abordam práticas lúdicas, recreativas e de caráter social implementadas nos Parques Infantis na gestão de Mário de Andrade e na fase subsequente. São imagens que mostram principalmente aspectos cotidianos de práticas de lazer realizadas por crianças e suas mães e por jovens operárias.

As imagens indicam como é relevante para o poder público municipal o registro das ações realizadas (figs. 91 a 100), evidenciando a assistência à população desfavorecida que, na época, cresce em demasia na cidade. As imagens são também usadas como ilustrações em artigos da *Revista do Arquivo Municipal* e destacam a premência do atendimento social para as classes trabalhadoras e seus familiares. Ao produzir as imagens, o fotógrafo busca enfatizar a interação das crianças nessas práticas, apresentando espontaneidade, pois na maior parte delas a criança não aparece olhando a câmera (Carvalho, 1999).

A imagem inicial da distribuição de leite (fig. 91), no Parque Infantil da Lapa, expõe a ação assistencial realizada nos PI, além das práticas lúdicas e esportivas ali desenvolvidas, pois, como atendem principalmente crianças de origem operária, buscam complementar sua alimentação. Os estudos realizados na época pelos técnicos do

Departamento de Cultura detectam várias doenças nessas crianças, o que se tenta sanar através de uma dieta complementar.

91.

92.

93.

91.
Parque Infantil da Lapa. Distribuição de leite. 1937

92.
Parque Infantil Pedro II. Ginástica. 1937

93.
Parque Infantil Pedro II. Crianças com Mário de Andrade. 1937

As imagens das atividades de ginástica no Parque Infantil Pedro II (figs. 92 e 94) mostram a preocupação com a realização de práticas físicas direcionadas para o desenvolvimento e o exercício corporal das crianças. Observamos meninos e meninas na faixa de 6 a 8 anos de idade envolvidos em práticas lúdicas e esportivas no Parque Infantil, o que lhes propicia o contato com áreas abertas e livres, o desenvolvimento motor e a realização de brincadeiras em grupo, tal como se preconizava no foco da proposta de Mário de Andrade em sua gestão à frente do Departamento de Cultura. A imagem (fig. 92) aqui apresentada nos mostra crianças que, de pés descalços, torso nu e com bastões nas mãos, caminham ao sol sobre a grama, e em seu movimento vão desenhando um caracol, típico de inúmeras danças populares tradicionais brasileiras.

Na imagem seguinte (fig. 93) visualizamos Mário de Andrade visitando um dos PI, verificando de perto as ações culturais e sociais em implantação. Provavelmente acompanhado de outras autoridades – como sugere a imagem de pessoas bem-vestidas e mulheres com chapéus ao fundo –, Mário observa o grupo de crianças que se prepara para apresentar um espetáculo produzido com base em manifestações folclóricas, como se infere pelas roupas enfeitadas e o lenço que todas têm na cabeça. É difícil identificar por esses trajes a manifestação folclórica que será reproduzida pelas crianças, mas certamente este é um registro que mostra como eram implementadas na prática as orientações de Mário de Andrade no Departamento de Cultura sobre a necessidade de se unir a educação das crianças ao ensino dos valores essenciais da cultura nacional condensados no folclore.

No conjunto das fotos selecionadas na sequência (figs. 94, 95, 96 e 97) as crianças estão praticando ginástica ou atividades culturais na área aberta do parque, que eram estimuladas devido aos benefícios à saúde e ao desenvolvimento infantil. A atenção à saúde no atendimento das crianças, a educação física e os trabalhos artísticos centrados na valorização do folclore nacional inovam o ensino e o lazer infantil oferecidos pelos PI em São Paulo na época.

Na primeira foto do próximo conjunto, identifica-se um tipo de exercício físico de método francês, adotado nesse período (Niemeyer, 2002). A imagem, dos anos 1940, quando Mário de Andrade já deixou o Departamento de Cultura, nos mostra ainda a prática de exercícios físicos e atividades corporais que continuam a ser desenvolvidas nos PI, mas agora com um direcionamento mais ordenado e racional de ginástica.

94.
Parque Infantil Pedro II. Ginástica. 1947

95.
Parque Infantil do Ibirapuera. Noções de puericultura.

96.
Parque Infantil do Ibirapuera. Aula de música. 1947

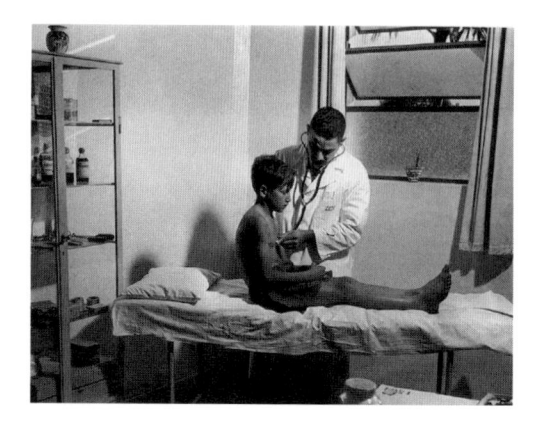

97.
*Parque Infantil
da Barra Funda.
Exame médico. 1947*

98.
*Parque Infantil
do Ibirapuera.
Conselho às mães*

Esta série de imagens mostra a ênfase atribuída à puericultura nos anos 1940, relacionada à higiene e à saúde do corpo. Na foto seguinte (fig. 95), as meninas estão envolvidas em uma atividade feita em roda, na qual estão aprendendo noções de como lidar com os bebês, instruindo-se assim sobre as ocupações maternas que deverão desempenhar no futuro.

A ideia de aprendizado também é transmitida na imagem à direita (fig. 96), em ambiente interno, em que se vê uma menina tocando piano, um instrumento erudito, acompanhada pela professora, que traja um avental impecável e touca, que reforçam a noção de higiene e recato corporal. Sua aparência se assemelha à de uma agente sanitária, caracterizada pela assepsia e decoro, ainda que sua atuação seja relacionada à transmissão do saber musical. Na foto alinham-se vários instrumentos de percussão, na parte superior do piano, o que nos leva a inferir que, nessa época, na iniciação musical das crianças também se inclui a música popular.

Nos Parques Infantis também há acompanhamento médico, através de exames periódicos que atendem crianças e adolescentes até os 15 anos. A foto seguinte da série (fig. 97) mostra a ação do médico na prevenção de doenças, ícone da atuação profilática que cabe ao Estado desenvolver no trabalho da assistência social que deve prestar aos cidadãos. Na lateral esquerda da imagem, apesar da aparência despojada do consultório, destacam-se a organização e o asseio no local visível do armário onde estão dispostos os medicamentos e instrumentos utilizados.

99.

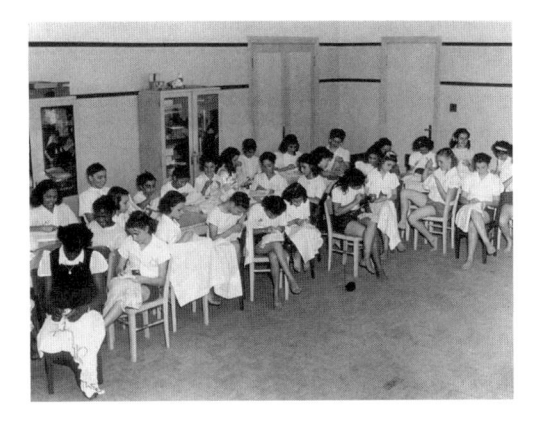

100.

O espaço do Parque Infantil do Ibirapuera também é utilizado para ministrar palestras às mães, a fim de transmitir noções de puericultura, como mostra a imagem. Na foto (fig. 98), o conteúdo do cartaz destaca as melhores condições de higiene e cuidados recebidos na maternidade no decorrer do parto, enfatizando a visão que prioriza o espaço formal da maternidade em oposição aos cuidados caseiros prestados por parteiras sem formação médica e desatentas aos cuidados de higiene e que por isso deveriam ser abandonados. O público, provavelmente formado por mães de camadas populares, recebe então outra visão da maternidade, de acordo com as ideias da época e distante de um saber popular que acaso fizesse parte de sua cultura de origem.

Os Parques Infantis também sediam os Centros de Moças Operárias, que buscam o desenvolvimento profissional feminino oferecendo, dentre outros, cursos como o de bordado (fig. 99). Esses locais tornam-se pontos de encontro e de sociabilidade feminina, permitindo a troca de informações e de experiências para as jovens em processo de formação profissional ou para as mães que realizam fora do lar trabalhos domésticos ou "tipicamente" femininos. Para elas, esses cursos configuram uma oportunidade de sair de casa e de ampliar as redes de sociabilidade.

A imagem seguinte (fig. 100) mostra que ali também são oferecidas atividades físicas, como ginástica para as moças operárias, destacando assim que o enfoque da assistência social pelo governo municipal na

99.
Parque Infantil da Barra Funda. Centro de moças operárias. Aula de bordado. 1947

100.
Parque Infantil da Barra Funda. Centro de moças operárias. Aula de ginástica. 1947

época é o do cuidado da saúde e do corpo, tratando-se do atendimento às crianças, às mães ou às jovens operárias, que assim devem aprimorar-se para adquirir melhor condição de desempenho físico no trabalho.

É importante destacar que a iconografia sobre os Parques Infantis é mais marcante na fase de sua criação e até os anos 1950, quando as fotografias eram produzidas para divulgar a relevância da atuação do governo municipal em relação à infância pobre e assim também justificar as ações da própria instituição. A partir dessa época, o número restrito de imagens localizadas e a falta de expressividade são signos marcantes da mudança de diretriz política em relação à assistência social e ao uso da fotografia como documento e testemunho.

As fotos selecionadas apresentam semelhança de função, conteúdo e forma com as imagens do acervo do Sesc São Paulo que foram expostas no capítulo 1. Tanto o Departamento de Cultura como o Sesc na época criam uma produção basicamente de registro documental. Ambas as instituições investem na documentação fotográfica como evidência de suas atividades para diferentes finalidades. O objetivo dessas instituições ao preservar seus acervos é o de destiná-los ao uso imediato, de prestação de contas institucional ou à sociedade como um todo, conservando-os também como testemunho das práticas que implementam e do período histórico em que são realizadas.

Ainda que as imagens do Sesc sejam produzidas a partir de 1946, é possível efetuar a aproximação e o diálogo entre os dois conjuntos de imagens, por mais que a série do Sesc seja mais ampla no registro de suas práticas sociais e culturais, apontando para maior abrangência de suas ações.

É notório, em primeiro lugar, que as fotografias em estudo mostram semelhanças na composição imagética em relação ao recorte das atividades focalizadas, evidenciando um olhar documental similar em termos de registro fotográfico na época.

No entanto, é importante também salientar as semelhanças que essas imagens revelam em termos da natureza das instituições cujas atividades elas registram. Os espaços dos Parques Infantis são semelhantes aos dos Centros de Orientação Social do Sesc, tanto em relação às áreas edificadas como ao uso dos equipamentos, que está relacionado a formas de assistência social organizada por instituições públicas ou particulares, visando atender exigências de saúde e de adequação de comportamento dos trabalhadores às modernas condições de trabalho e de vida na metrópole paulistana. Também se destaca que ambas as instituições atuam no mesmo universo de intervenções sociais, realizando práticas físicas, educacionais e culturais.

As fotos dos Parques Infantis do Departamento de Cultura mostram principalmente ações de atenção à saúde e de cuidado com o desenvolvimento de crianças e jovens de condição operária para que possam trabalhar e viver em uma sociedade moderna, com suas regras e padrões sociais. Assim, as imagens registram a distribuição de leite, a realização de esportes, a assistência médica e as práticas higiênicas realizadas nos PI. De modo similar, as imagens iniciais do Sesc também salientam o enfoque higienista dado ao trabalho de assistência social aos comerciários.

Também é semelhante a dimensão educacional das práticas oferecidas nos Parques Infantis e nos Centros de Orientação Social. Consideradas como atividades "extraescolares" para as crianças, a educação como capacitação física e formação moral que elas oferecem se estende também às mães e às jovens que serão futuras mães e trabalhadoras. Para elas são ministradas palestras sobre puericultura e o lar, e também oferecidos cursos de formação profissional para trabalhos considerados femininos, bem como práticas físicas, a fim de garantir sua saúde e seu vigor como mãe de família ou trabalhadora.

A criação do Departamento de Cultura sob a égide de Mário de Andrade, assim como a fundação do Sesc, ainda que em diferentes momentos e originadas de frentes organizadas distintas da sociedade – homens públicos, intelectuais e empresários do comércio –, apostam na busca de um processo de mudança social calcada na educação (Niemeyer, 2002: 96).

É importante entender o contexto político e social que conduz à implementação de práticas de assistência social que se vinculam de modo estreito à educação das classes trabalhadoras. Tanto a Carta Constitucional de 1934 como a de 1937 destacam o discurso eugênico e moral voltado para a infância e a juventude, prevendo a criação de atividades para as gerações que serão as dos futuros trabalhadores do Brasil. Do mesmo modo, essas práticas são indissociáveis da dimensão cultural em que se baseia o sentido de pertencimento à nação, e que deverá ser parte da educação cívica e da formação do caráter das novas gerações.

É esta educação que se vincula à assistência social, como instrumento de integração das classes trabalhadoras a uma nação brasileira e um Estado moderno que, no pensamento dos anos 1930 e sob o Estado Novo, são vistos como projeto ainda não realizado, num país em que séculos de dominação colonial e oligárquica continuavam a manter os trabalhadores prisioneiros de estruturas clientelísticas de poder local. Assim, ainda que ao preço da negação formal da democracia representativa e dos direitos civis e políticos, os direitos sociais reconhecidos aos trabalhadores deveriam ser a base da verdadeira cidadania, da consolidação da nação e da construção de um Estado nacional moderno.

Por certo, essa retórica serviu ao assistencialismo, ao populismo e à política de conciliação de classes que mantiveram Vargas no poder por 15 anos. Entretanto, com o fim do Estado Novo, a redemocratização conduzida pelas elites não abandonaria o ideal da "paz social" que de bom grado recebera do período Vargas. Daí que, nos anos 1940, se mantenham estruturas, instituições e práticas de assistência social patrocinadas por entidades empresariais, que praticamente não se distinguem daquelas do Estado Novo, explicando-se assim as semelhanças entre os PI e a atuação do SESC São Paulo no período.

Contudo, sob a aparente identidade da forma, se revela uma importante diferença no conteúdo, no sentido e na significação social dessas novas práticas de assistência social. Sem a visão global de Mário de Andrade que sustenta seu projeto dos PI, associando uma cultura ligada ao universo dos trabalhadores – o folclore ou a cultura popular – a um projeto de educação do qual se espera a refundação da nação e do Estado Nacional, resta às entidades patronais ater-se à racionalização modernizadora do trabalho e da vida social urbana. Assim, da perspectiva dessas entidades, deve-se entender educação como adestramento do corpo para o trabalho através de práticas físicas e como modernização civilizadora dos costumes arcaicos de origem rural, para inserir de modo adequado as classes trabalhadoras na vida da metrópole paulistana. É a isso que se destinam agora as ações de assistência social, ainda que conservando o mesmo propósito de conciliação de classes do período anterior.

Resta que, como resultado desses processos, aos poucos o direito trabalhista ao descanso semanal e às férias remuneradas levará também ao aumento da demanda, por parte das classes trabalhadoras, de equipamentos que lhes permitam gozar seu tempo livre com atividades recreativas, que passam a lhes ser concedidos como benefícios sociais por instituições como o Sesc São Paulo.

A leitura das imagens localizadas, de acordo com a instituição e a época, apresenta-nos práticas esportivas e culturais organizadas no espaço social da cidade, percebendo-se um olhar estratégico de implantação da ação social na metrópole paulistana. Afirma-se um conteúdo de organização do lazer da família dos trabalhadores urbanos, tanto do operariado industrial quanto de estratos da classe média baixa, incorporados pelo comércio e outras atividades de serviço. Assim, essas imagens expõem modos de inserção dessas camadas sociais no meio urbano por meio do lazer e de práticas educativas que configuram uma forma específica de participação popular no cotidiano da cidade.

Esta análise permite também assinalar, como elemento diferencial na avaliação do significado dessas novas práticas sociais ligadas ao lazer que aos poucos vão se consolidando, o lugar que nelas ocupam as formas de cultura ligadas a esse universo dos trabalhadores – a cultura popular – ao qual as práticas e equipamentos de lazer se destinam.

Convém considerar, em outro momento, como essa cultura popular se insere nas formas de cultura e de lazer na metrópole. Um momento significativo para a avaliação é o da celebração do IV Centenário de São Paulo em 1954, quando o folclore – que Mário de Andrade erigira em esteio da criação de uma cultura nacional – ganha espaço próprio em meio às comemorações.

Comandada por Ciccillo Matarazzo, a Comissão dos Festejos do IV Centenário planejava desde 1951 as imponentes intervenções urbanas que deveriam marcar, por ocasião das celebrações, o novo perfil de São Paulo como grande metrópole moderna. A construção do Parque do Ibirapuera tornou-se um ícone desse processo. Desde a década de 1920, a área fora incluída, em sucessivos projetos de reforma e planejamento urbano, como destinada à implantação de um amplo parque público de recreação e lazer da cidade, prevendo-se a instalação de grandes complexos esportivos e equipamentos voltados para a cultura.

O projeto final, assinado por Oscar Niemeyer, e que não chegou a ser integralmente executado, resultou na configuração que tem hoje o Parque do Ibirapuera. Sua abertura, em dezembro de 1953, assinalou o início dos festejos do IV Centenário. A instalação da II Bienal Internacional de Artes no edifício do Palácio das Indústrias – hoje Pavilhão Ciccillo Matarazzo –, trouxe para São Paulo a vanguarda da arte internacional do período, além da célebre obra de Pablo Picasso, *Guernica*, marcando de tal modo o evento que se tornou conhecido como a "Bienal de Guernica".

É em meio a essas celebrações das conquistas do progresso, da indústria e da tecnologia como marcos da modernidade da metrópole cosmopolita, que tem lugar, nos festejos do IV Centenário, o Congresso Internacional do Folclore, organizado pela Comissão Nacional de Folclore. Qual o sentido da discussão dessa temática em tal contexto?

Quando abordamos anteriormente as práticas esportivas e culturais do Departamento de Cultura da Prefeitura Municipal, assim como as do Sesc São Paulo, comentamos formas de intervenção social de instituições de assistência social que aos poucos ganharam autonomia para configurar o novo campo do lazer. No caso da Comissão Nacional de Folclore, trata-se não de uma instituição, mas de um movimento que se caracteriza por formas de produção cultural próprias, o que nos faz refletir sobre o caráter do conceito de "folclore" na época e sua compreensão por este movimento, que busca a valorização e a divulgação de aspectos da cultura popular.

As discussões sobre o folclore e o universo da cultura popular pela Comissão Nacional do Folclore aproximam-no de uma atuação e produção cultural e social dentro dessa dimensão pelo Sesc São Paulo, vistas por meio de imagens desta instituição já expostas no capítulo II. Desse modo, podemos refletir sobre aproximações e diferenças entre essas entidades, através das formas de compreensão dessa esfera.

A Comissão Nacional de Folclore começa a atuar no início dos anos 1940, podendo ser caracterizada como um grupo que tem uma produção intelectual particular e que se organiza principalmente de forma coletiva na defesa das tradições populares. Presidida, na época, por Renato de Almeida, folclorista de renome, tinha como sede a cidade do Rio de Janeiro. O movimento, de forte caráter mobilizador, logo se organiza por todo o país, buscando criar uma estrutura de rede para o desenvolvimento de sua ação.

Num artigo de 1953, Renato de Almeida apresenta os principais alvos do Movimento Nacional de Folclore, que busca prioritariamente a mobilização como instrumento de pressão e como modo próprio de expressão. Como principais pontos para a atuação do movimento, ele indica: a pesquisa, para o levantamento do material, possibilitando seu estudo; a proteção do folclore; e a busca do uso do folclore na educação (Vilhena, 1997: 174). Destaca-se aqui a questão da utilização do folclore na educação, o que confere ao movimento um caráter político que lhe permite criar formas de mobilização e pressão para procurar preservar essas manifestações da cultura popular.

Em relação à difusão do conhecimento científico do folclore, destaca-se a instituição museu, pois os intelectuais veem que, nos museus em que se exibe a arte popular, existe o contato mais próximo com essas formas de cultura, ou seja, creditam um papel compensatório à materialidade das peças em virtude de não se ter contato direto com as fontes originais. Além disso, os folcloristas acreditam que, ao permitir o contato com os artefatos folclóricos no museu, se possibilitaria uma condição de "mínima interferência externa a essa 'vivência do folclore'" (Vilhena, 1997: 194).

Os congressos são vistos pelos folcloristas como um modo de persuasão das autoridades políticas sobre a relevância do tema e pelo aspecto celebrativo da cultura nacional e regional que esses eventos assumem. Também são considerados como o principal espaço de sociabilização e decisão do movimento, já que neles se reúnem folcloristas de todos os estados. É importante salientar que os eventos e congressos geralmente têm lugar aproveitando datas comemorativas e que as apresentações folclóricas – momentos de dramatização de rituais – formam o ápice dos encontros a cada reunião.

A intenção de Renato de Almeida, ao organizar o I Congresso de Folclore em 1951, é criar uma "carta viva do folclore brasileiro", o que se repete no Congresso Internacional do Folclore que ocorre durante as Comemorações do IV Centenário da cidade de São Paulo, em 1954. Vilhena comenta a organização de uma exposição nacional dentro do Congresso Internacional, que apresenta como diretrizes uma série de quadros regionais que deem, com o aspecto ecológico, a nossa realidade folclórica. A cada estado foram atribuídas referências regionais típicas: o cangaço a Alagoas, o candomblé à Bahia, a estância ao Rio Grande do Sul etc. Por meio desses "centros de interesse" e da justaposição de quadros, esperava-se fornecer "uma síntese da cultura popular brasileira, quer material, quer espiritual". (Vilhena, 1997: 219)

É a partir deste enfoque que comentamos na sequência algumas fotos selecionadas da exposição nacional, que explicitam a concepção de sua organização. As fotos não têm indicação de autoria, sendo provavelmente de algum fotógrafo missivista da Comissão que busca registrar o evento para documentar o foco de construção da exposição e para a memória do movimento.

Na primeira foto do conjunto abaixo (figs. 101, 102 e 103), vemos visitantes da exposição observando a figura do Boi Jacá proveniente de São Paulo, durante o Congresso Internacional de Folclore. A imagem mostra somente um recorte da figura do boi, isolado dentro dos "quadros regionais", destacando assim o contato e o suposto conhecimento dessa representação pelos visitantes.

O Boi Jacá ou Dança do Boi é o mesmo folguedo chamado em outras regiões de Boi de Canastra (jacá

101.
Exposição do Congresso Internacional de Folclore. São Paulo. 1954

102.
Exposição do Congresso Internacional de Folclore. São Paulo. Visita do folclorista Renato de Almeida. 1954

é um cesto grande de palha), ou seja, é o bumba meu boi de São Paulo. O folguedo recebe nomes diferenciados e apresenta variações de ritmos, *performances*, indumentárias, personagens e temas ao ser disseminado pelo país.

Em termos teatrais, o folguedo provém da tradição espanhola e portuguesa, no que se refere tanto ao cortejo quanto à *performance* em si, originando-se da tradição de se encenar peças religiosas de caráter erudito para um público das camadas populares, por ocasião das festas católicas, como parte da estratégia de luta da Igreja contra o paganismo. O costume foi trazido ao Brasil pelos jesuítas para auxiliar na obra de evangelização dos indígenas por meio da montagem de pequenas peças ou autos, e a figura do boi provavelmente se associa aos autos de Natal.

A lenda original continua sendo contada e recontada ao longo do tempo, sobretudo na tradição oral nordestina, e depois se difunde pelo Brasil, passa a ser delineada como sátira, comédia, tragédia e drama, de acordo com o lugar em que se insere, porém sempre abordando a história de um homem e um interdito com relação à morte de um boi, ou seja, a polaridade entre natureza e cultura.

No conjunto de imagens seguinte, Renato de Almeida posa à frente de outros quadros regionais, nos quais são expostas expressões do denominado folclore nacional, segundo concepção da época. As imagens mostram o aspecto bastante didático da exposição. Na foto superior (fig. 102), são apresentados diferentes orixás do candomblé, com suas vestes e adornos típicos, além dos atabaques no chão. Para introduzir os visitantes a essa manifestação da cultura popular, então ainda pouco conhecida entre a população das classes média e alta de São Paulo, atrás de cada orixá, no alto, é indicada sua denominação.

Nas duas fotos centrais uma jangada com os artefatos de trabalho do homem do mar e também se mostra um aspecto do interior de sua moradia, revelando a simplicidade e os parcos recursos da habitação de terra batida. Na foto inferior vemos novamente o folclorista à frente de

103.

103.
IV *Congresso de Folclore*. Porto Alegre: de chapéu e gibão, Dante de Laytano, organizador do evento. 1959

pequenas peças esculturais de cerâmica, de animais e de personagens típicos do sertão nordestino, como os cangaceiros.

O aspecto *ecológico* é salientado somente indicando-se a procedência geográfica dos diferentes artefatos. Destaca-se que, nas imagens, não aparecem textos explicativos dessas manifestações da cultura popular. Podemos perceber, pelo enquadramento em primeiro plano, a ênfase dada à figura de Renato de Almeida como fomentador e conhecedor das manifestações regionais, sendo registrada sua presença para se produzir um documento e um testemunho da realização do evento. Além disso, a partir da imagem do folclorista, transmite-se a noção de valorização de sua figura, possuidor de saber erudito, à frente da concepção da exposição como modo de difusão do conhecimento do folclore para a sociedade.

Na imagem seguinte (fig. 103) vemos Dante de Laytano, também folclorista de destaque na época, que aparece usando um traje de origem alagoana, ofertado por folcloristas daquele estado. Nos congressos de folclore, além das discussões sobre a temática e do contato com os interessados na área, ocorre o encontro dos estudiosos, que possibilita sua aproximação e a intensificação dos laços de sociabilidade entre esses pares, e são interessantes os comentários a esse respeito. Assim, no IV Congresso de Folclore, realizado em Porto Alegre, onde foi feita a foto, "deu-se a entrega 'em nome de sua Comissão', pelo secretário alagoano Theo Brandão, de 'um chapéu e uma pala de couro, de uso dos cangaceiros. Em seguida, foram cantadas cantigas de várias regiões do Brasil, num ambiente de extrema cordialidade'". (Vilhena, 1997: 220, 221)

O texto explica o caráter do evento, combinando o "palacete" e o "chapéu de cangaceiro", como uma reunião elegante e de sentido folclórico.

Em relação às imagens expostas, depreende-se a compreensão pelos folcloristas de que a contemplação de manifestações folclóricas possui um valor gnosiológico próprio. Assim, essa vitalidade, que permite a ampliação do significado dessas imagens, aparece no discurso da poetisa Cecília Meireles na inauguração dessa exposição, quando afirma que

> "Folclore" é "um retrato do homem" (...) por isso "exposições como aquela repercutem em nosso espírito", de tal maneira que "o mais

simples observador poderá, contemplando as imagens que lhe são oferecidas, confrontá-las, conversar com elas, indagar a sua origem, sua razão de ser, as raízes de que procedem, o fim a que se dirigem, a mensagem que trazem, o mistério de onde surgem e as soluções que levam de volta, depois de cumprida a sua função a serviço do homem".

É muito instigante a visão de Cecília Meireles a respeito dos objetos presentes na exposição e sua ideia de "retrato", que apresenta o enfoque do leitor de imagens, sabendo do seu potencial visual e das formas possíveis de leitura e de cognição desse tipo de linguagem. Porém, o tom do discurso atua muito mais como metáfora a respeito das imagens do folclore na exposição, pois, como foi dito, os quadros não apresentavam textos introdutórios nem legendas, o que impedia o conhecimento mais detalhado das informações. Além disso, ao efetuar uma mimese destas imagens com retratos, como salienta Vilhena, destaca um aspecto principalmente evocador associado ao folclore.

Com relação à realização do Congresso Internacional do Folclore nas comemorações do IV Centenário da Cidade de São Paulo, levando em conta seu caráter, pode-se inferir que esses eventos são bastante reveladores dos modos ritualizados da vida paulistana na época e que o exercício de sua leitura permite captar relações básicas dessa sociedade (Arruda, 2001: 82). Pois, atuando de forma concomitante, eles referendam a tradição – como no caso do Congresso Internacional do Folclore – e afirmam o novo, o recente, a modernidade da cidade na época, sem que o passado seja devorado.

As comemorações do IV Centenário podem ser vistas como marco celebrativo e ritualizador de confirmação da passagem de São Paulo para a modernidade, o que reitera a entrada da cidade em um novo tempo caracterizado pela renovação e a torna, desde essa época, um símbolo da babel da cultura, como será atestado em décadas posteriores. Em relação à importância da época e de suas conquistas para um tempo presente, José Celso Martinez Corrêa, em depoimento para a revista *Cidade*, comenta: "Eu acho que estamos entrando num período de retomar com força esse destino, que já teve o modernismo, a riqueza dos investimentos dos anos 1950 e o tropicalismo. Agora, nós somos contemporâneos disso e acho que temos que botar em prática essas coisas" (1994: 34).

Se a São Paulo de 1954 já continha a de 1995, estamos autorizados a continuar o exercício de leitura e análise de imagens de intervenções sociais no campo do lazer e da cultura na cidade num período mais recente, buscando suas semelhanças e diferenças em relação às imagens anteriormente consideradas. Vamos nos deter em uma instituição – a Pinacoteca do Estado de São Paulo – em que a cultura popular volta a aparecer com força, mas em outro diálogo com a cidade e suas manifestações culturais. Começamos, portanto, com a mostra de arte que é um marco de difusão e consumo cultural contemporâneo, a exposição de caráter retrospectivo do escultor Rodin (fig. 104), que revela para os diferentes públicos de São Paulo não só a importância de sua obra, mas seu caráter universal. A exposição marca também a história da Pinacoteca, pois atrai um vastíssimo público para essa instituição, caracterizando-se como fenômeno de massa, amplamente divulgado pela mídia:

> O *Gênio do Repouso Eterno* chegou em um caixote de madeira às 20h30 do dia 7 de junho. O caminhão da transportadora Fink, um Mercedes, parou em frente do prédio da Pinacoteca do Estado. Aos gritos de "empurra!", "puxa!", dez homens musculosos se desdobravam em delicadeza para sustentar aqueles 514 quilos de bronze. Atendendo às ordens em francês do nervoso Jacques Vilain, diretor do Museu Rodin, eles retiraram seus relógios e anéis (para não causar arranhões) e foram proibidos de usar luvas (para não deixar a peça escorregar). Alguns privilegiados, como o secretário estadual de Cultura, Marcos Mendonça, e o adido cultural francês, Jean Yves Merian, assistiam ao espetáculo da escadaria, dando palpites. Meia hora mais tarde, quando a estátua finalmente foi alçada ao pedestal branco, os carregadores puderam respirar aliviados. A plateia urrava: "Bravo, bravo!". Aquela era a última das esculturas da exposição que começaria no dia seguinte às 10 da manhã. "Não sou nenhuma madame Soleil, capaz de profetizar as coisas, mas esta mostra será um sucesso enorme", apostava Merian. (revista *Veja*, 19/6/1995)

Outro artigo da revista *Veja*, "O escultor que atrai multidões", confirma o prognóstico. A mostra ocorre como uma celebração para ver os bronzes, um gesso e fotografias do escultor francês Auguste Rodin na

Pinacoteca. Desde a inauguração, por volta de 3.500 pessoas por dia visitam a exposição, sendo que, nos fins de semana, a frequência alcança o número de 5 mil visitantes. Para se ver a mostra, o público percorre uma fila que pode chegar a um quilômetro.

Além da divulgação benfeita pelos meios de comunicação, assegurada pela gestão de Emanoel Araújo, que traz a grande exposição internacional para o museu, a mostra marca a caracterização da década de 1990 como um tempo de eventos culturais como fenômenos de massa. Da mostra também fazem parte filmes e vídeos, curso de desenho, concurso – "Como Vejo Rodin" – para alunos do primeiro grau, e apresentação de dança – "Museu Rodin Vivo" – nos jardins do Museu do Ipiranga. A exposição se traduz como um símbolo de consumo cultural para camadas médias e elevadas.

A mostra é considerada pelo público como programa obrigatório, pois, como grande exposição, "ali se encontram obras que, pela beleza, pela raridade e pela oportunidade única de apreciá-las, compensam o sacrifício" (revista *Veja*, 19/6/1995: 14). Aparentemente, a vinda desse conjunto de obras de Rodin para São Paulo é vista como um privilégio único. Assim, devido à relevância deste bem cultural que é referência mundial, torna-se fundamental visitar a exposição, pois é capital cultural para os visitantes, o que compensa o longo tempo de espera. É interessante assinalar que São Paulo não vê tal movimentação em relação a um artista desde 1953, quando corre a apresentação de *Guernica*, de Pablo Picasso, na II Bienal Internacional de São Paulo.

A exposição Rodin é considerada muito importante, tanto pelo valor cultural das obras do artista, quanto pelo significado que ela terá para a Pinacoteca do Estado de São Paulo, pois, a partir desse período, também a instituição se torna efetivamente um marco cultural da cidade, passando a ser muito visitada pelo público. Até o começo dos anos 1990, a Pinacoteca do Estado, apesar de ser o primeiro museu de arte de São Paulo e contar com quase cem anos de história, não tinha qualquer visibilidade no panorama artístico da cidade. Com a vinda de Emanoel Araújo para a direção do museu – que implementa uma linha de ação cultural direcionada para a difusão da grande cultura acessível em princípio apenas à elite, mas também da diversidade cultural brasileira – e depois da exposição Rodin – que é um emblema da nova gestão –, inicia-se o processo que conduz à redescoberta e recuperação da importância desse museu.

Vamos nos deter na foto da escultura *O pensador* de Rodin (fig. 104) apresentada na mostra e que constitui verdadeiro ícone de sua produção em termos de conhecimento e de difusão internacional de sua obra.

O pensador (1880), elaborado originalmente para integrar o grande conjunto escultural da *Porta do Inferno* (1880) e representado como Dante, juntamente com todos os personagens da *Divina comédia*, não foi avante. Entretanto, conduzido por sua inspiração original, Rodin retoma o projeto e concebe

104.
O pensador. *1880*
Foto: Bruno Jarret/
ADASP. © *Musée Rodin*

um outro Pensador, um homem nu, agachado num rochedo, onde seus pés se crispam. Com os punhos no queixo, ele medita. O pensamento, fértil, se elabora lentamente em seu cérebro. Não é um sonhador, é um criador. Nascera minha estátua. (Rodin *apud* Araújo, 1995: 56).

Esta escultura, que ocupa um lugar de destaque na *Porta do Inferno*, depois passa a ser um tema autônomo e é feita uma ampliação do pequeno gesso original com 1,82 metro de altura, para a produção de uma tiragem em bronze, exposto em Paris em 1904. Dois anos depois, a estátua é inaugurada no Panthéon. A forte musculatura e a tensão presente no corpo nu denotam, como quase sempre, a influência de Michelangelo.

Com os pés apoiados no rochedo, que tem como base, e o corpo em curvatura para a frente, em semicírculo, percebe-se a formação de um movimento interior ligando todo o corpo, que irá gestar o pensamento e o processo criativo. De alguma maneira, essa figura tão presente no imaginário ocidental se associa como mimese à figura do próprio Rodin e à ideia de criação em seu sentido amplo.

As filas para a entrada na mostra podiam demorar até sete horas, mas o público não se preocupava com isso. Ao contrário, parece fazer do tempo de espera um momento de lazer e um programa de diversão, na sociabilidade descontraída do convívio com colegas ou mesmo com desconhecidos forçosamente reunidos por uma situação comum.

As grandes filas que se formavam em frente ao museu testemunhavam o afluxo constante e intenso de visitantes para a mostra Rodin, caracterizando-se por ser um registro documental do evento e um marco da nova fase que se inicia para a Pinacoteca, ao trazer a produção escultórica, de pintura e de fotografia de grandes artistas internacionais para o conhecimento do público da cidade. Essa linha de ação cultural não é exclusiva da Pinacoteca, pois, a partir dos anos 1990, também ocorre em museus como o Masp, o MAM e a Fundação Bienal. No entanto, a Pinacoteca mostra um dinamismo muito intenso no período, juntamente com a ênfase na diversidade cultural brasileira que a diferencia das outras instituições culturais.

Há, portanto, um contexto temporal a ser salientado, na vinda da exposição Rodin a São Paulo e particularmente para a Pinacoteca do Estado, que nos remete às formas de consumo cultural a que está submetida uma mostra como essa, por uma sociedade complexa como a brasileira, no final do século XX. Porém, as imagens nos mostram obras de arte que têm sua própria força atemporal e uma densa carga expressiva, que passam por diferentes formas de apropriação e significação por tipos específicos de público. Elas remetem a questões universais, como o tempo, os sentimentos humanos e a continuidade do Homem, que, pela sensibilidade artística, mobilizam em diferentes graus os visitantes com relação a essas indagações, conduzindo a diversas leituras e interpretações.

Dessa forma, quando em 2001 a obra de Rodin foi trazida novamente a São Paulo – agora o próprio conjunto escultórico monumental da *Porta do Inferno* –, a Pinacoteca do Estado poderia fazer um balanço de sua trajetória desde aquela primeira mostra de 1995, referindo-se a

> memoráveis exposições [que] deram continuidade à trajetória aberta por Rodin: Rafael Bordalo Pinheiro, Brecheret, Leopoldo e Silva, Bruno Giorgi e Ernesto de Fiori, as naturezas-mortas do Museu de Belas-Artes de Valência, Niki de Saint Phalle, Piranesi, Jean-Michel Basquiat, Francisco Brennand, Manolo Valdéz e outros mestres espanhóis do porte de Pablo Picasso e Joan Miró. Além disso, é preciso lembrar as notáveis mostras fotográficas de Marcel Gautherot, Pierre Verger e François-Marie Banier, dos africanos Rotimi

Fani Kaiode e Seidou Keita, além dos brasileiros Flávio de Barros, Marcos Santilli, Estevam Avelar, Walter Firmo e Afonso de Freitas. (Araújo, 2001: s/p.)

Percebe-se, portanto, a presença contínua na Pinacoteca do Estado de grandes mostras de expoentes da escultura, da pintura e da fotografia internacional, ao lado de exposições que divulgam a produção brasileira, dando assim destaque à organização e exibição de trabalhos que enfatizam a diversidade cultural como eixo central de seu programa de exposições. No entanto, a ênfase dada à diversidade cultural não se limita ao panorama internacional das artes e suas diferentes linguagens. É com relação ao próprio país que essa ênfase revela seu verdadeiro caráter de inovação, ao permitir a montagem de um conjunto de grandes exposições que, antes e depois da mostra Rodin, estão centrados na cultura, memória negra e na arte popular. Na gestão de Emanoel Araújo à frente da Pinacoteca, buscou-se também mostrar a contribuição negra à formação de nossa cultura e à criação das artes no Brasil.

Assim, a primeira foto da série a seguir (figs. 105) é extraída de uma das inúmeras exposições organizadas pela Pinacoteca, *Arte e religiosidade no Brasil – Heranças africanas*, que, entre documentos históricos e obras de arte, destaca a produção fotográfica sobre o universo da cultura negra nas manifestações religiosas e festas que marcam o cotidiano de comunidades negras, como instrumento de transmissão e preservação de sua memória.

Na foto visualiza-se uma imagem de Lamberto Scipioni, fotógrafo de festas populares italianas, que mostra a mesma sensibilidade no olhar voltado para o "outro" ao registrar manifestações da cultura negra. O fotógrafo se embrenha pelo interior do Brasil, numa viagem por quilombos contemporâneos, acompanhando a pesquisadora Glória Moura, e fotografa o modo de vida e o *ethos* de uma comunidade negra.

Na imagem denominada "Terecô. Festa do Divino", registrada no quilombo de Santa Rosa dos Pretos, visualiza-se um fragmento dessa festa integrante do catolicismo popular, apropriada e ressignificada pela cultura negra, que a retraduz em termos referidos a outras cosmologias. No Maranhão, a Festa do Divino deu lugar a uma celebração peculiar pelo papel que nela assumem as mulheres, as "caixeiras do Divino". Mesmo na Casa das Minas, terreiro de culto jeje de São Luís, o Divino é louvado pelas caixeiras, sendo a festa a única ocasião em que as mulheres podem tocar os instrumentos de percussão, já que os tambores sagrados são reservados exclusivamente aos homens. Homenageando-se na Festa do Divino a presença do Espírito Santo, graças à qual Maria concebeu e deu à luz o Filho de Deus destinado a morrer pela salvação dos homens, a celebração é vista como essencialmente feminina. Assim, ela é mediada pela presença da mulher, essa "metade perigosa" da humanidade, associada à morte e que tem poder de gerar a vida (Herz, 1990), sendo esta a razão para que só nessa ocasião seja autorizado às caixeiras tocar os instrumentos sagrados de percussão.

Assim, nesta imagem única, capta-se o momento em que, após os cânticos tradicionais de devoção, uma das integrantes da comunidade dança no círculo formado pelas caixeiras, que agora tocam o ritmo profano do terecô. Na fotografia, o envolvimento corporal e musical dessa mulher já de meia-idade parece tão intenso que, movida pela sonoridade dos tambores, ela inclusive fecha os olhos, como que se deixando levar pela música, conduzida por um ritmo interior que comanda seus movimentos corporais. Também transmite a impressão de um grande conhecimento e de uma vivência intensa dessa *performance* de música e dança, que lhe permitem simplesmente deixar fluir o movimento do corpo por uma memória da festa que nele se inscreve e que é compartilhada por toda a comunidade.

105.

106.

105.
Terecô. Festa do Divino, Santa Rosa dos Pretos. Maranhão. 1989.
Foto: Lamberto Scipioni

106.
Lavagem do Bonfim, Bahia.
Foto: Marcel Gautherot.
Acervo Instituto Moreira Salles
Anos 1960

107.
Arturos. 1994. Foto:
Eustáquio Neves

107.

A foto *Lavagem do Bonfim* (fig. 106) integra a produção do fotógrafo francês Marcel Gautherot, em suas viagens pela Bahia, quando percorreu Itapuã, Ilha da Maré, Santo Amaro da Purificação, Cachoeira, Ilha de Itaparica, entre outros locais, além de permanecer um tempo maior em Salvador.

Exposta na mostra *Retratos da Bahia*, realizada na Pinacoteca em 1996, a foto *Lavagem do Bonfim* se destaca por apresentar o povo e suas festas. Integra uma ampla documentação do que foi uma constante expressão do homem, de seu tempo, incluindo aspectos da paisagem, dos hábitos e das culturas, registrando o movimento permanente da vida.

Na imagem vemos uma senhora negra, usando um lenço amarrado à cabeça e o pano da costa listrado*, em seu ombro direito, além do colar de balangandãs, pulseiras e brincos de prata que simbolizam vínculos com uma herança africana. Realizada de baixo para cima, a foto destaca seu orgulho e a integração à festa de Lavagem da Igreja do Bonfim, que é realizada nos meses de janeiro, em Salvador.

A lavagem festiva ocorre com a saída do tradicional cortejo de baianas da Igreja de Nossa Senhora da Conceição da Praia que se dirige a pé até o alto do Bonfim, para lavar as escadarias e o átrio com vassouras e água de cheiro. O ponto alto da festa ocorre quando as escadarias da igreja são lavadas por cerca de 200 baianas vestidas com trajes tradicionais. De suas quartinhas – vasos que trazem aos ombros – despejam água nas escadarias e no átrio da igreja ao som de palmas, toque de atabaque e músicas de procedência africana. Com o término da manifestação religiosa, a festa continua no Largo do Bonfim, com batucadas, danças e barracas de comidas típicas. A lavagem festiva conta com a participação de fiéis do catolicismo, umbanda e candomblé já que o Senhor do Bonfim, conforme o sincretismo religioso na Bahia, simboliza Oxalá.

* N.E. Parte da indumentária de baiana característica no Rio de Janeiro e Salvador, no século XIX.

Marcel Gautherot, a partir de suas vivências no México e no Marrocos e do contato com etnólogos, adquiriu uma visão bastante marcada pela antropologia. A convivência com etnólogos contribuiu para que ele adquirisse um olhar que o conduzisse, por meio da fotografia, à compreensão do Outro. É importante destacar que nas fotos de Gautherot há um diálogo permanente entre tradição e contemporaneidade.

Já na foto da comunidade dos Arturos (fig. 107), em Contagem, Minas Gerais, visualiza-se um integrante da comunidade com seus filhos, em dia de festa em louvor a Nossa Senhora do Rosário. Em várias partes de Minas Gerais, os festejos do Rosário, que têm lugar no mês de maio – mês de Maria –, são denominados Reinado da Senhora do Rosário e, durante as celebrações, tem lugar a apresentação de várias formas de cantos e danças de devoção associados aos negros ou por eles assimilados – Moçambiques, Congadas, Guardas de Vilões e Catopés, Caboclinhos. Entre os Arturos, apresenta-se uma *performance* devota das danças de Congos, e os participantes usam vestimentas próprias para a celebração, roupas e turbante brancos, assim como as gungas – chocalhos feitos de lata com pedrinhas – amarrados aos tornozelos para marcar a cadência e o ritmo musical. O pai também aparece segurando uma pequena bengala ornamentada com castão prateado, provavelmente símbolo de seu poder de comando dentro da festa.

No registro fotográfico cuidadoso de Eustáquio Neves, pai e filho parecem orgulhosos da pertença social à comunidade dos Arturos – uma grande família descendente de Arthur Camilo, escravo a quem, na abolição, o senhor doou as terras onde vivia com sua família. Todos estão preparados para a participação no ritual da festa. O filho menor, à direita, aparece totalmente envolvido com seu brinquedo, um pequeno tambor que, como artefato cultural, expressa tanto a produção da festa e a integração da criança ao ritual, como, por seu aspecto lúdico, uma dimensão da memória, pois é por meio da brincadeira que o menino irá aprender e retransmitir a tradição.

Também nesta imagem o fotógrafo expõe aspectos de sua pesquisa com novas linguagens na fotografia, pois, por meio de artifícios fotográficos realizados em laboratório, cria uma aura nebulosa no fundo da foto que parece evocar uma temporalidade mais antiga e a dimensão da memória. A intenção do fotógrafo, segundo seu olhar, é destacar a existência de vários tempos na comunidade, assim como um diálogo entre a tradição e o presente, que se refaz no cotidiano dos Arturos e na celebração da festa ritual.

Por meio das imagens de diferentes fotógrafos, com olhares muito sensíveis e que veem "de perto" as comunidades fotografadas e seus rituais, na série de catálogos dessa exposição, mostram-se aspectos da permanência da cultura negra, expondo formas características de apropriação da cultura hegemônica, bem como de pertença e de identificação dos moradores dessas comunidades. Em outras palavras, essas imagens permitem inferir que a permanência "é também esforço da alma para preservar uma visão de mundo e que, mais que identidade intocada, ela significa trocas, amálgamas, reinterpretações, num fluxo de duas mãos que corre entre Áfricas, Brasis e Áfricas" (Montes, 1997:s.p.).

Pode-se assim verificar que, nesse período, a Pinacoteca mostra grande dinamismo, tornando-se uma referência para a cidade no que diz respeito às práticas culturais no centro histórico de São Paulo. Sua linha de atuação inaugura uma nova fase do museu, enquanto prática de ação social integrante da política pública da Secretaria de Estado da Cultura, que traz uma visão do lazer e da cultura como elementos de reumanização – no caso da cidade, seu centro histórico – ante a degradação urbana.

Retomando agora os fios condutores deste capítulo, e procurando estabelecer aproximações no panorama diacrônico de práticas sociais e culturais em São Paulo que dialoguem com as formas de intervenção social realizadas pelo Sesc, é o momento de buscar contiguidades e conexões entre as propostas de ação cultural apontadas.

Nas fotos de B. J. Duarte, que registram práticas sociais desenvolvidas nos Parques Infantis nos anos 1940, percebemos uma noção de assistencialismo – que valoriza a puericultura, a família e um discurso higienista – semelhante à visão norteadora de intervenção social do Sesc São Paulo em sua fase inicial. No entanto, o enfoque com o qual a entidade irá abordar e organizar eventos de cultura popular, nos anos 1960 e 1970, é bastante distinto daquele apresentado pela Comissão Municipal de Cultura de São Paulo e pela Comissão Nacional de Folclore ao organizar em 1954 os festejos do IV Centenário da cidade, pois apresentam a produção da cultura popular como integrante da dinâmica cultural, sendo assim passível de mudanças e apropriações na dimensão da produção e da recepção.

O depoimento de Eron Silva, gerente de Artes Gráficas do Sesc sp, sugere algumas inovações da i e ii Feira Popular, realizadas nos anos 1970 no Sesc Consolação, que foram pioneiras para a época em relação à dimensão e concepção. Foram elas que estabeleceram as bases para a vinda e a apresentação de *performances* de grupos de cultura popular nas décadas seguintes, fundamentando também uma maneira de problematizar e trazer à tona a discussão sobre a permanência e preservação do saber popular. Além disso, as reflexões realizadas sobre essa temática, em seminários e eventos, passam por constantes revisões e recortes diferenciados a partir da dinâmica cultural da sociedade, exigindo reformulações e enfoques precisos em sua abordagem. A partir de seu contato e experiência com essas feiras, Eron Silva narra:

> Eu vim a conhecer coisas nessa feira, o que realmente era cultura popular. Não era só artesanato, não era só escultura, pintura. Havia apresentações musicais, comida típica, e isso completou muito a visão que eu tinha de cultura popular. (...) Meu interesse por cultura popular era bastante forte, e aqui pôde-se ver tudo, no mesmo espaço. Acho que neste tipo de evento o Sesc foi pioneiro, na minha visão, em relação a outros eventos, outras instituições, porque foi uma coisa grande, pesquisada nos locais. Trouxe as pessoas [os artistas] aqui. (Silva, 2006: 12)

Efetivamente, o que se destaca nesse enfoque da cultura popular é percebê-la em movimento, atuando de forma dinâmica, atentando-se para os seus diálogos, interações e hibridismos, e não para o seu congelamento, buscando-se nela o que existe de comum e similar. Neste viés, Araújo enfatiza:

> O que interessa é constatar influências; ver experiências que nascem comuns, mas se diferenciam no e em contexto; cujo desenvolvimento permite adivinhar paradeiros semelhantes. Afinal, se a cultura é pública e seu significado está sempre colocado em risco, pouco importa procurar por uma origem ou inventar qualquer tradição. A cultura

se escreve por meio de versões que dialogam entre si, apagando os rastros de sua origem ou as marcas de seu modelo original. Esse é o outro lado da história, já que o resto é só folclore ou o exercício caricato do exótico. (Araújo, 1994)

Maria Celeste Mira, referindo-se à produção cultural na contemporaneidade, enfatiza uma dinâmica que também se estende ao universo da cultura popular: "Sobretudo no que diz respeito às manifestações dos grupos, à vida cotidiana, às redes de lazer, é possível afirmar que as utilizações da cultura transbordam os sentidos, extrapolam a lógica da produção, criando formas não previstas pela indústria cultural" (Mira, 1994: 41).

Em relação a eventos que têm como foco a questão da identidade e da diferença no plano da cultura, o Sesc São Paulo irá ampliar sua linha de ação nessa direção, mostrando uma afinidade, por exemplo, com as diretrizes culturais adotadas na Pinacoteca nos anos 1990 e, em certo sentido, uma complementaridade com sua forma de atuação. Assim, enquanto a Pinacoteca destaca a presença do negro na cultura e nas artes brasileiras numa instituição no centro da cidade, o Sesc realiza nessa época uma série de seminários e eventos – musicais, de dança, teatrais – abordando questões relacionadas à diversidade cultural e à economia da cultura em escala global, e o faz de forma descentralizada, nas suas várias unidades que se estendem até a periferia, atingindo seus usuários trabalhadores perto de suas moradias.

A abordagem da diversidade cultural nessas instituições é perpassada pela visão de pertencimento e identificação por parte de diferentes grupos sociais, seja em plano local ou global, que levanta questões sobre a especificidade/particularidade *versus* homogeneidade da cultura por meio de diferentes práticas culturais, bastante atuais em relação ao fenômeno da mundialização. São práticas que reposicionam essas indagações, apontando para o reconhecimento das culturas, suas formas de expressão e seu lugar social, e mostrando que em sua diversidade se inscrevem os signos de uma humanidade comum.

A questão da diversidade cultural e da pós-modernidade remete à condição da cultura no mundo contemporâneo, e o contato com o filósofo Edgar Morin e seu pensamento sobre a pós-modernidade, a partir dos anos 1990, torna-se bastante fecundo para o Sesc se pensar. Como enfatiza Dante Silvestre,

> A pós-modernidade foi interessante para o Sesc também se reconhecer – sem que o Sesc pudesse se afirmar, digamos assim, uma instituição pós-moderna, mas a pós-modernidade nos ajudou a ver também um pouco na mesma perspectiva do pensamento complexo. A pós-modernidade, vista muitas vezes como uma colagem, recorte de diferentes coisas sem uma organização muito visível – essa ideia nos foi muito interessante, instigante. De alguma forma a gente faz isso também. Nossa programação é uma colagem de coisas diferentes, está tudo muito misturado, diferentes linguagens misturadas. Vem na mesma linha dessa perspectiva de Morin, de uma colagem pós-moderna. Mas o importante é o seguinte: a pós-modernidade jamais seria um projeto assinado pelo Sesc. O Sesc tem – conserva – uma orientação que é, sobretudo, iluminista, e que se contrapõe à questão da pós-modernidade. A pós-modernidade é algo assim que, de alguma forma, até contesta finalidades, roteiros, organizações, uma certa racionalidade, uma certa finalidade. Então, o Sesc é iluminista, a origem dele é iluminista, é um pouco aquele Iluminismo da Revolução Francesa, mesmo: colocar o saber ao alcance de todos, sabe? Em que o conhecimento, o saber, as ciências, a cultura, as artes, se configurem para melhorar a vida das pessoas. Essa vocação está presente no Sesc, como de resto está presente na escola, enfim... essa vocação iluminista, neste sentido, que colide com uma orientação mais pós-moderna: as coisas acontecem por si mesmas. (Silvestre, 2004: 38)

A ideia de "colocar o saber ao alcance de todos", comentada por Dante Silvestre, também pode ser entendida como "democratização da cultura", que o Sesc São Paulo tem como linha de ação e que é ainda a meta principal da maior parte das políticas culturais pelo mundo. Contudo, atualmente a experiência nesta área indica que é necessário ir além, ou seja, há uma demanda de mudança de pressupostos. De acordo com a pesquisadora Isaura Botelho, do Cebrap – Centro de Estudos da Metrópole, trata-se, sim, de aceitar a diversidade de padrões de cultura e, considerando o conjunto do que é produzido e colocado à disposição, observar de forma mais efetiva a existência de vários públicos. Ou seja, não existe o público no singular e um padrão de resposta a qualquer mudança que se promova na oferta. O que há é um conjunto de públicos diferentes, com respostas diferentes, conforme localização espacial, faixa etária, condição de classe, história familiar, bagagem cultural. Esta diversidade de públicos é correlativa a uma pluralidade de padrões de cultura que evidencia distintas possibilidades de escolha, as quais devem ser levadas em conta para que políticas de democratização da cultura deixem de se apoiar em premissas duvidosas, quase sempre não explicitadas, tais como "só a cultura, valor sacralizado, merece ser difundida", ou "basta que haja o encontro entre a obra e o público (indiferenciado) para que haja desenvolvimento cultural". (Botelho, 2003: 14)

Convém lembrar que, ao se comentar e analisar a premissa de ações culturais do Sesc contemplando a diversidade cultural, torna-se evidente que a questão da diversidade de públicos também se insere há longa data no foco de atuação da entidade e vem se ampliando e especializando gradativamente. Assim, as imagens mostradas nos capítulos anteriores contam esta história. Se no início da história do Sesc se privilegiam formas de intervenção social voltadas para crianças e mães, desde meados da década de 1960 a instituição começa a enfocar o público de idosos e os jovens, tendo a ação social intensificada para a juventude e crianças a partir dos anos 1980. Percorrendo-se os capítulos, as imagens mostram de forma diacrônica a narrativa imagética de inclusão desses públicos específicos ao longo da trajetória da instituição.

Também Danilo Santos de Miranda, diretor regional do Sesc São Paulo, comenta a forma de percepção da instituição acerca de diversidade cultural e de público:

> Você tem que lidar com isso de uma forma normal. Como? Dando atenção, acompanhando o processo, e oferecendo, de maneira cuidadosa, atividades, elementos que possam cumprir com isso. De repente, numa determinada unidade em que se tem uma frequência maior de jovens – determinado programa. (...) A frequência aqui, em determinado horário,

é mais terceira idade? Naquele horário a gente vai fazer isso. (...) Mas a terceira idade já está tendo um outro problema, que é o do apoio, da dependência em função do outro, para o idoso mais velho? A gente tem que tratar desse assunto também. É a demanda que exige da gente uma ação, e essa ação tem que corresponder – aí vai um pouco de Teoria da Decisão [de Joffre Dumazedier], de decidir a arrumação imediata – você tem que corresponder na sua programação a esse tipo de demanda. Nesse sentido, nós procuramos atualizar sempre a nossa programação. A questão da diversidade diz respeito fundamentalmente a mim, à questão da acessibilidade e à questão do respeito a todas as tendências. (Miranda, 2006: 16)

É importante constatar neste depoimento como a questão da diversidade cultural adquire desdobramentos e contornos que não abrangem somente a dimensão da cultura. Mostra que há um pensamento a respeito da diversidade como heterogeneidade social por incluir a acessibilidade das diferentes classes sociais, e também o respeito à diferença, a tolerância e, por inferência, o hibridismo cultural.

Além disso, percebe-se por meio das imagens e depoimentos anteriormente analisados que há o entendimento do "olhar de dentro" da instituição e de seus funcionários a respeito de diversidade cultural que é importante destacar. Este vai se formando e construindo no decorrer de décadas recentes, pelo fato de a instituição lidar com várias formas culturais e ter um posicionamento político interno de acolhimento e disposição de expor a convivência de uma multiplicidade de gêneros artísticos. E isto é válido em relação à cultura erudita ou popular, no âmbito nacional ou do exterior e ainda no que se refere a manifestações consolidadas ou de caráter experimental, no intuito de mostrar múltiplas referências de raízes distintas, de universos culturais específicos. Percebe-se ainda que a questão da diversidade cultural e a reflexão sobre a diversidade de público apresentam outros vínculos e associações a serem feitos com a discussão mais ampla sobre democracia cultural.

Em outra dimensão, já imagética, após uma panorâmica realizada sobre as práticas sociais de algumas outras instituições na metrópole paulistana, é momento de refletir sobre o significado do perfil de ação social construído pelo SESC São Paulo ao longo de sua história, e que analisamos a partir do seu registro em imagens.

Os desdobramentos da reflexão sobre as práticas sociais do Sesc como modo de "ação iluminista", a ênfase na democratização da cultura e a visão de suas formas de intervenção social como integrantes de um "projeto civilizatório", serão mais bem aprofundadas a seguir, concluindo a trajetória percorrida neste livro, quando se enfatiza a importância de olhar para o objeto com outras lentes, foco e distanciamento.

Considerações finais – A luz das cidadelas da cultura no lazer

> *O enraizamento é talvez a necessidade mais importante e mais desconhecida da alma humana e uma das mais difíceis de definir. O ser humano tem uma raiz por sua participação real, ativa e natural na existência de uma coletividade que conserva vivos certos tesouros do passado e certos pressentimentos do futuro.*
>
> Simone Weil, A condição operária e outros estudos sobre a opressão (1979)
>
> *Eu acredito que, no Brasil, a cultura, a arte e a estética são fatores importantes para tirar o país da fome. O Brasil é um país novo, com um potencial enorme, criador, e pode exportar para o mundo a indústria cultural e também pode ter na cultura uma riqueza. O Brasil é capaz de inventar não só para matar a fome de comida, mas para saciar a fome de invenção.*
>
> José Celso Martinez Corrêa

Ao longo deste trabalho, realizamos uma imersão no universo do lazer e da cultura a partir das formas de ação e de intervenção social promovidas pelo Sesc São Paulo e entidades afins, analisadas por meio de um *corpus* de imagens e de um conjunto de depoimentos de testemunhas ou intérpretes da realidade documentada pelas imagens, utilizando esses recursos da oralidade no intuito de contextualizar seu significado para os próprios atores sociais envolvidos nos processos em estudo. É chegada a hora de avaliar esse percurso, focalizando-o agora com outras lentes.

Em relação ao trabalho realizado com as fotografias, a edição de imagens foi instrumento de interpretação e de intervenção, bem como ferramenta da própria pesquisa, pois também foi apresentada para interlocutores da instituição pesquisada. O levantamento, seleção e organização de imagens sobre as diversas temáticas arroladas partiu dos universos pesquisados. A edição de imagens realizada foi uma construção sobre a temática estudada e observada.

O processo de imersão que envolve a edição de imagens (a seleção detalhada do material levantado, o descarte, a organização e sequenciamento das imagens) produz uma relação particular e densa com as fotografias. A expressão de um rosto, um movimento corporal, o detalhe de roupa ou de um cenário de fundo passam a ser dotados de sentido quando aproximados de outros ou postos em diálogo com outras imagens.

A edição fotográfica, assim como a videográfica, possui alguns recursos de construção narrativa que resultam em algo "que não é apenas interpretação ou intervenção, mas, propriamente, *insight* e criação" (Hikiji, 2003). A fotografia etnográfica é também um modo de apresentação da sensibilidade estética do estudioso/criador, o que não deixa de estar presente aqui.

As fotografias são elementos visuais que compuseram a temática em estudo. O foco sobre o lazer e a cultura revela-se através dos planos e enquadramentos, mas também através de planos fora do recorte. Fora do recorte não é fora de enquadramento possível. É preciso notar no tema focado o que está nele, mas não foi registrado, o que procurei contemplar por meio da criação das séries fotográficas, assim como das análises realizadas com os recursos da oralidade obtidos nos depoimentos e das informações da bibliografia selecionada.

É importante salientar que o trabalho com imagens, oralidade e textos apresenta o desafio de enfrentar suas especificidades próprias, mas também permite a interação e o diálogo entre essas diferentes linguagens, evidenciando sua complementaridade. Cada uma dessas formas de linguagem possui sua própria densidade, conduzindo a um percurso minucioso no trabalho de lidar com suas formas de construção e elaboração de sentido. O caráter mais sintético da linguagem fotográfica soma-se à minúcia contida nos fragmentos da oralidade delicadamente selecionados, que também compõem sínteses ao seu modo e, adicionando-se a isso a dimensão descritiva da escritura, chega-se como resultado à criação de um texto híbrido. Formado por camadas de recortes e justaposições de fragmentos, ele tece uma narrativa mais aberta – que ora joga mais luz sobre uma imagem, ora destaca um excerto de depoimento, ora alinha uma análise –, compondo uma colcha de retalhos, mas que, ao mesmo tempo, também costura certa narração do real.

Em cada uma dessas linguagens foram produzidas edições – de imagens, da oralidade e da escrita – que compõem uma circularidade com o movimento de trocas que se estabelece entre elas. Elas conversam entre si, mas também expõem cruzamentos e justaposições em sua montagem.

Agora, vendo com distanciamento o resultado da construção narrativa que constitui este livro, podemos dizer que as práticas sociais em estudo, em espaços e regiões específicas da metrópole paulistana, compõem uma rede de cultura e sociabilidade desenvolvida em equipamentos destinados ao lazer que funcionam como foco de atração e irradiação da atuação do Sesc São Paulo para os usuários desses equipamentos e para os moradores do seu entorno, que apresentam em cada caso características socioeconômicas e culturais singulares.

Para se entender melhor o caráter dessa rede, convém reportar-se ao catálogo de uma exposição sobre o trabalho de Lina Bo Bardi, intitulado *Cidadela da liberdade*, no qual André Vainer e Marcelo Carvalho Ferraz (1999: 11), arquitetos colaboradores de Lina no projeto do Sesc Pompeia, explicam a expressão escolhida pela arquiteta em relação à sua obra: "Cidadela – do inglês *goal*, igual a meta ou 'ponto de defesa de uma cidade' – foi o termo usado por Lina Bardi para designar o conjunto; e Liberdade é o sentimento comum do rico e variado público que frequenta a nova/velha fábrica".

É muito fértil a utilização da ideia de cidadela para denominar a antiga fábrica restaurada, reciclada e que continua sendo apropriada para diversos fins associados ao lazer, à cultura, às artes e ao esporte.

No caso, pode-se tomar a ideia de cidadela como "ponto de defesa de uma cidade", enquanto foco e centro irradiador de valores como educação, cultura, dignidade, tolerância, respeito à diversidade cultural e à heterogeneidade social, entre outros – cuja presença é tão fundamental numa cidade, mas ao mesmo tempo tão ausente numa metrópole caracterizada por certo tipo de barbárie moderna como São Paulo. Tanto é assim que esses valores implícitos na noção de cidadela estão presentes nas práticas sociais da instituição e também integram a própria concepção do espaço físico por meio da arquitetura, da limpeza, das formas de atendimento e de manutenção do conjunto, por exemplo.

Além disso, os centros culturais e esportivos do Sesc procuram atuar como cidadelas no coração da cidade, no sentido de que são entendidos como lugares de encontro, de referência, de territorialidade vivenciada como pertencimento para jovens, crianças e integrantes da "melhor idade", contrapondo-se aos "não lugares" (Augé, 1997) da urbanidade e mostrando-se carregados de sentido simbólico e múltiplos significados para seus frequentadores.

Ao mesmo tempo, é importante salientar que a concepção de cidadela originalmente associada ao Sesc Pompeia se difunde para as outras unidades a partir de meados dos anos 1980, com a entrada de uma nova gestão da instituição, que permanece até hoje, e a construção de novos equipamentos espalhados pela metrópole. Podemos entender cidadela como ilha, oásis, bastião, mas também é preciso lembrar a característica que se associa à ocupação de tal espaço, isto é, uma "ação propositiva", como Dante Silvestre esclarece:

> Esta escala foi deliberada pelo Sesc, esta escala de instalações mais completas, mais bem cuidadas. Claro que sempre houve, e até seria muito melhor fazer, pequenas instalações com um número grande em todos os bairros de São Paulo: aqui faz um teatrinho, ali faz um cineminha, ali faz um campo de futebol – o Sesc estaria mais presente. Mas acabou prevalecendo a tese ao contrário. Então, o seguinte: melhor fazer coisas muito benfeitas, porque o Sesc (...) jamais vai poder, não vai ter recursos para ter uma presença física, atender todos os bairros da cidade, todas as cidades do interior. Não dá. Então, pelo menos nós vamos fazer coisas que sirvam, digamos assim, de exemplos. O Danilo

gosta de chamar isso de ação propositiva: "O Sesc tem uma ação propositiva. Olha, isso aqui é um modelo de equipamento cultural! Seria ótimo que o poder público fizesse a mesma coisa". (Silvestre, 2004: 23)

Em relação a esse tipo de ação propositiva da instituição, é preciso lembrar que ela não nasce pronta. A partir dos anos 1960, ocorre gradativamente no Sesc a passagem do perfil assistencial para outro de caráter educativo e cultural. Essa passagem foi sendo aceita pelos empresários à medida que foram sendo convencidos da importância da perspectiva educacional e da relevância dessa missão, a partir do discurso dos técnicos. Como enfatiza Danilo Santos de Miranda, diretor do Sesc São Paulo:

> Aqui, nesses 23 anos, e com muita clareza, a gente coloca isso: aqui não é braço auxiliar de empresário, nós não fazemos política auxiliar de empresário. O que nós fazemos é cumprir o objetivo da instituição, que nasceu nesse ângulo, dos empresários, nos anos 1940, mas que tem sua vida própria, recursos próprios, sua história, sua trajetória, seus objetivos. Isso está claro, especialmente aqui. (Miranda, 2006: 19, 20)

Pode-se entender que há um *projeto* do Sesc em curso, que provém das múltiplas demandas existentes de acordo com a localização física das unidades, e que é discutido, revisto e atualizado de modo permanente, por meio da contínua formação dos técnicos. Para compreender melhor a significação desse projeto, é importante lembrar a maneira como o conceito é definido por Gilberto Velho, que se mostra bastante ilustrativo para o estudo da instituição:

> Relaciono projeto, como uma dimensão mais racional e consciente, com as circunstâncias expressas no campo de possibilidades, inarredável dimensão sociocultural, constitutiva de modelos, paradigmas e mapas. Nessa dialética, os indivíduos se fazem, são constituídos, feitos e refeitos, através de suas trajetórias existenciais. (...) O projeto no nível individual lida com a *performance*, as explorações, o desempenho e as opções, ancoradas a avaliações e definições da realidade. (Velho, 1994: 8, 28)

Gilberto Velho apresenta essas noções no livro *Projeto e metamorfose – Antropologia das sociedades complexas*, efetuando uma relação entre a concepção de projeto e a de indivíduo. Essa associação mostra-se muito pertinente em relação à análise das práticas sociais e culturais do Sesc, na medida em que as ações sociais implementadas são voltadas para um universo diversificado de usuários, implicando possibilidades, escolhas e *performances* que cada um encontra à disposição no seu tempo de lazer.

Por outro lado, em relação à própria instituição, seria também possível falar em um *projeto* que orienta sua atuação, lembrando a afirmação já comentada de um de seus dirigentes de que o Sesc possui um caráter "iluminista". De fato, é possível entender como um projeto iluminista a atuação que visa à formação dos indivíduos, pois as práticas sociais implementadas pela instituição apresentam uma ordenação segundo um objetivo, que pode ser definido por um conceito ou uma ideia política de que a produção e os bens culturais devem ser partilhados coletivamente. Assim, mesmo o que parece mais fragmentado, ou uma forma de expressão cultural desvinculada de compromissos, dentro do panorama da pós-modernidade, é apresentado na programação da instituição como parte de um modo de pensamento, que também contribui para a reflexão e a formação dos usuários.

Por meio de ampla divulgação na mídia e pela internet, encontram-se nesses territórios de lazer na metrópole paulistana múltiplas opções e liberdade de escolha em relação à esfera da cultura e do esporte, o que possibilita o contato e o intercâmbio com as manifestações da diversidade cultural do Brasil e do mundo. Isto é o que no Sesc torna possível uma variedade de apropriações, releituras e sínteses sobre o universo da cultura, além de estimular formas de sociabilidade e de pertencimento entre os frequentadores. Para se compreender melhor essa forma de atuação, é interessante recorrer ainda, uma vez mais, ao depoimento de Danilo Santos de Miranda, que salienta:

> Tento até hoje explicar essa ação de modo muito claro e teoricamente e estou cada vez mais, digamos, fundamentado, estou buscando isso de maneira muito clara (...). Esses autores que eu citei, Edgar Morin e outros, mesmo gente atual, como Laymert Garcia, muitos pensadores

brasileiros que têm se manifestado: a *ação cultural* – no sentido mais profundo, de ação pública, voltada para o grande público, voltada para o interesse público – é mais importante. Ela abrange, de alguma forma, todos os demais campos. E aí eu vou na raiz, no conteúdo antropológico da palavra cultura, eu vou buscar lá. Não estou falando da cultura das artes e dos espetáculos, não estou falando da cultura do Ministério da Cultura ou da Secretaria da Cultura, cultura do evento das artes, teatro, dança, música. Estou falando do simbólico na vida do ser humano, para tudo, e que tem influência no seu corpo e no espírito. Quando eu falo em atividade cultural no Sesc – sociocultural – eu coloco esse "sócio": não podia ficar só o cultural, porque ela abrange o social, ela abrange o educacional. A escola regular, esse caráter educacional – todo mundo fala que no Brasil falta educação: no Brasil falta cultura, no sentido mais profundo – é uma parte do processo. A educação permanente é uma maneira de falar do processo cultural permanente. Depende da escola. Você ainda está frequentando a escola regular, seja como pós, que seja, mas no pré, aluno também está na escola regular. Só que tem muita gente antes desse pré, e muita gente depois do pós, na vida, no trabalho, e essas pessoas também estão sendo educadas. E esse é o processo cultural efetivo, e aí nós temos uma ação cultural como a nossa. Se alguém perguntar: vocês são uma instituição cultural? Nesse sentido, somos, de educação permanente. Somos uma instituição educativa, sim, de educação permanente, voltada para essa dimensão, onde há esporte, onde há saúde, onde há cultura das artes e de espetáculos, onde há educação permanente, onde há educação profissional. Tudo isso cabe aí dentro. É um processo. Então, quando a gente tem a percepção disso muito clara, a gente procura equilibrar melhor a ação do Sesc, de modo que não seja voltada apenas para o aspecto de receber e oferecer uma permanente à disposição. Claro que uma permanente à disposição ali é importante, mas nós não somos uma série de instalações colocadas à disposição do público dos comerciários, como um clubão, para ocupar o tempo livre. O tempo livre, para nós, só tem significado se ele for utilizado como elemento fundamental para a construção da cidadania e da educação permanente. (Miranda, 2006: 25, 26)

Nessa declaração do diretor do Sesc São Paulo, vemos o quanto a atuação da instituição inova a concepção tradicional do lazer que ali é oferecido. Não se trata de um tempo livre alheio ao mundo social do trabalho e para o qual se deveria organizar um conjunto de atividades postas à disposição dos indivíduos como em um supermercado em que pudessem escolher como preencher as horas de lazer. Ao contrário, vemos o quanto essa concepção se aproxima da ideia de *cidadela da liberdade* de Lina Bo Bardi. No século XIX, a grande utopia de Marx pensava a resolução do conflito estrutural da sociedade capitalista, a contradição entre o capital e o trabalho – a natureza coletiva e social do trabalho que determina o nível de desenvolvimento das forças produtivas e a propriedade privada dos meios de produção –, como o fim do "reino da necessidade" e o início do "reino da liberdade". Pouco mais de um século depois, sem que a implantação de sociedades ditas socialistas tenha conseguido resolver aquelas contradições, elas voltam a colocar com vigor ainda maior para as sociedades contemporâneas a questão da relação entre o tempo livre do lazer e o tempo do trabalho.

Tempo livre que, no mundo contemporâneo, em face da reestruturação da produção capitalista na era da globalização, pode significar para o trabalhador o sinal inequívoco de que, desempregado, dispensável para o mundo do trabalho, torna-se também descartável para a vida social como um todo. Mas também o tempo livre que, nos interstícios do sistema social capitalista, pode significar para cada um a construção, desde já, de um "reino da liberdade" como força de resistência contra a barbárie, a desumanização e o desenraizamento que esse mesmo sistema impõe a todos como condição de vida. Esse é o lugar da cultura e da educação permanente a que se refere o depoimento de Danilo Santos de Miranda. Essa é a função que o projeto da instituição atribuiu a esses espaços para o gozo do tempo livre e do lazer que ela erige em *cidadelas da liberdade*, na construção da cidadania.

Entretanto, como garantir a todos o acesso aos bens culturais que o projeto do Sesc se propõe a oferecer-lhes? Em relação à questão do acesso à cultura, Isaura Botelho mostra que as pesquisas internacionais[4] sobre a democratização da cultura e a prática de uma verdadeira democracia cultural indicam o fato de que os maiores impedimentos à adoção de hábitos culturais são de ordem simbólica. A primeira lição evidenciada é a "lei do sistema de gostos", que afirma que

> não se pode gostar daquilo que não se conhece; logo, o gostar e o não gostar só podem existir dentro de um universo de competência cultural, significando uma soma da competência institucionalizada pela hierarquia social, pela formação escolar e pelos meios de informação. (Botelho, 2003: 145)

A autora também salienta que, além das ações dos órgãos públicos buscando incentivar a aquisição de cultura, as respostas do público ligam-se ao repertório herdado da família e do vínculo da pessoa com a escola, enfatizando que as políticas de democratização cultural só produzirão resultados significativos se não forem realizadas isoladamente.

A política de ação cultural do SESC alinha-se com esta visão e procura completar o trabalho realizado pela escola e outras instituições sociais, pois, como foi dito por Danilo Santos de Miranda, a instituição busca a educação permanente e, com ela, também a formação do gosto. Subjacente à realização de espetáculos, mostras, *shows*, simpósios, conferências, cursos e exposições, não há somente a proposta de um evento cultural, mas a articulação de intervenções culturais expressando a noção de educação permanente para públicos diferenciados, de acordo com a faixa etária, o gênero e a condição social.

Os centros culturais e esportivos que hoje constituem as unidades do SESC São Paulo, em sua conexão indissociável com a cidade no que se refere à dimensão social, cultural e subjetiva da vida em um grande centro urbano, talvez possam ser vistos como as instituições culturais mais intensamente contemporâneas, caracterizando-se por serem lugares de expressão de formas de prática social de caráter democrático, carregadas de significados para o ser humano, contrapondo-se à perda de raízes, à crise de uma economia sem trabalho, à negação da história e da memória.

Notas

1. O período 1940-1950 e até 1954, época da comemoração do IV Centenário da cidade, atua como um cenário de práticas culturais relevantes e diferenciadas. Eis alguns destaques levantados por Arruda (2001:111, 112):

1942 – Alfredo Mesquita cria o Grupo de Teatro Experimental (GTE), apresentando no elenco vários dos futuros profissionais do Teatro Brasileiro da Comédia (TBC);

1944 – criação da Livraria Brasiliense, onde ocorriam periodicamente exposições de artistas modernos;

1947 – fundação do Masp por iniciativa de Assis Chateaubriand com o apoio de Pietro Maria Bardi, situado no prédio dos Diários Associados, na Rua 7 de Abril;

1948 – criação da Escola de Arte Dramática (EAD), por Alfredo Mesquita, e do Teatro Brasileiro de Comédia (TBC), pelo engenheiro Franco Zampari e pelo diretor das Empresas Matarazzo, Francisco Matarazzo Sobrinho;

1948 – fundação do Museu de Arte Moderna (MAM) por ação de Francisco Matarazzo Sobrinho, sendo que a primeira exposição foi organizada em 1949;

1949 – fundação da Companhia Cinematógrafica Vera Cruz, dirigida por Alberto Cavalcanti e patrocionada por Francisco Matarazzo Sobrinho;

1950 – primeira transmissão de um programa de televisão no Brasil. A TV Tupi faz parte do grupo dos Diários Associados de Assis Chateaubriand;

1951 – organiza-se a I Bienal de Artes Plásticas do MAM e inicia-se a construção do Parque do Ibirapuera;
1953 – no final do ano, organiza-se a II Bienal que permanece até o ano de 1954, integrando os festejos do IV Centenário.

2. Ipiranga: inaugurada em 1992, com 8.530 m² de área construída e capacidade para 3.500 pessoas/dia. Itaquera: inaugurada no mesmo ano, em 1996 é considerada uma unidade campestre conhecida por Parque Lúdico de Itaquera, com 350.000 m² e capacidade para 20 mil pessoas/dia. Paraíso: inaugurada em 1993, mas, em março de 2005, se transfere para o SESC Avenida Paulista, sendo realizado o fechamento da Unidade Provisória em abril de 2010. Pinheiros: existia numa casa alugada entre 1993 e 2004, sendo então inaugurada em um grande edifício com 37.786 m² de área construída, com capacidade de atendimento pessoa/dia de 5 mil pessoas. Vila Mariana: inaugurada em 1997, possui um prédio com 26.634 m² de área construída, tem capacidade de atender 6 mil pessoas por dia. Santo Amaro: unidade provisória em 1998, tem 37 mil m² e apresenta capacidade para 2 mil pessoas/dia. Já Osasco tem aprovada a sua criação em novembro de 2008 (Lemos, 2005: 88; site do SESC SP acessado em maio de 2010; ver *Revista E*, n. 95, abril 2005, ed. n. 212.) e posteriormente a unidade Avenida Paulista.

3. Ver site do SESC SP acessado em maio de 2010 – http://www.sescsp.org.br/sesc/busca/index.cfm?/inslog=130 .

4. Sobre este tema, ver: *Les pratiques culturelles des Français*, 1989. Paris: *La Documentation Française*, 1991; Olivier Donnat, *Les français face à la culture. De l'exclusion à l'éclectisme*, Paris: La Découverte, 1994; Guillermo Sunkel, *Consumo cultural en América Latina*, Santafé de Bogotá: Convenio Andrés Bello, 1999.

Bibliografia

Adorno, Theodor. *Tiempo libre*. Buenos Aires: Consignas/Amorrotu, 1973.

Akamine, Paulo Chutae. *Os centros culturais e a cidade – Formulações metodológicas, experimentações*. Dissertação de Mestrado. São Paulo: Pontifícia Universidade Católica, 1999.

Almeida, Miguel de. Sesc *São Paulo – Uma ideia original*. Editora Lazulli. São Paulo: Serviço Social do Comércio, 1997.

Alves, Branca Moreira. *Ideologia e feminismo. A luta da mulher pelo voto no Brasil*. São Paulo: Vozes, 1980.

Andrade, Rosane de. *Fotografia e antropologia – olhares fora-dentro*. São Paulo: Educ/Estação Liberdade/Fapesp, 2002.

Arantes, Antonio Augusto. "Horas Hurtadas. Consumo Cultural y Entretenimento en la Ciudad de São Paulo". Sunkel, Guillermo (coord.) *El consumo cultural en América Latina*. Santafé de Bogotá: Convenio Andrés Bello, 1999.

_____. Horas Furtadas. Dois ensaios sobre consumo e entretenimento. *Cadernos do ifch*. Campinas: ifch/Unicamp, 27, 1993.

Araújo, Emanoel (projeto editorial). *Pinacoteca do Estado de São Paulo – A coleção permanente*. São Paulo: Pinacoteca do Estado de São Paulo, Gráficos Burti Ltda., janeiro de 2002.

_____. *Auguste Rodin e a Porta do Inferno*. São Paulo: Edições Pinacoteca, 2001.

_____. *Rodin Esculturas*. São Paulo: Livraria Francisco Alves Editora, 1995.

_____. *Os herdeiros da noite. Fragmentos do imaginário negro – Palmares 300 anos* (textos de Emanoel Araújo e outros). São Paulo: Pinacoteca do Estado de São Paulo, 1994.

Arruda, Maria Arminda do Nascimento. *Metrópole e cultura. São Paulo no meio do século xx*. São Paulo: Edusc, 2001.

Augé, Marc. *Não lugares: introdução a uma antropologia da supermodernidade*. Campinas: Papirus, 1997.

Azevedo, Aroldo. *A cidade de São Paulo: estudos de geografia urbana*. São Paulo: Nacional, 1958.

BARBOSA, Andréa Claudia Miguel Marques. *São Paulo: cidade azul. Imagens da cidade construída pelo cinema paulista dos anos 80*. Tese de Doutorado. São Paulo: FFL-CH/USP, 2002.

BARTHES, Roland. *A câmara clara*. Rio de Janeiro: Nova Fronteira, 1984.

BATESON, Gregory e MEAD, Margareth. *Balinese character: a photographic analysis*. New York Academy of Science, 1942.

BENJAMIN, Walter. "O narrador". *Obras escolhidas. Magia e técnica, arte e política*. São Paulo: Brasiliense, 1996.

_____. "Pequeña Historia de la Fotografia". *Discursos Interrumpidos I*. Madri: Taurus Ediciones, 1975, pp. 15-57 e 61-83.

BERGER, John. *About looking*. Nova York: Pantheon Books, 1980.

_____. *Ways of seeing*. Londres: British Broadcasting Corporation and Penguin Books, 1972.

BIANCO, Bela-Feldman e LEITE, Miriam Moreira (orgs.). *Desafios da imagem. Fotografia, iconografia e vídeo nas ciências sociais*. Campinas: Papirus, 1998.

BOTELHO, Isaura. "Os equipamentos culturais na cidade de São Paulo: um desafio para a gestão pública". *Espaço & Debates: Revista de Estudos Regionais e Urbanos*. São Paulo: Neru, 43-44, pp. 141-151, 2003.

BOURDIEU, Pierre. "Programa para uma sociologia do esporte". *Coisas ditas*. São Paulo: Brasiliense, 1990.

_____. *La distinción. Criterio y bases sociales del gusto*. Madri: Taurus, 1988.

_____. *Un arte medio: ensayo sobre los usos sociales de la fotografía*. España: Editorial Gustavo Gili, 2003.

_____. "A procura de uma sociologia da prática e gostos de classe e estilos de vida". ORTIZ, Renato (org.). *Pierre Bourdieu*. São Paulo: Ática, 1983.

_____. *Un Art Moyen, essai sur les usages sociaux de la photographie*. Paris: Les Éditions de Minuit, 1965.

BURKE, Peter. *Hibridismo cultural*. São Paulo: Editora Unisinos, 2004.

CAILLOIS, R. *Os jogos e os homens*. Lisboa: Cotovia, 1991.

CAIUBY, Sylvia. "O uso da imagem na antropologia". SAMAIN, Etienne. *O fotográfico* (org.). São Paulo: Hucitec/CNPQ, 1998.

CAMARGO, Luiz O. Lima e RAMOS, M. L. B (orgs.). *Cultura e consumo: estilos de vida na contemporaneidade*. São Paulo: Editora Senac, 2008.

_____. *Educação para o lazer*. São Paulo: Moderna, 1998.

_____. *O que é lazer?* 3ª edição, São Paulo: Brasiliense, 1986.

CANCLINI, Nestor Garcia. "El consumo cultural. Una propuesta teórica." SUNKEL, Guillermo. *El consumo cultural en América Latina*. Santafé de Bogotá: Convenio Andrés Bello, 1999.

CARMO, Paulo Sérgio do. *Culturas da rebeldia. A juventude em questão*. São Paulo: Editora Senac, 2001.

CARVALHO, Telma Campanha de. *Fotografia e cidade: São Paulo da década de 30*. Dissertação de Mestrado. São Paulo: Pontifícia Universidade Católica, 1999.

CARVALHO, Vânia Carneiro de. *Do indivíduo ao tipo. As imagens da (des)igualdade nos álbuns fotográficos da cidade de São Paulo na década de 50*. Dissertação de Mestrado. São Paulo: FFLCH/USP, 1995.

CLASTRES, Pierre . "Da tortura nas sociedades primitivas". *A sociedade contra o estado*.

São Paulo: Francisco Alves, 1988.

COELHO, Teixeira. *O que é ação cultural*. São Paulo: Brasiliense, 1989.

_____. *Usos da cultura. Políticas de ação cultural*. São Paulo: Paz e Terra, 1986.

COLLIER, John e COLLIER, Malcom. *Visual anthropology – photography as a research method*. New Mexico: University of New Mexico Press, 1986.

CORBIN, Alain. *A história dos tempos livres*. Lisboa: Editorial Teorema, 1995.

CORRÊA, José Celso Martinez. *Cidade*. São Paulo: Departamento do Patrimônio Histórico, 1994, ano 1, março, 1994.

CORTE, Carlos de la. *As instalações públicas esportivas municipais da cidade de São Paulo: arquitetura, administração e planejamento*. Dissertação de Mestrado. São Paulo: FAU/USP, 1999.

CUNHA, Maria Clementina Pereira. *O espelho do mundo – Juquery, a história de um asilo*. Rio de Janeiro: Paz e Terra, 1986.

DAMATTA, Roberto. *A casa e a rua – espaço, cidadania, mulher e morte no Brasil*. São Paulo: Brasiliense, 1985.

_____. *Esporte e sociedade: um ensaio sobre o futebol brasileiro*. DAMATTA, Roberto (org). *Universo do futebol*. Rio de Janeiro: Pinakotheke, 1982.

DECCA, Maria Auxiliadora Guzzo de. *A vida fora das fábricas: cotidiano operário em São Paulo (1920-1934)*. Rio de Janeiro: Paz e Terra, 1987.

DE MASI, Domenico. *As emoções e a regra. Os grupos criativos na Europa, 1850 a 1950*. São Paulo: José Olympio, 1997.

_____. *A sociedade pós-industrial*. São Paulo: Editora Senac, 2000.

_____. *O futuro do trabalho: fadiga e ócio na sociedade pós-industrial*. Rio de Janeiro: José Olympio, 2001.

DUBOIS, Philippe. *O acto fotográfico*. Lisboa: Papirus, 1992.

DUMAZEDIER, Joffre. *A revolução cultural do tempo livre*. São Paulo: Studio Nobel, 1984.

_____. *Valores e conteúdos culturais do lazer. Planejamento de lazer no Brasil*. São Paulo: Série Lazer 3, 1980.

_____. *Sociologia empírica do lazer*. São Paulo: Perspectiva, 1974.

DURHAM, Eunice. *A dinâmica cultural na sociedade moderna. Ensaios de opinião*. Rio de Janeiro: n. 2-2, pp. 32-35, 1977.

_____. *A caminho da cidade*. São Paulo: Perspectiva, 1973.

ELIAS, Norbert. *O processo civilizador*. Rio de Janeiro: Zahar, 1994.

ELIAS, Norbert & DUNNING, Eric. *Deporte y ocio en el proceso de civilización*. México: Fondo de Cultura, 1986.

"O escultor que atrai multidões." *Veja*. São Paulo, Abril Cultural, 19/6/1995. EXPOMUS, *exposições, museus, projetos culturais (coordenação)* – Meu Bairro, Minha Cidade – Você também faz parte desta história – Grajaú/Cantinho do Céu. São Paulo: PMSP/SME/SMC/SMEE, 2003.

FARIA, Ana Lucia Goulart. *Direito à infância: Mário de Andrade e os parques infantis para as crianças de família operária na cidade de São Paulo (1935-1938)*. Tese de Doutorado. São Paulo, USP, 1993.

FAUSTO, Boris. *História do Brasil*. 5ª edição. São Paulo: Edusp, 1997.

FEATHERSTONE, Mike. *Cultura de consumo e pós-modernismo*. São Paulo: Studio Nobel, 1995.

FIGUEIREDO, Betania Gonçalves. *A criação do Sesi e SESC: do enquadramento da preguiça a produtividade do ócio*. Dissertação de Mestrado. Campinas: IFCH/Unicamp, 1991.

FORTUNA, Carlos. "Sociologia e práticas de lazer". *Revista Crítica de Ciências Sociais*. Lisboa: 43, 1995.

FOUCAULT, Michel. *Vigiar e punir: nascimento da prisão*. Petrópolis: Vozes, 1987.

_____. *Microfísica do poder*. Rio de Janeiro: Graal, 1982.

FREUND, Gisèle. "A fotografia como instrumento político". *Fotografia e sociedade*. Lisboa: Vega, 1984.

FRUGOLI JUNIOR, Heitor. *São Paulo: espaços públicos e interação social*. São Paulo: Marco Zero, 1995.

GAMA, Lúcia Helena. *Nos bares da vida. Produção cultural e sociabilidade em São Paulo – 1940-1950*. São Paulo: Editora Senac, 1998.

GARCIA, Erivelto Busto. "*Quo Vadis* Pompeia?". FERRAZ, Marcelo e VAINER, André (curadores) *Cidadela da liberdade*. São Paulo: Instituto Lina Bo e P. M. Bardi, 1999.

GEERTZ, Clifford. *Nova luz sobre a antropologia*. Rio de Janeiro: Jorge Zahar, 2001.

_____. *O saber local. Novos ensaios em antropologia interpretativa*. São Paulo: Vozes, 1997.

_____. *A interpretação das culturas*. Rio de Janeiro: Editora Guanabara, 1989.

GINZBURG, Carlo. *Mitos, emblemas e sinais*. São Paulo: Companhia das Letras, 1989.

GOLDBERG, Vicki. *The power of photography – how photographs changed our lives*. Nova York: Abbeville Press Publishers, 1991.

GOMES, Angela de Castro. *A invenção do trabalhismo*. Rio de Janeiro: IUPERJ; São Paulo: Vértice, 1988.

HERZ, Robert. "La preeminencia de la mano derecha: estudio sobre la polaridad religiosa". *La muerte y la mano derecha*. Madri: Alianza Editorial S.A., 1990.

HIKIJI, Rose Satiko Gitirana. *A música e o risco – Uma etnografia da performance musical entre crianças e jovens de baixa renda em São Paulo*. São Paulo: Tese de Doutorado, FFLCH/USP, 2003.

IANNI, Octávio. *A era do globalismo*. 3ª edição, Rio de Janeiro: Civilização Brasileira, 1996.

_____. *A sociedade global*. Rio de Janeiro: Civilização Brasileira, 1992.

_____. *Imagens da Era Vargas: artigos, fábulas e memórias*. São Paulo: SESC São Paulo, 2004.

KOSSOY, Boris. *Realidades e ficções na trama fotográfica*. São Paulo: Ateliê Editorial, 1999.

_____. *A fotografia como fonte histórica – introdução à pesquisa e interpretação das imagens do passado*. São Paulo: Coleção Museu & Tecnologia, n. 4, SICCT, 1980.

LALIVE D'ÉPINAY, C. "Beyound the antinomy: work versus leisure? Stages of a cultural mutation in industrial societies during the Twentieth Century". *Society and Leisure*. 14 (2), pp. 433-446, Autumn 1991.

LEAL, Ondina Fachel. *Corpo e significado – Ensaios de antropologia social*. Porto Alegre: Editora da Universidade Federal do Rio Grande do Sul, 1995.

LE GOFF, Jacques. *Memória-História*. Porto: Enciclopédia Einaudi, Imprensa Nacional, 1984.

LEITE, Miriam L. Moreira. *Retratos de família*. São Paulo: Edusp, 1993.

LEMOS, Carmem Lia Nobre de. *Práticas de lazer em São Paulo. Atividades gratuitas nos SESC Pompeia e Belenzinho*. Dissertação de Mestrado em Ciências Sociais. São Paulo: Pontifícia Universidade Católica, 2005.

LE PETIT ROBERT DE LA LANGUE FRANÇAISE. Paris: Le Petit Robert, 2004.

LEVINE, Robert M. *Pai dos pobres? O Brasil e a Era Vargas*. São Paulo: Companhia das Letras, 2001.

LÉVI-STRAUSS, Claude. *Antropologia estrutural I*. 4ª edição. Rio de Janeiro: Tempo Brasileiro, 1991.

_____. *Olhar, escutar, ler*. São Paulo: Companhia das Letras, 1997.

_____.*Tristes trópicos*. São Paulo: Companhia das Letras, 1996.

LIMA, Solange Ferraz de e CARVALHO, Vânia Carneiro de. *Fotografia e cidade. Da razão urbana à lógica de consumo. Álbuns de São Paulo (1887-1954)*. Campinas: Mercado de Letras; São Paulo: Fapesp, 1997.

MAC DOUGALL, David. Significado e ser. BARBOSA, Andréa, CUNHA, Edgar Teodoro da e HIKIJI, Rose Satiko Gitirana (orgs). *Imagem-Conhecimento*. Campina: Papirus, 2009, pp. 61-70

_____. *Transcultural cinema*. Princenton: Princenton University Press, 1999.

MAGNANI, José Guilherme Cantor e TORRES, Lilian de Lucca (orgs.). *Na metrópole – textos de antropologia urbana*. São Paulo: Editora da Universidade de São Paulo/Fapesp, 1996.

_____. "Da periferia ao centro: pedaços & trajetos". *Revista de Antropologia*. São Paulo: USP, v. 35, pp. 191-203, 1992.

_____. *Festa no pedaço – Cultura popular e lazer na cidade*. São Paulo: Brasiliense, 1984.

MARCELLINO, Nelson Carvalho (org.). *Lazer & empresa. Múltiplos olhares*. Campinas: Papirus, 1999.

_____. *Lazer e educação*. 4ª ed. Campinas: Papirus, 1998.

MARTÍN-BARBERO, Jesús. *Dos meios às mediações. Comunicação, cultura e hegemonia*. Rio de Janeiro: Editora UFRJ, 1997.

MAUSS, Marcel. "As técnicas corporais". *Sociologia e antropologia*. São Paulo: EPU, 1974.

MIRA, Maria Celeste. *O leitor e a banca de revistas: a segmentação da cultura no século XX*. São Paulo: Olho D'Água/Fapesp, 2001.

_____. "O global e o local: mídia, identidades e usos da cultura". *Margem*. São Paulo: Faculdade de Ciências Sociais, PUC-SP, 3, dez. 1994, pp. 131-149.

MIRANDA, Danilo Santos de (org.). *Ética e cultura*. São Paulo: Perspectiva/SESC São Paulo, 2004.

MIRANDA, Orlando de (apres.). *Sociabilidades*. São Paulo: Lasc – Laboratório de Análises de Sociabilidade Contemporânea, FFLCH, 1996.

MITCHELL, W. J. T. *Iconology – Image, text, ideology*. Chicago: The University of Chicago Press, 1986.

MONTERO, Paula. *Modernidade e cultura – para uma antropologia das sociedades complexas*. Tese de Livre-Docência. São Paulo: Departamento de Antropologia, USP, 1992.

MONTES, M. L. "Olhar estrangeiro, alma nativa". Lamberto Scipioni – Santa Rosa dos Pretos. *Arte e religiosidade no Brasil. Heranças africanas*. São Paulo: Pinacoteca do Estado de São Paulo, Gráficos Burti Ltda., 1997.

_____. *Lazer e ideologia: a representação do social e do político na cultura popular*. São Paulo: Tese de Doutorado, FFLCH/USP, 1983.

MORIN, Edgar. *Cultura de massas no século XX. O espírito do tempo*. Rio de Janeiro: Forense Universitária, 1975, vol. I.

_____. "O encanto da imagem". *O cinema ou o homem imaginário. Ensaio de antropo-

logia. Lisboa: Moraes Editores, 1980.

Morse, Richard. *De comunidade a metrópole*. São Paulo: Comissão do IV Centenário da Cidade de São Paulo, 1970.

Neves, Eustáquio. Arturos. *Arte e religiosidade no Brasil. Heranças africanas*. São Paulo: Pinacoteca do Estado de São Paulo, Gráficos Burti Ltda., 1997.

Niemeyer, Carlos Augusto da Costa. *Parques infantis de São Paulo. Lazer como expressão de cidadania*. São Paulo: Annablume/Fapesp, 2002.

Oliveira, Rita de Cássia. *A Bienal de São Paulo: forma histórica e produção cultural*. Tese de Doutorado. São Paulo: Pontifícia Universidade Católica, 2002.

Ortiz, Renato. "Trabalho, consumo, estilo de vida". *O próximo e o distante: Japão e modernidade-mundo*. São Paulo: Brasiliense, 2000.

_____. *Românticos e folcloristas*. São Paulo: Olho D'Água, 1999.

_____. *Mundialização e cultura*. São Paulo: Brasiliense, 1994.

_____. *A moderna tradição brasileira. Cultura brasileira e indústria cultural*. São Paulo: Brasiliense, 1988 e 2001.

_____ (org.). *Pierre Bourdieu*. São Paulo: Ática, 1983.

Panofsky, Erwin. *Significado nas artes visuais*. São Paulo: Perspectiva, 1991.

Parker, Stanley. *A sociologia do prazer*. Rio de Janeiro: Zahar Editores, 1978.

Pereira, Mirna Busse. *Cultura e cidade: prática e política cultural na São Paulo do século XX*. Tese de Doutorado. São Paulo: Pontifícia Universidade Católica, 2005.

Ribeiro, Suzana Barretto. *Italianos do Brás. Imagens e memórias*. São Paulo: Brasiliense, 1994.

Rigobelo, Euclides. "No Tempo das Unimos. Um depoimento de Euclides Rigobelo". *Revista E*. São Paulo: Lazulli Editora, out. 1996, ano 3, n. 4, pp. 66-67.

Samain, Etienne. Balinese Character Revisitado. Alves, André. *Os argonautas do mangue*. São Paulo: Imprensa Oficial, 2004.

Samain, Etienne. *O fotográfico* (org.). São Paulo: Hucitec/CNPQ, 1998.

Sant'Anna, Denise Bernuzzi de. *Políticas do corpo*. São Paulo: Estação Liberdade, 1995.

_____. *O prazer justificado – história e lazer (1969-1979)*. São Paulo: Marco Zero, 1994.

Sarlo, Beatriz. *Cenas da vida pós-moderna. Intelectuais, arte e vídeo-cultura na Argentina*. Rio de Janeiro: Editora UFRJ, 2000.

Schwarcz, Lilia K. Moritz. "Diálogos nada arbitrários". *Os herdeiros da noite. Fragmentos do imaginário negro – Palmares 300 anos* (textos de Emanoel Araújo e outros). São Paulo: Pinacoteca do Estado de São Paulo, 1994.

Simmel, G. "Sociabilidade, um exemplo de sociologia pura ou formal". Morais Filho, Evaristo (org.) *Simmel*. São Paulo: Ática, 1983. (Col. Grandes Cientistas Sociais)

_____. "A metrópole e a vida mental". *O fenômeno urbano*. Rio de Janeiro: Jorge Zahar Editor, 1973.

Sontag, Susan. *Ensaios sobre fotografia*. Lisboa: Publicações Dom Quixote, 1986.

Tatsch, Flavia Galli. *Gestores e mediadores. Profissionais da cultura. Agentes de transformação*. Dissertação de Mestrado. São Paulo: ECA/USP, 2001.

Taussig, Michel. *Mimesis and altherity. A particular history of the sense*. Nova York: Routledge, 1993.

Tota, Antonio Pedro. *O imperialismo sedutor. A americanização do Brasil na época da Segunda Guerra*. São Paulo: Companhia das Letras, 2000.

TURNER, Victor. *O processo ritual. Estrutura e antiestrutura*. Petrópolis: Vozes, 1974.
VELHO, Gilberto. *Projeto e metamorfose – Antropologia das sociedades complexas*. Rio de Janeiro: Jorge Zahar Editores, 1994.
VILHENA, Luis Rodolfo. *Congresso e rumor: o movimento folclórico em ação. Projeto e missão – O movimento folclórico brasileiro 1947-1964*. Rio de Janeiro: Funarte/ Fundação Getulio Vargas, 1997.
VON SIMSON, Olga. *Imagem e memória: reflexões sobre a utilização conjugada de fotografias históricas e relatos orais como suportes empíricos da pesquisa histórico-sociológica*. Caxambu, XIX ANPOCS, out. 1995.
WEBER, Max. "Conceito e categoria de cidade". *O fenômeno urbano*. Rio de Janeiro: Jorge Zahar Editor, 1973.
WEFFORT, Francisco. *Populismo na política brasileira*. Rio de Janeiro: Paz e Terra, 1978.
WEINSTEIN, Barbara. *(Re)formação da classe trabalhadora no Brasil (1920-1964)*. São Paulo: Cortez; CDAPH-IFAN – Universidade São Francisco, 2000.
WILLIAMS, Raymond. *Cultura*. São Paulo: Paz e Terra, 2000.
WIRTH, Louis. "O urbanismo como modo de vida". *O fenômeno urbano*. Rio de Janeiro: Jorge Zahar Editor, 1973.
WRIGHT, T. "Photography: theories of realism and convention". EDWARDS, Elizabeth. *Anthropology and Photography, 1860-1920*. New Havens: Yale University Press, 1997.

Documentos do Sesc

Anais do Seminário sobre lazer: perspectivas para uma cidade que trabalha. São Paulo: 27 a 30 de outubro de 1969, Sesc/Sebes.
Cadernos de lazer. São Paulo: n. 1-4, jan. 1977-maio 1979.
Cidadela da liberdade. São Paulo: Instituto Lina Bo e P. M. Bardi, 1999.
Fôlder do Seminário sobre lazer: perspectivas para uma cidade que trabalha. São Paulo: Sebes/pmsp, Sesc São Paulo, 27 a 30/10/1969.
Miranda, Danilo Santos de. *Lazer numa sociedade globalizada: Leisure in Globalized Society*. São Paulo: Sesc São Paulo/wlra, 2000.
Relatórios de Diretoria. Sesc São Paulo: 1947-1998 e 2006.
Requixa, Renato. *Cadernos de lazer: documentos*. São Paulo: Sesc São Paulo, n. 1-3, jun. 1976, dez. 1976.
Revista E. São Paulo: Lazulli Editora, 1994-1998.

Depoimentos

Danilo Santos de Miranda - Diretor Regional do Sesc São Paulo desde 1984. Depoimento em dezembro de 2006.
Dante Silvestre Neto - Gerente de Estudos e Desenvolvimento. Depoimento em maio de 2004. Atualmente aposentado.
Erivelto Busto Garcia – Superintendente de Assessoria e Planejamento Técnico. Depoimento em agosto 2004. Atualmente aposentado.
Eron Silva - Gerente de Artes Gráficas. Depoimento em novembro de 2006. Atualmente aposentado.
Ivan Paulo Giannini - Gerente de Ação Cultural. Depoimento em dezembro de 2004. Superintendente de Comunicação Social desde 2005.
Luís Octávio Lima Camargo - Professor da Unifesp na área de Lazer e Turismo, ex-funcionário do Sesc. Depoimento em maio de 2004.
Maria Luiza de Souza Dias - Gerente de Desenvolvimento Físico e Esportivo. Depoimento em agosto de 2004.
Mouzar Benedito - Jornalista, ex-funcionário do Sesc. Depoimento em junho de 2004.
Newton Oliveira Cunha - Assistente técnico da Gerência de Estudos e Desenvolvimento. Depoimento em maio de 2004. Atualmente aposentado.
Nilton Silva - Fotógrafo da Gerência de Audiovisual. Depoimento em março de 2007. Atualmente aposentado.
Francisco José Freire Barroso [Paquito] - Fotógrafo da Gerência de Audiovisual. Depoimento em 2002. Falecido em 2004.
Renato Antonio de Souza Requixa - Diretor regional do Sesc São Paulo de 1976 a 1983. Depoimento em junho de 2004. Aposentado.

Entrevistas abertas 2002

Sesc Pompeia

Cláudia de Figueiredo – Assistente técnico. Atualmente gerente do Sesc Sorocaba.
Jorge Luis Moreira - Animador cultural. Atualmente gerente adjunto do Sesc Catanduva.
Laura Maria Casali Castanho - Gerente adjunta. Gerente do Sesc Santo André. Atualmente aposentada.
Luís Claúdio Oliveira Tocchio - Animador sociocultural. Atualmente no Sesc Santana.

Sesc Consolação

Cecília Camargo M. Pasteur – Assistente técnico. Atualmente gerente adjunta do Sesc Pompeia.
Cláudia Maria S. Righetti – Monitora de esportes. Atualmente gerente adjunta do Sesc São Caetano.
Maria Teresa La Macchia - Assistente técnica. Atualmente aposentada.

Acervos consultados

Sesc Memórias – Centro de Memória do Sesc São Paulo

Agência Estado

Seção de Arquivo de Negativos da Divisão de Iconografia e Museus do Departamento do Patrimônio Histórico da Secretaria Municipal de Cultura

Folha Imagem

Pinacoteca do Estado de São Paulo

Sites

www.n-a-u.org, março 2010
www.sescsp.org.br, maio 2010
www.sesc.com.br, 2006

FONTE: ELECTRA
PAPEL: ALTA ALVURA 90G/M^2
DATA: 01/2013
TIRAGEM: 2.000
IMPRESSÃO: LEOGRAF GRÁFICA E EDITORA LTDA